시리즈
대승불교 1

대승불교란 무엇인가

사이토 아키라 외 저
안성두 역

씨아이알

SERIES DAIJŌ BUKKYŌ 1- DAIJŌ BUKKYŌ TOWA NANIKA

Supervised by TAKASAKI Jikidō

Compiled by KATSURA Shōryū, SAITŌ Akira, SHIMODA Masahiro, SUEKI Fumihiko

Copyright © 2011 by TAKASAKI Jikidō, KATSURA Shōryū, SAITŌ Akira, SHIMODA Masahiro, SUEKI Fumihiko

All rights reserved.

Originally published in Japan by Shunjusha Publishing Company

Korean translation rights arranged with Shunjusha Publishing Company

through BESTUN KOREA AGENCY

Korean translation rights © 2015 CIR Co., Ltd.

머리말

'강좌 대승불교'의 제1권(대승불교란 무엇인가)이 1981년에 출간된 지 이제 30년이 지났다. 그 사이 대승불교에 관한 연구는 눈부시게 진전했다고 해도 과언이 아니다. 여기에는 몇 가지 배경이 있다. 구미에 있어서 대승불교에 대한 관심의 증대, 개별 대승경전 연구의 진전, 재가불교기원설을 제창했던 평천창설과 관련하여 활발하게 전개되었던 대승불교의 기원 및 실태에 관한 논의의 증대, 그리고 근년의 아프가니스탄·파키스탄·티벳(中国)·네팔 등지에서 나온 대승불교계의 인도어 제 사본의 발견 및 교정본의 간행도 빠트릴 수 없다. 그런데 이들의 요인은 미묘하게 뒤얽혀 있기도 하다.

구미에서의 대승불교 연구에 그간 큰 자극을 준 것은 티벳불교 및 그 문화에 대한 관심의 증가와 티벳 불교 연구 그 자체의 심화·발전이다. 이에 더하여 또한, 위에서 언급한 산스크리트어 중심의 인도어 사본 발견이 도화선의 역할을 했다. 제 사본에는 대승불교계의 경전과 논서가 포함되어 있는데, 논서 중에는 불교논리학·인식론에 관한 귀중한 문헌도 많다.

개별 대승경전 연구의 진전에 대해서도 인도어 사본의 발견이 가지는 의의는 크고, 그뿐 아니라 많은 티벳역 칸규르 佛說部 사본 및 판본의 공간 公刊도 적지 않게 기여했다. 또한 초기 대승경전 연구에는 한역자료의 정밀한 조사도 빠트릴 수 없는데, 이 영역의 정밀한 연구 성과도 주목된다.

대승불교의 기원설을 둘러싸고 히라카와 아키라 平川彰에 의한 일련의 연구가 이후의 활발한 논의를 촉진시켰다. 히라카와는 대승불교의 형성과 관련된 원류로 부파불교의 일부였던 대승의 법신불사상과 이와 연결된 붓다관이나 심성본정心性本淨설 등의 교리, 불전문학에 보이는 보살관 및 십지와 육바라밀설, 불탑신앙 및 그와 관련된 관불삼매 세 가지를 중심으로 자세히 논했다. 그리고 율의 관점에서 최초기 대승불교 교단의 성격을 논하고, '그 기원은 전통적인 성문승가가 아니라, 불탑을 거점으로 하는 – 구족계를 받지 않은 – 재가교단이었다'는 가설을 제창하면서 이후의 학계에 큰 영향을 끼쳤다. 그러나 대승불교의 성립배경이 된 복수의 원류나 특질에 관한 지적은 지금도 긍정적으로 수용되고 있지만, 대승불교의 재가교단기원설에 관해서는 결과적으로 근년에 다양한 각도에서 부정적 견해가 많이 제출되고 있다.

본 시리즈는 이상과 같은 대승불교 연구를 둘러싼 최근의 진전된 연구에 입각하여, 최신 연구성과를 반영하는 데에 중점을 두고 있다. 이를 위해 편집에 있어서 안팎으로 최전선의 연구현황과 그 성과를 가능한 평이하게 전하도록 유의했다. 기존의 '강좌 대승불교'의 제1권에서 정리한 대승불교의 특질에 관해서 본 시리즈는 제1권『대승불교란 무엇인가』, 제2권『대승불교의 탄생』, 제3권『대승불교의 실천』 3권으로서 정리하여 다방면으로 상세하게 소개하는 데에 역점을 두었다. 그리고 제4권『지혜·세계·언어 – 대승불전 I』, 제5권『붓다와 정토 – 대승불전 II』, 제6권『공과 중관』, 제7권『유식과 유가행』, 제8권『여래장과 불성』, 제9권『인식론과 논리학』, 제10권『대승불교의 아시아』로 이어지는 본 시리즈는 전체 10권으로 이루어져 있다. 모두 해당 주제를 논하는 데 걸맞는 전문연구자가 집필을 담당하여, 각 권의 주제와 관련된 해외의 여러 중요한 연구 성과도 번역하여 소개하고 있다. 이를 통해 독자는 국내외의 대승불교와 관련된 최전선의 성과와 동향을 알 수 있으리라 믿는다.

그런데 본 시리즈 제1권은 '대승불교란 무엇인가'에 주안점을 두었다. '큰 수레'를 의미하는 대승은 소승이나 성문승(불제자의 탈 것)과 대비되어, 직접적으로는 불승이나 보살승을 가리킨다. 이러한 '대승'불교는 어떤 특질을 가지고, 종전의 전통불교와 무엇이 공통되며, 어떠한 점에서 다를까. 이 책의 각 장은 이 문제를 몇 가지 중요한 관점에서 고찰한다.

제1장은 대승불교의 특색을 법현·현장·의정이라는 입축 入竺 순례승의 여행기와 더불어 대승불교계 논서에 나타나는 대승 불설·비불설론을 통해 논증했다. 모두 보고와 논쟁의 내용을 상세하게 비교 분석하고, 그 배후에서 엿보이는 대승불교의 실태와 특색이 무엇인가라는 시점에서 고찰했다.

제2장은 1980년대 이후의 대승불교 연구 및 근년의 개별 대승경전 연구의 개요를 소개한 뒤 대승불교의 기원을 둘러싼 논의의 문제점을 드러냈다. 그리고 대승불교 출현의 배경에 경전 전승이 구두전승에서 서사 書寫로 변이한 사실에 주목하면서 '대승'의 정의를 둘러싼 문제를 제기한다.

제3장은 지금까지 대승불교의 기원을 둘러싼 논쟁과 최근의 동향을 분석하고, 대승불교 운동이 단일한 기원에서 발생한 것이 아니라, 동시발생적인 일종의 사회현상으로 나타났다는 점을 논한다. 특히 그 배경으로서, 아쇼카왕의 시대에 일어난 파승 破僧 정의의 전환이라는 한 사건에 주목한다. 즉, 승잔죄 僧殘罪에 해당하는 승단 분열의 시도가 종래의 '다른 가르침을 주장하여 개별 승단을 만드는 것'에서 교의나 주장 자체는 문제삼지 않고 '승단의 행사를 함께 하지 않는 것'으로 한정되어

변경된 적이 있었다. 이는 전통교단의 규칙을 해석함에 있어 커다란 변화를 의미한다. 그리고 나서 대승불교의 기원론에 관해 이후에 유효하게 주목되는 7가지 연구영역을 소개한다. 그리고 장의 마지막에 대승불교의 기원론에 관련된 문헌목록을 게재한다.

제4장은 인도의 대승 불설·비불설론과 관련된 자료를 개관한 뒤에, 특히 『대승장엄경론』 제1 「대승의 성립」 장에 나타난 대승불설론을 상세하게 분석하고 고찰한다. 그 후에 『대승장엄경론』 이전의 대승 전적에 나타난 대승불설론의 계보를 살핀다.

제5장은 최근 아프가니스탄 및 파키스탄에서 새로이 발견된 사본의 개요 및 오슬로·시애틀·베를린 세 곳에서 진행되는 연구 프로젝트의 성과를 소개한다. 그중에서 스코엔컬렉션을 중심으로 한 오슬로, 그리고 베를린의 프로젝트가 대상으로 하는 사본에는 귀중한 대승경전이 포함되어 있는데 이를 통해 알려진 대승불교의 실태를 고찰한다. 또한 부록으로 중국·티벳 자치구의 산스크리트어 사본의 연구개요와 성과를 소개한다.

제6장은 앞부분에서 한역 불전을 소재로 하여 지금까지의 연구 및 의의를 개관하고, 뒷 부분에서는 그 대표적인 연구 성과로서 「원시화엄경」의 편찬과정을 상설한 쟌 나티에 Jan Nattier의 논고를 싣는다. 인도어 및 티벳어역 자료와 함께 최근에 착실한 연구가 쌓인 한역 불전의 자료적 가치를 『화엄경』의 예를 통해 재검증한다.

제7장은 중국에서 교판教相判釋의 성립과 전개를 고찰한다. 넓은 의미의 교판은 인도나 티벳에서도 보이지만, 여기에서는 수용된 경전이나 교리적 가치의 높낮이를 판정하는 중국 교판에 중점을 둔다. 번역과 이에 기반한 해석(위경(僞經)·의경(疑經)의 제작도 포함하는)은 중국불교의 특징적 성격인데 중국에서는 이 특색을 축으로

교판이 전개되고, '우발적'으로 이입된 많은 경전과 교리가 각각의 학파나 종파의 큰 틀 속에 자리 잡게 된다. 그런 의미에서도 교판의 형성과 전개를 아는 것은 중국 불교의 특질을 이해하는 데에 빠트릴 수 없다.

제8장은 인도불교사상사에서 유와 무의 전통이 있음을 몇 가지 관점에서 고찰한다. 유식파와 중관파에서 공성이해의 차이점, 세친의 「파아품」에서 보이는 푸드갈라설 비판, 푸드갈라의 유무를 둘러싼 논쟁, 여래장·불성설, 윤회의 주체를 둘러싼 논의, 그리고 아트만에 관한 여러 해석에 관련된 논점들을 지적한다. 그 후에 인도 불교사상에서는 무아와 공의 가르침에 머물지 않고, 인간의 생애를 관통하는 정체성으로서 푸드갈라를 인정하는 논사나 우파니샤드의 아트만과 흡사한 불성 및 여래장의 전통, 그리고 또한 '남겨진 것'이라는 존재를 인정하는 유식파의 사상에 나타나는 넓은 의미의 '유有'의 전통이 한 부분을 이루고 있음을 논증한다.

이상, 본 권은 8장 각각의 관점에서 '대승불교란 무엇인가'를 고찰한다. 이들 최신의 의욕적인 논고를 통해서, 다양한 양상을 가진 대승불교의 실태와 특질을 제법 드러냈다고 말할 수 있을 것이다. 본 시리즈가 불교의 정수라고도 말해지는 대승불교에 대한 관심의 지평을 넓히는 동시에, 이후 대승불교 연구가 더욱 진전되기 위한 하나의 확실한 이정표가 되기를 기대한다.

사이토 아키라(斎藤明)

목

차

대승불교란 무엇인가

사이토 아키라(斎藤明)

1.
시작하며

대승불교란 한마디로 대승경전을 불설로 수용하는 불교이다. 엄밀히 말하면 대
승경전을 불설(佛說)로 받아들이는 불교가 되는데, 시대가 흐름에 따라 『반야경』・『십
지경』・『법화경』・『무량수경』 등의 대승경전이야말로 불설이라거나 대승 경전에
만 고타마 붓다의 진의가 표명되어 있다는 대승경전 지상주의의 입장도 생겨났다.
이렇게 불설로 수용하고, 배우고, 독송하고, 필사하는 의의를 강조한 대승경전은
인도의 각 지역으로, 더 나아가 중앙아시아, 동아시아, 그리고 일부 동남아시아에
도 전승되어 큰 영향을 끼치고 있다.

  실제 편찬연대는 꽤 후대로 추정되는 초기(원시)경전은 그 전체가 붓다의 언행록
이라는 성격이 짙다. 이에 반해 기원 전후부터 불교사의 무대에 등장하여, 종종
대승(큰 수레)을 자칭한 제 대승경전은 모두 종교적인 열정으로 뒷받침된 생생한
문학성을 특징으로 한다. 동시에 대승경전은 그 성립초기부터 법신을 축으로 하는
불신론, 육바라밀이나 십지로 대표되는 보살도, 혹은 보살의 서원 등의 종교사상을
제창하고, 공성과 무자성, 법성과 진여로 대표되는 철학사상을 심도있게 연구하는
논서로서의 성격도 짙다. 대승경전에서 보이는 이러한 철학적 성격은 시대가 흐름
에 따라 더욱 강해졌다. 4세기 이후의 유가행 유식사상이나 여래장, 불성사상 등을
주제로 하는 중기 대승경전이 되면, 경전이라기보다는 오히려 경이라는 스타일을
지닌 논서라 할 수 있는 경전이 다수 등장한다.[1] 게다가 일부 논서를 통해서 대승류
의 계율사상도 탄생하게 된다.

대승불교를 둘러싸고 최근에 그 기원과 실태에 관한 많은 연구가 축적되어 왔다.[2] 또한 개별 대승경전 연구에 대해서도 그 사이 현저하게 발전을 보인 것들이 있다. 본 시리즈 전권에서 이에 대한 상세한 설명을 통해 많은 부분이 밝혀질 것이다.

본고에서는 대승경전이란 무엇인가라는 주제를 몇 가지 상이한 관점에서 고찰하고자 한다. 즉, 대승불교의 실태를 전하는 입축구법승 入竺求法僧의 보고와 인도의 대승 불설·비불설 논쟁을 통해 알려지는 당시 대승불교의 양태를 살펴본 후 '대승'불교로 총칭되는 불교에 나타나는 특색을 재고하고자 한다.

2.
대승불교의 실태 – 입축구법승이 보고한 '대승' 계통의 사원

인도 대승불교의 실태를 전하는 단서에는 몇 가지가 있다. 초기 대승불교경전에 나타나는 승원과 그 주위 모습, 불탑 등에 새겨진 비문 자료, 불교 내외의 논서가 전하는 당시 논쟁의 내용 외에, 여러 루트를 거쳐 인도에 들어가 다양한 보고를 남긴 구법승의 활약도 빼트릴 수 없다. 이하에서는 각각 5세기 초반, 7세기 초반 및 후반에 인도에 들어간 법현·현장·의정 3인이 전하는 당시 대승불교의 실태를 엿보고자 한다.

(1) 법현 法顯

율장이 없음을 탄식한 법현(339-420)이 육로로 장안에서 순례의 구법길에 오른 것은 399년 弘始元年, 약 64세 때였다. 귀로는 스리랑카에서 사파제(사파제, 현 수마트라 혹은 자바)를 거쳐, 해로를 따라 고난 끝에 412년에 청주(靑州, 현 산동성 부근)에 도착했다. 귀국 후에 그가 지은 『법현전』(일명, 『불국기』 1권)은 단편이지만 입축구법승에 의한 가장 오래된 여행기로서 귀중한 것이다.[3]

이 책에 의하면 5세기 초반 북인도의 불교 승원에서는 소승학, 즉 소승이라 불리는 승원이 비교적 많았음을 알 수 있다. 법현은 402년 경 파미르 고원을 넘어 북천축(인더스 상류 지역을 포함하는 광의의 서북인도)에 들어가, 그 후 약 7년에 걸쳐 중천축에서 동천축에 이르는 불교유적을 순례하고서 갠지스강 입구에서 스리랑카로 건너갔다.

그런데 『법현전』이 언급하는 '대승(=摩訶衍)' 및 '소승'의 용례를 보면, 몇 가지 흥미로운 용례가 있다. 그중 대승, 소승, 및 대소승은 어떤 나라의 사원에서 대승과 소승 중 어떤 것을 배우는가의 관점에서 '다수가 대승학이다(多大乘學=3 용례)', '모두 소승학이다.(悉(/皆/多) 小乘學=9용례)', '대소승이 섞여 있다. (兼(/雜) 大小乘學=3 용례)'처럼 승원의 학습내용에 관한 기술이 압도적으로 많다.

위의 대승, 소승의 용례는 사원 및 사람들을 가리키는 예로서 大乘寺·大乘比丘·大乘婆羅門·小乘寺라는 용례가 각각 한 번씩 나온다. 또한 摩訶衍 용례 또한 승원과 사람을 언급하는 것으로, 摩訶衍僧伽藍(2 용례)과 摩訶衍人(1 용례)이다. 앞의 대승학, 소승학의 용례에 비춰보면 각각 대승 및 소승을 학습하는 승원이나 사람을 가리킨다고 말할 수 있다.

그런데 이상과 같이 대승과 소승이라는 말에 관한 『법현전』의 용례 및 문맥에서는 다음과 같은 세 가지 포인트가 드러난다.

첫 번째는 대승학이나 소승학이라는 용례에서도 알 수 있듯이, 대승 및 소승은 직접적으로는 출가승이 배워야 할 경전이나 논서를 의미한다는 점이다. 같은 책에서 율사나, 율사가 공양하는 율탑에 대해 언급되어 있는데, '대승학'이나 '소승학'의 대상에 율전이 포함된다고는 전혀 생각할 수 없다. 이 점은 율의 사본을 구하러 서북 인도로 들어가서 인도를 순례한 법현이 북천축에서는 사본을 입수하지 못했다는 사실에 의해서도 뒷받침된다. 법현이 방문한 많은 사원에서는 계율은 각각의 율사가 구전에 의해 전승한 것이기 때문에, 사본을 구할 수 없었다. 그가 처음 입수한 것은 마가다국 당시의 수도였던 파탈리푸트라(현재의 파트나)의 마하연승가람, 즉 대승승원에서였다.[4] 그곳에서 그가 입수한 것은 귀국 후에 불타발타라(佛馱跋陀羅)와 공역하게 되는 대중부계통의 『마하승기율』[5]이다.

　　위의 기술에서 대승승원에서 『마하승기율』 사본이 전승되었다는 사실도 중요하지만, 법현이 서역에서 북천축을 거치는 동안, 율의 전승이 대체로 율사의 구전에 의한 경우가 많기 때문에 사본을 구하기 곤란했다는 점을 간과할 수 없다. 법현도 전했듯이 전통적인 소승 18부파가 전하는 율은 작은 차이를 제외하면 대요에 있어 다른 점은 없고, 기본적으로 각 부파가 제자들의 구전에 의해 전승했음을 알 수 있다. 대승의 승원에서도, 율사의 전승에 따라서 『마하승기율』 등 각각의 율이 사용되었다고 생각된다. 따라서 대승학의 대상은 반야경을 시작으로 하는 개별적 대승경전이나 각각의 경전과 관련된 논서였다고 생각된다.

　　두 번째 중요한 포인트는 위의 사항과도 관련되는데, 법현이 인더스강 상류지역 및 마투라 동남의 상카샤(僧伽施)국에서 실제로 본 몇몇 사원에서는 대승과 소승을 겸하거나 섞어서 공부했다는 점이다. 나중에 현장도 종종 언급하지만, 사원에 따라서 대승과 소승의 경전을 겸학했던 것이다. 이는 용수나 무착, 세친을 비롯한 초기 대승논사들이 종종 초기(원시) 경전을 인용하고, 또한 비판적일지라도 설일체유부나 정량부등의 교리를 잘 알고서 언급하고 있다는 사실과도 부합된다.

　세 번째 포인트는 대승 승원 및 대승(마하연)의 인물들에 대한 법현의 보고이다. 법현은 파미르고원을 넘어 북천축에서 중천축, 게다가 동천축의 불교 유적을 순례한 후에 갠지스강 어귀에서 스리랑카로 향하기까지 약 7년간 인도를 순례했다. 그 중 마투라 이남의 중천축 및 동천축에서 그가 대승(마하연)에 관해 언급한 것 중의 하나가 붓다가 범천, 제석과 함께 도리천에서 세 개의 길로 만든 보석계단 三道宝階을 내려왔다고 하는 전설이 있는 상카국의 사원이다. 이것은 두 번째 포인트에서 언급했듯이 해당 전설과 관련된 지역에 있는 승원에서 대소승을 섞어 가르치고 있다는 언급이다. 이를 빼면 법현에 의한 대승(마하연)의 승원 및 인물과 관련된 기술은 마투라국과 마가다국의 수도인 파탈리푸트라성이라는 중천축의 대도시에 한정된다.

　그중에서 파탈리푸트라의 아쇼카왕 탑 부근에 있는 마하연승가람(＝대승승원)은 매우 장엄하고 아름답다[甚嚴麗]고 묘사되어 있다. 실제로 법현의 중천축 체류는 아쇼카왕에 의한 천도 이후, 당시 굽타 왕조 하에서 수도로 빛났던 이 파탈리푸트라를 기점으로 한 것이었다. 그는 바이샬리에서 남하하여 최초로 이 도성에 들어간 후, 더욱 남방의 구 도시 라자그리하(왕사성) 및 붓다가야에서 다시 이 마을에 돌아오고, 게다가 바라나시, 사르나트(녹야원), 코샴비로 서쪽으로 향하던 중 다시 파탈리푸트라로 돌아오는 등 삼 년간 이 지역에 머물면서 범서와 범어를 배웠다. 그 사이 앞에서 언급했듯이 『마하승기율』을 입수하는 한편, 설일체유부의 초율抄律, 『잡아비담심론』, 및 대승경전인 『방등반니원경』(＝대승열반경)을 얻었다.

　또 한편으로 마투라국에서는 마하연인 즉 대승인에 관한 흥미 깊은 보고를 하고 있다. 비구니들은(=세존에게 요청하여 여성의 출가를 인가받은) 아난의 탑에 공양하고, 아비담사들은 아비담을 공양하며, 율사들은 율을 공양한다. 그리고 법현에 의하면,

> 마하연 사람들은 바로 반야바라밀, 문수사리, 관세음 등을 공양한다.[6]

문맥으로 추측하면, 여기에서 말하는 '반야바라밀'은 최초기의 대승경전을 대표하는 위치에 있었던 『반야바라밀경』을 가리킨다고 생각해도 좋다.[7] 여기에서 법현은 대승인은 반야경이라는 경전을 공양한다는 사례를 보고하고 있다. 이에 반해 문수사리, 관세음은 말할 것도 없이 각각 대승불교의 대표적인 보살을 의미한다. 이는 '만약 보살을 예(拜)하고, 대승경을 읽고 있다면, 이를 대승이라고 이름한다.'고 후술하는 의정의 기술과도 일치한다.

이상의 법현전에 의하면, 대승의 승원은 비교적 아름답게 꾸며졌고, 그곳에서 대승의 경전이나 논서를 가르친 동시에 반야경으로 대표되는 대승경전이 문수나 관음 등의 보살과 함께 공양의 대상이 되었음을 알 수 있다. 때로 소승과 대승 양자의 경론을 함께 배우는 승원도 있었다. 율에 관해서는 법현도 전했듯이 큰 점에 있어서는 부파의 차이를 넘어서 공통되며,[8] '대승비구'가 준수하는 율은 각각 승원에서 율사가 주로 구전에 의해 전승했던 율이라고 추정된다. 율전을 구하러 입축한 법현이 처음 입수한 율전은 대중부계통의 『마하승기율』이고, 이 사본을 그는 수도 파탈리푸트라의 대승승원에서 발견했다.

⑵ 현장

현장(600/601-664)이 천축을 향해서 장안을 출발한 것은 629년(貞觀3년), 법현의 여행으로부터 230년 정도 지난 때였다. 당시는 힌두교의 발전을 이룩한 굽타 왕조가 붕괴하고, 하르샤·바르다나 왕조가 세워진 시기였다. 현장이 순례한 인도에서는 불교에 관해 법현의 시대와는 몇 가지 다른 양상이 보인다.

첫 번째로 '대체로 고비사막 이서의 천축 제국에서는 국왕은 모두 독실하게 불법을 믿고 있다.[9]'는 법현이 전한 시대와 달리, 이미 힌두교가 현저하게 강성해졌다. 불교의 승원도 비교적 많고 승려의 수도 역시 적지 않았지만, 힌두교 사원의 수가 늘어서, 비불교도(=外道)가 매우 많다는 기술도 눈에 띄게 된다. 각지에서 실제로 보이는 불교 가람의 훼손을 현장은 자주 탄식하고 있다.

두 번째로 또한 법현이 방문한 시대와 비교할 때 대승승원의 비율이 증가했음을 알 수 있다. 덧붙이자면 『대당서역기』[10] 전체 중에서 소승과 대승의 용례는 모두 57회이다.

세 번째로 법현의 보고와 마찬가지로 대승과 소승의 용례에 대해서는 '승도○○가 소승법(/대승법)의 가르침을 학습하고 있다'는 등의 표현이 일반적이고, 『법현전』의 기술과도 가깝다. 즉, 대승 및 소승의 경전을 배우고 있다는 취지이다. 또한 '대승과 소승 양자를 함께 학습하고 있다'는 용례(14회)도 보이고, 법현의 보고와 마찬가지로, 적어도 승원에서 대승과 소승의 경론을 함께 가르쳤다는 사실을 전하고 있다.

이하는 승원 등의 실태에 관한 현장의 보고 사례이다.

마투라 秣菟羅국은……가람은 20여 개, 승도는 2,000여 명이고 대소승을 함께 학

습하고 있다. 천사天祠는 다섯 곳으로 이교도들이 섞여서 머물고 있다.[11]

바이샬리 吠舍釐국은……가람은 수백이지만, 다수가 이미 붕괴했고, 남아 있는 것은 세 개 내지 다섯 개이다. 천사는 수십 개로서, 비불교도들이 섞여서 머물고 있다. 나체 露形(=나형 裸形)교도는 그 무리가 실로 많다.[12]

마가다 摩揭陀국은……가람이 50여 개, 승도는 만여 명이며, 또한 다수는 대승의 교법을 학습하고 있다. 천사는 수십이며, 비불교도들이 실로 많다.[13]

위에 든 예에서도 앞서 지적한 세 가지 양상이 엿보인다. 현장은 동인도, 남인도, 나아가 서인도를 돌고, 파미르 고원에서 서역남도를 거쳐서, 645년(貞觀19년)에 장안에 돌아왔다. 현장은 법현 및 의정의 순례에 없던 남인도 및 서인도 지역까지 돌아다니고, 각각에 대해 귀중한 보고를 남겼다.

(3) 의정

의정(635-713)은 현장 이후 약 반세기 후에 왕복길 모두 남해루트로 인도로 들어가 날란다 승원의 일상생활을 상세하게 보고했다. 법현, 현장의 여행기와는 뜻을 달리한 것으로서, 현장도 체재했던 날란다 승원에서의 의식주에 관한 계율의 실태를 극명하게 기록한 점에 큰 특색과 가치를 가진다. 좌주座主를 맡은 다르마팔라(護法 530-561)나 실라바드라(戒賢 529-645) 외에 많은 대승계 논사의 활약으로 알려진 날란다 승원에서 당시 기본적으로 준수된 율은 의정이 상세하게 전하고, 몸소 사본을 갖고 와서 번역한 근본설일체유부율 根本說一切有部律이었다.[14]

의정은『남해기귀내법전 南海寄歸內法伝』[15]의 서장에서 불교의 통사通史와 남해 및 인도의 불교사정을 간략하게 소개하고 있다. 이것은 개략적이지만 7세기 후반 인도불교의 양상을 전하는 자료로서 매우 중요하다. 의정에 의하면

> 이 [인도 및 동남아시아에서 우세한 대중부·상좌부·근본설일체유부·정량부의] 4부 중에서 대승과 소승의 구별은 정해져 있지 않다.
>
> 북천축이나 남해의 군郡은 모두 소승이다. 신주神州·적현赤県(=중국)의 향鄕에 서는 마음이 대승교에 있다. 이외의 지역은 대승과 소승이 섞여 있다.
>
> 그 (대승과 소승 양자의) 분위기를 보건대, 대승·소승이 율에 의해서 나누어지지 않았으며, 한결같이 (파라제, 승잔 등의 구족계 오분류의 총체인) 오편 五篇을 규제하고, (대승도 소승도) 모두 (고집멸도의) 사제를 닦고 있다.
>
> 만약 보살을 예배하고 대승경을 읽는다면 이를 대승이라고 부른다. 이를 행하지 않는다면 소승이라고 부른다.
>
> 보통, 대승은 두 가지에 불과하다. 첫 번째는 바로 중관파이고, 두 번째는 곧 유가행 파이다. 중관[의 가르침에 따르면] 속제는 유이지만, 진제는 공이고, [속제의 사물의] 본체는 비어 있고, 환幻과 같은 것이다. 유가행파[의 가르침에 따르면] 외부대상은 바로 비존재지만, 내적인 [마음]은 존재하며, 사태는 오직 표상일 뿐이다.[16]

의정의 보고에는 몇 가지 특색이 있다. 첫 번째로 의정은 율의 동이점 同異点과 각각 율에 따른 승원의 일상 의례에 큰 관심을 가졌다. 전통적인 소승 18부파 중에서도 지역 적인 차이는 있지만, 의정의 견문에 의하면 인도 및 동남아시아에서는 대중부·상좌 부·근본설일체유부·정량부의 네 부파가 주류였다. 이들 부파는 각각 경·율·논 삼장 을 전했다고 기록되어 있는데, 의정의 직접적인 관심은 부파가 전승하는 율과 그

동이점이었다. 그러므로 우세한 위의 네 부파 간의 차이점에 대해서도 '4부의 차이
는 율의 律儀의 차이로서, [죄과의] 경중에 차이가 있으며, [특정한 행위를] 허용하
는가 또는 규제하는가에 큰 차이가 있다. 출가 승려는 각각 [소속된] 부(部)가 지키는
[율의]에 의지한다.[17]'고 전하고 있다.

이 문장에 이어진 것이 앞의 인용문이다. 의정에 의하면 대승은 독자적인 율을
갖지 않았으며, 주로 네 부파 각각이 전승한 율의 차이에 의해 부파에 관한 승원의
전통이 형성되었다고 한다. 그래서 율의에 관해서 각각의 전통을 유지하는 승원
속에 대승과 소승의 — 경과 논에 관한 — 교리전통 및 그에 관한 행동방식에 따른
차이점이 있지만, 그 차이도 확정적이라고는 말할 수 없다고 한다.

여기에서 두 번째 특색이 있다. 의정에 의하면 율의 관점에서 보는 한, 대승 및
소승과 관련된 사람들은 네 부파의 승원에서 공존했고, 부파 각각의 전통적인 율을
준수하였으며 사성제를 수습하는 점에서 공통적이었다고 한다. 그렇다면 무엇 때
문에 대승이라고 하는가? 보살(상)을 예배하고, 대승경전을 읽는다면 대승(인)이라
고 이름하고, 그것을 행하지 않는다면 전통부파, 즉 소승(인)으로 구별한다고 한다.

의정 보고의 세 번째 특색은 대승의 교리전통에 관한 것이다. 그에 따르면 이
시대의 대승은 크게 '중관'과 '유가' 둘로 구분된다. 각각의 교리적 특징에 대한 기술
은 간명하지만 핵심을 찌르고 있다. 법현이나 현장은 이 두 학파에 관해 언급하지
않았고, 그런 의미에서도 의정의 이 보고는 매우 흥미롭다. 학파로서 중관파는 바바
비베카(淸辯 490-570)에 의해 6세기 후반에는 그 기반이 구축되어 있었는데[18], 의정
이 인도에 방문한 7세기 후반에는 유가행파와 함께 2대학파의 하나로서 널리 인지
되어 있었음을 알 수 있다.

법현, 현장, 의정이 전하는 5세기 초엽과 7세기 전반 및 후반의 대승불교 양상은 이상과 같다. 세 명의 순례승에게는 각각 율전의 입수, 『유가사지론』 등 범본의 입수, 그리고 인도의 율의 정칙 正則을 체험적으로 배우고 관찰기록을 남기려는 중요한 목적이 있었다. 따라서 이러한 동기와 관심을 가진 견문이라는 점은 새겨둘 필요가 있다. 다만 이상의 여행기를 통해 알려지는 '대승'불교의 양상이 있다. 그것을 열거하자면 다음과 같은 점들을 지적할 수 있다.

(ⅰ) 대승은 독자적인 율을 갖지 않았고, 대승비구가 준수한 율은 기본적으로 자신이 소속된 승원이 지닌 전통율이었다.

(ⅱ) 대승이란 반야경을 비롯한 대승경전 및 논서를 중심으로 한 교리전통이고, 대승비구나 대승승원에는 이러한 전통에 따라서 대승경전의 독송·공양을 행하며, 문수나 관음 등의 보살상에 대한 예배·공양을 하는 특색이 있었다.

(ⅲ) 대승의 교리 전통 중에서도 7세기 후반에는 유가행파와 중관파의 양대 학파 전통이 인지되고 있었다.

3.
대승불교의 양상 – 인도의 대승 불설·비불설 논쟁을 통해서

다음으로 인도의 대승불교양상을 논서의 대승 불설·비불설 논쟁을 통해서 생각해보고자 한다. 요점은 대승 불설·비불설 논쟁을 통해 당시 대승불교의 특색을 엿보고 이해하는 것이다.

초기대승경전에 나타난 부분적 언급을 제외하고[19] 비교적 정리된 형태의 대승 불설·비불설논을 전개한 것은 다음 대승계의 논서들이다.

(I) 마이트레야(미륵 350-430) 작(?)『대승장엄경론 大乘莊嚴經論』제1 成宗品('대승의 증명' 장)

(II) 바수반두(세친 400-480경) 작『석궤론 釈軌論』제4장

(III) 바바비베카(청변) 작『중관심론』및 주석『논리담론』제4「성문의 진실」(에 관한 비판)

(IV) 샨티데바(적천 690-750년경) 작『입보살(보리)행론』제9「반야(바라밀)」장

(V) 그 밖에『입대승론』(견의 堅意 지음·북량 北涼 도태 道泰 등 역) 전반부,『성유식론』(호법 護法 등 지음, 현장 역), 간명하지만 나가르주나에게 귀속되는『라트나발리 實行正王論』제4장(제7-100송)에도 대승불설론이 나타난다.

그중에서 가장 중요한 것이 (I), (II), (III) 세 논서로서 다카사키가 각각의 개요를 소개하고 있다.[20]

그 후, (I)의『대승장엄경론』의 대승 불설·비불설에 대해서는 특히 후지타 요시미찌 藤田祥道[21]가, 또한 (II)의『석궤론』제4장에 관해서는 혼조 요시후미 本庄良文[22]와 호리우찌 토시오 堀內俊郎[23]가 각각 귀중한 연구 성과를 발표했다. 또한 호리우찌 堀內 역시 대승경전 및 논서에 나타난 대승 불설·비불설 논쟁의 연구사를 능숙하게 정리하고 있다.[24] (III)의『중관심론』및 주석『논리담화』에 대해서는 근래 엑켈 D.

Eckel이 제4장과 5장의 영역 주석을 간행하였다. 특히 그는 4장의 해명에 공헌하였는데, 4장은 성문이 대승비불설을 논하는 것을 비판하면서 바바비케카의 대승불설론을 전개하는 내용이다.[25]

그런데 대승 불설·비불설론이란 대승경전이나 논서의 교리가 불설, 즉 붓다의 말씀buddhavacana인가 아닌가를 둘러싼 논쟁이다. 비불설론자에 따르면 어떤 시기 이후에 18가지로 전해진 전통부파가 전승하는 교리만이 불설이고, 대승의 교리는 그렇지 않다고 한다. 그들이 대승은 불설로 인정될 수 없다고 말할 때의 논거는 대체로 다음과 같이 구분된다. 즉, 대승비불설론자에 의하면 대승의 경전이나 논서에서 전해지는 교리는 아래 이유 때문에 불설로 인정될 수 없다는 것이다.

(A) 전통적인 교설과 모순된다.

(B) 이치에 맞지 않는다.

(C) 전승의 정당성을 나타내는 결집이나 부법상승付法相承을 밟지 않은 후대의 창작에 지나지 않는다.

(D) 바른 경·율·논이라는 불설의 3조건[26]에 합치하지 않는다.

(E) 기타

이하에서는 위의 (I)에서 (IV)까지 네 논서에 나타난 논쟁의 쟁점을 고찰하고자 한다.

대승장엄경론

　먼저 (I)의『대승장엄경론』은 대승의 교법을 장엄하는 의의를 설명(제1송-46송)하는데, 그중의 7송에서 대승이 불설인 일곱 가지 근거를 제시하고, 그 이하 21송까지 그것을 상설하는 방식으로 구성되어 있다(본 권 제4장 참조). 너무 간명한 감이 있어 이해가 어려운 점이 있다. 7송은 다음과 같다.

　(1) [대승이 후에 나타나 정법이 소멸할 것이다 라고] 미리 [붓다가] 예언한 바가 없기 때문에, (2) [성문승과 대승은 사람의] 동시에 전개되는 것이기 때문에, (3) [대승은 현자 이외의 사람의] 대상이 아니므로, (4) [불설로서 이미] 성립하고 있기 때문에, (5) [대승이] 유와 무에 있어서 [다른 대승은 없고, 대승이 없으면 성문승이 없다는 두 가지 의미에서] 무이기 때문에, (6) [번뇌를] 대치 對治하는 것이기 때문에, (7) [공이나 불생 등의 대승의 이치는 피상적인] 문자와 소리 字音가 아니기 때문에 [대승은 불설]이다.[27]

　바수반두의 주석 및 위의 일곱 가지 근거를 해석한『성유식론』[28]을 참조하면, 다음과 같은 이유에서 대승불설론을 전개하고 있다고 말할 수 있다.

　대승은 성문승과 대비되고, 붓다가 그것에 의해 붓다가 된 이법이자 교법이며, 그런 의미에서 대승은 불승·최고승 또는 보살승이라고도 말해진다((3), (4)). 따라서 대승이 있으므로 제불의 출생이 있고, 그러므로 또한 제자들에 대한 교법인 성문승도 있을 수 있다((5)). 대승과 성문승 모두 붓다의 재세시에 전개된 교법이다((1), (2)). 대승의 교법은 무분별지에 근거하고, 이 무분별지에 의해 제 번뇌는 대치 對治된다((6)). 공성 등의 대승의 교설에는 깊은 의도가 있는 것이며, 오온·십이처·18계설 등의 전통적인 교설과 표면적으로 다르다고 해서 두려워할 것까지는 없다((7)).

이렇게 대승은 붓다가 그것에 의해 깨달음을 얻은 도리를 나타내는 교법이고, 동시에 또한 그것에 의해 제불도 출생한다. 이에 반해 성문승은 그 붓다에 의해 제자들을 위해 설해진 교법이고, 그러므로 붓다 재세 당시부터 이미 두 교법은 영역을 달리하면서 공존할 수 있었다는 취지이다. 앞의 A에서 E까지 든 대승비불설의 근거와 관련해서 말하자면, 중심이 되는 것은 A의 전통적 교설과 불일치한다는 비판과, C의 전승상의 정당성이 결여된 후대의 창작에 불과하다는 비판을 의식한 논의이다. 직접적으로는 대승불설론을 지지하는 7가지 논거 중 (1)에서 (5)까지는 C의 비판에 대답하고 있고, (6)과 (7)이 A (및 B)의 비판에 대답한 것이라는 관련성이 읽혀진다. 또한 제7송 속에 (5)의 논거와 관련된 제22송(본 권 제4장의 각주(25)를 참조)에는 D의 불설의 세 조건에 합치한다는 논의도 등장한다.

석궤론

한편 C의 전승의 정당성에 관한 논의를 정면으로 다룬 것이 (II)의『석궤론』제4장이다. 『석궤론』은 A에서 D까지의 모든 논의를 전개하는데, 특히 특징적인 것은 '은몰隱沒'경전의 존재를 지적하여 C에 관한 대승경전의 전승상의 정당성을 상세하게 논하는 점이다. 이는 경전의 결집에 있어서 중심적인 역할을 한 아난다(아난)가 붓다의 시자 소임을 본 것은 붓다 성도 후 20년이 지난 후였다는 전승과 관련된다. 즉, 전승에 의하면 다문제일로 불리는 아난다조차도 붓다에게 직접 교법을 듣고 기억한 것은 붓다의 45년간 설법기간 중 열반에 이르는 후반 20년이었다는 것이다.

그 이전의 교법은 구참 비구로부터 간접적으로 들은 것이라고 한다. 그러므로 전반 20년간에는 아난다에 의해 기억되지 않았던 경, 즉 은몰해버린 경전도 있을 것이며, 그러한 경전의 존재를 시사하는 경전도 존재한다는 것이다. 『석궤론』 제4장에는 이러한 은몰을 시사하는 『웃타라경』이나 『아난다경』 등 16가지 경전이 열거되고 있다. 그러므로 붓다의 교법을 전하는 모든 경전이 현재 알려져 있는 것이 아니라고 결론짓고, 불설로서의 대승경전도 그 '은몰된' 경전류에 위치함을 암시한다.[29]

'은몰'경의 이론은 『석궤론』 뿐 아니라, 『입대승론』 및 『논리담론』에서도 나타난다. 또한 이 은몰경의 이론은 『대비바사론』이나 『순정리론』에서도 확인되는데, 각각 '육인 六因' 설과 '98수면 九十八隨眠' 설이 불설임을 주장하는 문맥에서도 쓰인다는 점이 지적되고 있다.[30] 『대비바사론』의 성립년대(2-3세기경)를 감안하면, 유부 아비달마의 같은 이론이 바수반두(세친), 견의 堅意, 『논리담론』의 저자 등 4세기 이후의 논사에 의해 대승불설론에 채용되었다고 생각하는 것이 타당할 것이다.

중관심론 및 논리담론

다음으로 (III)의 『중관심론』 제4장으로 눈을 돌려보자. 전체 74송으로 구성된 이 장은 앞의 14송까지의 전주장(반대 측의 주장)에서 성문에 의한 대승비불설론을 두고, 이에 대해서 이하 15송 이후의 바바비베카에 의한 후주장(그에 대한 반론)에서 반론들을 통해 대승불설론을 전개하고 있다. 이제 전주장과 후주장의 대응을 보면 다음과 같다. 앞의 숫자는 게송번호를 가리킨다. 또한 전주장의 (1)에서 (10)의 표제 뒷부분은 앞의 A에서 D까지 분류한 논거의 특색을 나타낸다.

전주장 pūrvapakṣa	후주장 uttarapakṣa
제1송 (1) 전주장의 도입.	제15송 반론서설
제2송 (2) 무분별지와 근거로서의 신체는 모순됨. A	제16-19송
제3-6송 (3) 동일한 길(8정도등)에 의해 다양한 보리가 있음. A	제20-33송
제7송 (4) 경율론에 포함되지 않음. D	제34-35송
제8송ab (5) 인과를 損滅함. A	제57-58송
제8송cd (6) 대승은 18부파(가 전승하는 불설)에 포함되지 않음. A	
제9송 (7) 색채와 형태등의 부정은 지각과 모순됨. B	제59-62송
제10-11송 (8) '불생 不生'설은 지각 및 상식과 모순됨. B	제63-67송
제12송 (9) 사성제를 부정하는 대승에 진실은 없음. A	제68송
제13-14송 (10) 외계대상의 실재성과 유심설 비판. B	제69-73송
	제74송 결론

위와 같이 『중관심론』 제4장의 대승비불설 역시 A에서 D까지 네 종류로 분류되는 논거에 기반하고 있다. (7)과 (8)의 인식론적 관점에서의 비판은 앞의 (I)과 (II)에는 없는 관점이고, 또한 (10)의 유심설 비판을 한 점에서도 『중관심론』의 독자적 관점이 엿보인다. 이 유심설 비판에 대해 바바비베카는 후주장에서 세속, 즉 언어관습상의 입장에서는 색채와 형태 등이 지각대상이라고 하면서, 스스로는 유심설에 가담하지 않음을 강조하고 있다.

또한 특징적인 것은 (6)에 강조된, 대승은 '18부파(가 전승하는 불설)에 포함되지 않기 때문에' 불설이 아니라는 비판을 한 점이다. 실은 이 비판은 제18송 후반에

갑작스럽게 등장하고, 후주장에서도 저자 자신의 반론이 드러나 있지 않다. 이에 반해, 주석인『논리담론』은 바로 이 8송 후반에 대한 주석에 많은 지면을 할당하고, 18부파의 성립경위와 각 부파에 대해 해설하고 있다. 그리고나서 다음과 같이 결론 짓는다.

> 이렇게 구별된 제 부파의 한 부파 중에서 이 대승이 속해 있었다면, 불설이라고 이해할 수 있겠지만, 대승은 어떤 한 부파의 교설(gsung rab, *pravacana)에서도 설해지고 있지 않기 때문에, 이 대승은 붓다가 설한 것이 아니다.[31]

여기에서도 분명하듯이, 대승은 교설의 한 종류로 의미지어지고, 그것이 전통적 18부파가 전승하는 교설 속에서 설해지지 않았음을 전주장에서 성문이 문제시하고 있다.

더욱이, 이에 이어서『논리담론』의 저자는 대승이 18부파의 전승교설에 속하지 않은 이유를 대략 이하의 14가지로 정리하고 있다.[32]

> 이하와 같은 이유에서도 이 [대승]은 18부파 속에 속하지 않는다.
> (1) 세존이 반열반하셨을 때, 근본결집에 의해 결집되지 않는 것이기 때문에, 또한 후에 [교단이] 분열할 때에도, 결집자들에 의해 결집되지 않았기 때문이다. C
> (2) [대승은] 여래가 상주한다고 설하기 때문에, '모든 유위는 무상이다'라고 설하는 것과도 다르기 때문이다. A
> (3) [대승은] 여래장의 변재성과 아다나식을 설하기 때문에, 아집을 버리지 못한

것이기 때문이다. A

⑷ [대승은] '붓다는 열반하지 않는다'고 설하여서, 그곳(=열반)에 적정성이 없다고 설하기 때문에 (제행무상·제법무아·열반적정)의 3법인과도 다르기 때문이다. A

⑸ 또한 대성문에 대한 수기와 A

⑹ 아라한에 대한 비방과 A

⑺ 재가자에 대한 공경 *namaskāra을 설하는 점. A

⑻ 여래보다도 특히 보살을 찬탄하기 때문에. A

⑼ 허공장[보살] 등의 보살의 서원도 언어에 지나지 않기 때문에. B

⑽ 석가모니는 변화[신]이라고 말하여서 모든 가르침이 오류이기 때문에. A

⑾ '[붓다는] 항상 삼매에 들어 있다'는 것은 이치에 맞지 않기 때문에 A

⑿ 많은 경전 속에 효과없는 찬탄 송을 설하기 때문에, 즉 [그로부터] 극악의 죄도 근본적으로 구제된다는 말하여서 행위에 과보가 없다고 설하기 때문에. A

⒀ 또한 [12부 중에] 방광 *valpulya 또한 (대승과는) 다른 것을 설하고 A

⒁ '18부파의 분열에 관련된 꿈을 보았다고 하는' 크리킨 왕의 꿈속에서 [18부파와 구별된 대승의] 분열은 설해지지 않았기 때문에. E

그러므로 이 대승은 붓다가 설한 것이 아니다. 이 [대승]은 틀림없이 지혜가 부족한 마라들과 어리석은 자들을 속이기 위해, 복잡하고 다양하게 창작된 것이다.

『논리담론』은 18부파 각각을 해설한 뒤에, 18부파에 의한 전승 교설 속에 대승의 교설은 보이지 않고, 그러므로 대승은 불설로 인정될 수 없다는 이유를 위와 같이 열거하고 있다. 성문의 입장에서 보는 대승은 전통적인 불설과 일치하지 않는 많은 교설을 창작하여 그것으로 어리석은 사람들을 기만하고 있다는 것이다. 앞에서 언급했듯이 『중관심론』은 후주장 중에서 대응되는 반론을 두지 않고 있고, 위와 같은 비판에 대한 반론은 아쉽게도 『논리담론』에서도 제시되지 않는다.

입보리행론(구본)

여기에서는 마지막으로 (IV)에 제시한 샨티데바(寂天, 690-705년경) 작 『입보살(보리)행론』 제9장 「반야(바라밀)」 장의 대승불설론을 고찰하고자 한다. 『입보살(보리)행론』 *Bodhi(sattva)caryāvatāra*에는 돈황에서 출토되어 티벳어 사본으로만 전해지는 구본(저자는 악샤야마티, 전체 9장으로 7025게송)과 현존하는 산스크리트본 및 다른 제 번역으로 전승된 신본(저자명은 샨티데바, 10장으로 913게송) 두 본이 있다. 전체적으로 신본과 비교하여 구본의 문맥이 명쾌하므로, 여기에서도 구본의 제8(=신본 제9)장에 있는 대승불설론에 촛점을 맞춘다.[33] 구본에서는 제31송−34송이 대승불설론을 전개하고 있다. 그 문맥은 공의 수습은 불설이 아니라는 비바사사에 의한 대승비불설론을 제시하고 나서 그것에 대해 반론하는 것이다. 구본에는 다행히 저자미상의 주석 『입보리행론해설[細疏]』이 현행의 대장경 땐규르 속에서 남아 있기 때문에[34] 이하에서는 그 주석과 함께 번역을 제시하겠다. (이하에서는 『 』안이 게송의 인용부분이다. 주석은 모두의 구절만을 인용하기 때문에 여기에서는 해당 4게의 게송을 돈황본에서 직접 번역하여 삽입한다.)

이제, 自部(=불교도)의 비바사사가 대승은 붓다를 얻기 위한 길에 다름아니다고 비구 나가르주나 등이 설한 것에 지나지 않기 때문에, 붓다가 설한 것이 아니다. 그러므로 수습해서는 안 된다고 이야기하는 잘못된 생각을 부정하기 위해서, 『다름아닌 이 길에 의해』 운운이라고 말했다.

"다름아닌 이 길에 의해 깨달음이 있다'고 확실한 아가마 중에 나오는 것도 올바른 부법상승에 의한 것이라고 말해진다." (제31송abc)

"부법상승에 의한 것이다"라는 것은 세존이 성자 마하카샤파 大迦葉에게 전하고, 그가 아난다 阿難에게 전하며, 그가 샤나바신 商那和修에게 전하며, 그가 우파굽타 優婆毱多에게 전하며, 그가 메차카 弥遮迦에게 전했다고 설해지는 것이다.

지금, (이 부법상승에 관해 양자의 길이) 같음을 증명하기 위해서, "당신의 성전에서는" 운운이라고 설해진다.

"당신의 성전 *grantha에서는 어떻게 하여 성립하는가" (제3송d)

그렇지 않다(즉, 같지 않다)고 한다면, 성문인 당신의 성전에서는 깨달음을 얻게 하는 것이 불설에 다름아니라고 『어떻게 하여 성립하는가』. 즉, [바른 부법상승에 의한다는 점에서] 같다는 생각이다.

"그 [성문의 성전]에는 신뢰가 있기 때문에, 그것이 [불설로서] 성립한다고 말한다면 대승에 대해서도 신뢰를 두어라." (제32송ab)

"그 [성문승의 성전]에는 신뢰가 있기 때문에 [불설로서] 성립한다고 말한다면" 이라는 것은 타인(=성문)들이 우리의 이 성전은 불설로서 신뢰되는 부법상승에 의해 성립한 것이라고 말한다면 "대승에 대해서도 신뢰를 두어라." 대승에 대해서도 불설로서의 신뢰를 [두어라. 즉] 다름 아닌 부법상승에 의거하여 성립한 것이라고 알아야 한다는 의미이다.

"양자가 승인하는 것이 바른 것이라면, 베다 등도 바른 것이 될 것이다." (제32송 cd)

"양자가 승인하는 것이 바른 것이라면"이란, 만약 다른 자들이 불설로서 확립되는 것에 대해서, 너희와 우리들 양자가 승인한다면 불설로서 바른 것이지만, 대승은 우리가 승인하지 않기 때문에 불설로서 바르지 않다고 말한다면, 그때에는 "베다 등도 바른 것이 될 것이다." 그것은 베다의 언어도 독 등을 진정시키는 능력을 가진다고 양자가 함께 인정한다면 불설이 되어버릴 것이다. 그러므로 불설로서 설정되는 "양자가 승인하는 것"이란 도리에 맞지 않다는 의미이다.

"만약 상호간에 모순되면 [불설이 아니다]라고 한다면, 율 등도 버려야 할 것이다. 다양한 유정을 기쁘게 하기 위해서 설해졌다고 하는 이 것을 왜 인정하지 않는 것인가?" (제33송)

혹은 또한 불설로서 설정되는 것은 경 속에 들어갔고, 율 속에서 나타나며, 법성에 위배되지 않는다[35]고 말해지지만, 대승은 그렇지 않다. 왜 그런가 하면, 성문승의 아마가 속에서는 색과 형체 등은 존재한다고 설해지지만, 대승에서는 부정되기 때문이다. 그러므로 경과 모순되므로 불설이 아니라고 생각하여, "만약 상호간에 모순되면 [불설이 아니다]라고 한다면"이라고 말했다.

그러나 이렇게 [성문승의 아가마와 대승의 아가마가] 상호간 불일치한다는 점만으로 불설이 아니라고 한다면, 그때에는 "율 등도 버려야 한다." 너희들은 (율에 관한) 성문의 아가마 속에도 상호간 불일치가 있으므로 불설이 아닌 것으로서 (율 등도) 버려야 하는 것이 될 것이다.

혹은 또한, 그 [다른 율]은 믿고 이해함(신해, adhimukti)이 서로 다른 유정들을 기쁘게 하기 위해 설해진 것이므로, (상호간에) 불일치하더라도 불설로서 모순은 없다고 한다면, 그렇다면 우리들 [대승교도]에게도 마찬가지라고 생각하여, "서로 다른 유정을 기쁘게 하기 위해 설해졌다"고 하는 "그 점을" 대승의 아가마에 대해서도 "인정하지 않는가?" 이 [대승]도 역시 믿고 이해함이 서로 다른 유정들을 인도하기 위해 설해진 것이므로, 성문의 아가마와 불일치한다고 해도, 불설로서 모순은 없다는 의미이다.

이제 결론을 위해 『이렇게』 운운이라고 말했다.

"이렇게 공의 설에 대해 비난하는 것은 이치에 맞지 않다. 그러므로 의심없이 공을 수습 修習하라." (제34송)

"비난하는 것은"이란, 불설이 아닌 것으로서 [비난하는 것]이다. "의심없이"라는 것은 불설인가 아닌가하는 의심이다. [36]

8세기 전반에 활약한 악샤야마티(=샨티데바?)에 의한 해당 네 게송을 저자미상의 주석(9세기 전반경?)과 함께 제시하면 위와 같다. 간명한 내용이지만 몇 가지 흥미로운 점이 있다.

제31송은 앞의 C, 즉 대승의 전승의 정당성을 둘러싸고 부법상승을 예로 들었다. 대승불설론에 입각한 저자의 대답은 아난다가 전승하지 못한 '은몰'경의 존재를 논거로 한 『석궤론』등과는 달리, 『부법장인연전付法藏因緣傳』에도 전승된 세존→대가섭→아난→남라능수 南㫰能修→우파모다 憂婆毬多→미차가 彌遮迦 등이라는 부법상승을 제시하고, 그 점에 관해서 성문과 대승의 아가마에 차이가 없다고 한다.[37] 주석에서도 비바사사가 경전과 논서 무엇을 가리켰는가는 차치하고도, 대승은 불설이 아니라 비구인 나가르주나 등이 설한 것에 지나지 않는다고 비판한 점도 흥미롭다. 저자미상의 이 주석자는『부법장인연전』이 용수를 제13조에 위치시켰듯이, 나가르주나(용수) 또한 세존에게 바른 부법상승에 의해 붓다(=보리)를 얻게 하는 길로서 공의 수습을 설한 것이고, 그러므로 제2조인 아난을 매개로 한 정당한 부법전승에 의하고 있다는 인식에 서 있다.

이어지는 제32송과 33송은 각각 A의 전통교설과의 일치·불일치를 문제 삼는다. 양자 모두 귀류논법을 사용한 논의이다. 제32송은 성문과 대승교도 양자가 함께 승인하는 교설이 불설이라고 한다면 베다 성전의 말씀도 해독의 효과가 있음을 양자가 인정하므로 불설로 될 것이라는 오류를 지적한다. 단순한 레토릭이라기보다는 많은 불교도들도『아타르바베다』등의 베다 성전의 말씀이 모종의 세간적 효능을 갖고 있음을 인정하고 있다는 것을 전제하는 논의라고 말할 수 있다.

제33송은 또 다른 의미에서 흥미롭다. 대승과 소승의 아가마에 불일치가 있다

해도 신해가 서로 다른 유정을 기쁘게 하기 위해 다양한 율이 있듯이, 그것과 마찬가지로, 두 가지 아가마를 이해해야 한다는 취지의 대승불설론이다. 여기에서 신해가 서로 다른 유정을 기쁘게 하기 위해 다양한 율이 있는 것은 같은 이유로 대승과 소승의 아가마에 차이가 있더라도 승인해야 한다는 대승불설론에 선 저자의 주장의 동유례同喻例로서 제시된 것이다. 따라서 이 경우의 아가마는 경·율·논 3장 속의 경장과 논장의 전승에 관한 것이라 말할 수 있다. 덧붙여 말하면, 같은 게송의 주석은 '경 속에 들어 있고, 율 속에서 보이며, 법성에 위배되지 않는다'는 불설의 세 조건을 제시한 위에 논의를 전개한다. 이 불설의 세 조건은 앞에서 본 『대승장엄경론』(제1장·제1송 및 주석), 『석궤론』(제4장), 『중관심론』(제4장), 『입대승론』에서도 공통적으로 나타난다.

4.
'대승' 불교란 무엇인가 – 대승불교의 특색

이상과 같이 대승불교는 대승경전을 불설로 수용한다는 특색을 공유하는 불교이다. 이 경우의 '불교'는 붓다의 가르침 buddha-śāsana이라는 의미에 한정되지 않고 교리, 의례, 그리고 사부중, 즉 비구·비구니·우바새·우바이라는 출가 및 재가 남녀로 이뤄진 교단의 총체를 가리킨다. 이 교단은 또한 불·법·승 삼보에 의해 구성된 종교운동체이고, 경·율·논 삼장을 전승한다. 이러한 대승불교는 외형적으로는 기원전후에 흥기하여 인도 각지에서 다시 널리 아시아 여러 지역으로 전파되었고,

각지의 다양한 토착신앙과의 습합 및 변용을 수반했으며, 또한 새로운 전개를 보이면서 정착해간 불교운동이라고 말할 수 있다.

다만 인도에서 '대승'불교가 직접적으로 관련된 것은 경·론 2장이고, 율에 대해서는 대승의 경론을 배우고 독송하며 또한 공양하는 학승들이 소속된 승원 각각의 전승에 따랐다고 보인다. 대승경론을 입수하여 배우고 독송하며 공양하는 동시에, 법현이나 의정이 전했듯이 보살상에 대한 숭배를 특징으로 하는 승원이 대승승원이라고 간주되지만, 실제로는 대승과 소승을 겸학하는 승원도 적지 않았다. 대승경전뿐 아니라, 전통부파가 전승해온 경전 및 논서를 병행하여 배우는 승원인 것이다. 또 한편 대승경전을 정당한 불설로 수용하지 않는 승원 역시 뿌리깊이 있었다. 즉, 대승교도(mahāyānika, mahāyāna-yāyin)가 '소승(hīnayāna 작은 수레)'이라고 낮춰 부른 전통 부파가 전하는 아가마만을 불설로 받아들이는 승원이다.

그렇다면 어떠한 의미에서 대승경전은 불설인가? 전통부파가 전하는 아가마만을 따르는 학승에게 있어서 대승경전은 왜 불설로서 수용되지 않았던 것인가? 불멸 후 4-500년경이 지난 후 발생한 불교교단 내의 정통·이단 논쟁이라고 보는 것도 가능하지만, 직접적인 논쟁의 불길을 당긴 것은 대승불교 쪽이었다.

그 쟁점은 결국 대승경전의 모티브가 된 교리 그 자체의 정당성을 둘러싼 것이었다. 이 경우의 정당성은 전통교리와의 정합성과 전승의 신뢰도라는 두 측면에 관련되어 있다. 특히 대승의 교리에는 공과 진여, 혹은 새롭게 의미 부여된 연기와 중도의 설로 대표되는 것처럼 그 저류가 된 전승은 어찌 되었든 대승경전에서 새롭게 등장한 설도 적지 않다. 전통교리의 재해석이나 부연된 해석이라고도 할 수 있는 교리부터, 2신설, 3신설, 4신설 등의 불신론, 알라야식설이나 여래장설의 교리가

대표적이다. 또한 대승불교운동이 확산되면서, 삼성·삼무자성설과 같이 공성이
나 무자성설 등의 반야경을 기반으로 한 초기 대승학설을 비판적으로 계승하면서
생겨난 학설도 나타난다. 어떤 경우라도 불설로서의 정당성을 앞에서 든 전통교리
와의 정합성과 전승의 신뢰도라는 두 측면에서 논할 필요가 있었다.

그리고 여기에 대승경전에 기초하여 논서가 출현한 배경이 있다. 나가르주나(용
수 150-250년경)와 아상가(무착, 395-470년경)·바수반두(세친 400-480년경) 형제가 공이
나 법성, 진여, 나아가 알라야식설 등의 대승불교의 주요한 교리를 논하면서, 그
교리들을 대승경전뿐 아니라 전통적인 아마가에 연결시키기 위해 심혈을 기울인
것도 이러한 경위 때문이다. 이 점은 또한『해심밀경』,『능가경』등의 논서적 성격
이 짙은 대승불전에서도 엿보이는 특징이다.

한편으로, 앞에서 보았듯이 '은몰'경 이론의 도입이나 불설의 세 조건에 적합하
다는 지적 등 대승불설론의 일부는 설일체유부에 의한 아비달마불설론을 채용한
것이다. 이 점은 또한 대승의 경론을 중시하는 학승들이 비판적인 입장을 견지하면
서도, 기초적인 학습이나 논쟁을 통해 전통부파의 교리에서 배운 바가 적지 않았음
을 이야기하는 것이다.

마지막으로 지금까지의 고찰에 입각해서, '대승'불교에서 보이는 몇 가지 특색
을 정리해보자.

첫 번째로 대승은 성문승(불제자의 수레)과 대비하여 스스로 자칭한 것으로, 대승
및 보살승을 가리킨다. 위대한 붓다 및 보살의 탈것, 혹은 길을 의미하는데, 교리적
으로는『논리담론』의 저자가 말했듯이 '결과(=붓다)'를 동반하는 6바라밀이라는 길

이나 그것을 설하는 성전 *ārṣa도 대승이라고 말해진다.[38]'

두 번째로 그러므로 대승이란 붓다의 깨달음(무상정등각), 붓다의 본질(법신), 붓다의 지혜(반야, 일체지, 무분별지 등), 그 지혜에 의해 통찰된 제법의 본질(법성, 연기, 공, 진여 등), 붓다를 관상하는 삼매(관불삼매), 붓다의 사리를 모시는 불탑, 붓다를 지향하는 보살행(6바라밀, 십지, 이타, 서원, 회향 등), 대비를 포함하는 붓다의 특성(18불공법), 나아가 또한 모든 유정이 가지는 붓다의 본질(여래장, 불성) 등, 붓다 혹은 보살에 중심을 둔 길이고, 경전이며, 논서이기도 하다.[39]

세 번째로 각각의 대승경전은 위와 같은 붓다 혹은 보살에 관한 각각의 테마를 가지고, 때로 전통적인 불타 전기나 자타카를 의식하면서 독자적인 문학적 구조를 가지고 성립하여 전승되어 왔다. 그리고 그것들의 총칭으로서 '대승경전' mahāyāna-sūtra이라는 말이 쓰이기도 한다.

네 번째로 이렇게 붓다 및 보살에 관한 명확한 주제를 가진 대승경전은 최초부터 논서의 성격을 겸하고 있다. 『반야경』, 『십지경』, 『법화경』, 『무량수경』 등 초기 대승불전도 예외가 아니다. 또한 『대승아비달마경』이나 『해심밀경』 등 유가행 유식학파의 핵심경전이나 『여래장경』이나 『승만경』 등 여래장계 경전, 그리고 『능가경』 등의 유가행 유식학파나 중관파의 영역을 넘어서 널리 의용依用된 중기 대승경전에서는 논서적인 색채가 짙어진다.

다섯 번째로 나가르주나를 비롯한 대승 논사들은 설일체유부로 대표되는 전통 부파의 교리를 비판적으로 극복하고, 불교 내외의 논쟁을 경험하면서, 『반야경』을 비롯한 대승경전의 교리 내지 그 의도를 해설한다. 이와 함께 대승불설론의 형태를 취하는가 아닌가는 별도로 하고, 이들 교리가 바로 불설이라는 논쟁을 행하고 있다.

7세기 후반 의정이 보고한 중관파와 유가행파의 차이점은 원래 대승경전, 특히『반야경』의 해석을 둘러싸고 발단한 것으로서 내외의 논쟁을 거치면서, 이들 논서나 주석을 통해 대승 아비달마(논)는 사상적으로 심화·발전을 보게 되었다.

여섯 번째로 대승불교는 전체적으로 재가신자와 깊은 관계를 보여주고 있다. 앞의『논리담론』에 나오듯이 '재가자에 대한 공경을 설한다'고 특별히 비난이 가해지기도 하였는데, 비말라키르티 거사의 뛰어난 지혜를 설하는『유마경』이나 우그라Ugra거사에 대해 재가보살의 존재방식을 설한『욱가장자소문경』, 또는 붓다를 대신하여 슈리말라 부인이 일승설과 여래장설을 설하는『승만경』등의 경전을 통해 종종 출가보살과 함께 재가보살을 찬탄한다.[40]

대승불교는 대체로 일반적으로 위와 같은 특색을 가진다. 그것들에 대해서는 본 시리즈에서 다방면에 걸쳐 상세하게 고찰할 것이다.

1　江島惠敎「経と論 (1)－経から論へ」『岩波講座·東洋思想』 제9권 (インド仏敎2), (1988), pp. 153-170, 및 같은 책 「経と論 (2)－経と論の相互発展」『岩波講座·東洋思想』 제10권 (インド仏敎3), (1989), pp. 341-360 참조.

2　대승불교의 기원과 실태에 관한 최근의 업적에 대해서는 D. Seyfort Ruegg, "Aspects of the Study of the (Earlier) Indian Mahāyāna", *Journal of the International Association of the Buddhist Studies* 27-1, (2004), pp. 3-61; P. Williams ed., *The Origins and Nature of Mahāyāna Buddhism; Some Mahāyāna Religious Topics*, Buddhism: Critical Concepts in Religious Studies, Vol. Ⅲ, London: Routledge (2005); A. Satio ed., *Mahāyāna Buddhism: Its Origins and Reality*, Acta Asiatica 96, Tokyo: The Toho Gakka (2009). 그 외, 본 서 제3장의 문헌목록을 참조.

3　『高僧法顯傳』 (1권) 대정51, 2085. S. Beal, *Travels of Fah-Hian and Sung-Yun: Buddhist Pilgrims from China to India (400. A.D. and 518 A.D.)*, London (1869), repr. New Delhi: Asian Education Services (1993); 長沢和俊 訳註『法顯伝·宋雲行紀』 (東洋文庫194), 平凡社 (1971) 참조.

4　『法顯本求戒律. 而北天竺諸國. 皆師師口傳無本可寫. 是以遠涉乃至中天竺. 於此摩訶衍僧伽藍得一部律. 是摩訶僧祇眾律』(『고승법현전』 대정장 51, 864中).

5　『摩訶僧祇律』 (40권) 불타발타라, 법현 공역, 대정22, 1425.

6　「諸比丘尼多供養阿難塔. 以阿難請世尊聽女人出家故. 諸沙彌多供養羅云. 阿毘曇師者供養阿毘曇. 律師者供養律. 年年一供養. 各自有日. 摩訶衍人則供養般若波羅蜜文殊師利觀世音等」(『고승법현전』 대정51, 859中).

7　후대 밀교에서는 Prajñāpāramitā는 반야[바라밀] 보살(＝반야불모)로서 독자적 존격으로 숭배되게 된다. 다만 여기에서는 연대와 문맥에서 추측하여 『반야바라밀경』을 가리킨다고 생각된다.

8　「自餘十八部各有師資. 大歸不異. 然小小不同. 或用開塞」(『고승법현전』 대정51, 864中).

9　「凡沙河已西天竺諸國. 國王皆篤信佛法.」(『고승법현전』 대정51, 859上).

10　『대당서역기』 (12권) 대정51, 2087. S. Beal, *Si-yu-ki: Budhist Records of the Western World, Translated from the Chinese of Hiuen Tsiang (A.D. 629)*, 2 vols, London (1884), repr. (bound in one), Delhi: Motilal Banarsidass (1981); Th. Watters, *On Yuan Chang's Travels in India AD 629-645*, 2 vols, London (1904-1905), repr. (bound in one), New Delhi: Munshiram Manoharla Publishers (1996); 水谷眞成 역『大唐西域記』(中國古典文学大系22), 平凡社 (1971).

11　「秣菟羅國 ……伽藍二十餘所, 僧徒二千餘人, 大小二乘兼習学, 天祠五所, 異道雜居.」(『대당서역기』 대정51, 890상-중).

12　「吠舍釐國 ……伽藍數百, 多已壞, 存者三五, 僧徒稀少. 天祠數十, 異道雜居, 露形之徒, 寔繁其黨」(同上, 908상-중).

13　「摩揭陀國 ……伽藍五十餘所, 僧徒萬有餘人, 並多宗習大乘法敎 天祠數十, 異道寔多.」(동상, 910하).

14 『근본설일체유부비나야』(50권), 의정 역, 대정23, 1442. 그런데 이 외에 의정은 근본설일체
유부와 관련된 여러 율(毘奈耶出家事, 同安居事, 同藥事 둥둥)의 번역을 남기고 있다(대정23-24,
1443-1459).

15 『남해기귀내법전』(4권) 대정54, 2125. J. Takakusu. Tr., *A Record of the Buddhist Religion as
Practiced in India and the Malay Archipelago* (AD 671-695) *by I-Tshing*, London (1896), repr, New
Delhi: Munshiram Manoharal Publishers (1982); 宮林昭彦・加藤英司 譯『現代語訳 南海寄歸內法傳一7
世紀インド仏教僧伽の日常生活』法藏館 (2004) 참조.

16 「其四部之中. 大乘小乘區分不定. 北天南海之郡. 純是小乘. 神州赤縣之鄕. 意存大敎. 自餘諸處大
小雜行. 考其致也. 則律撿不殊. 齊制五篇通修四諦. 若禮菩薩讀大乘經. 名之爲大. 不行斯事號之爲
小. 所云大乘無過二種. 一則中觀. 二乃瑜伽. 中觀則俗有眞空體虛如幻. 瑜伽則外無內有事皆唯識.」
(『남해기귀내법전』대정54, 205하).

17 「詳觀四部之差律儀殊異. 重輕懸隔開制迢然. 出家之侶各依部執」(同上, 205하).

18 齊藤明, 「〈初期〉中觀派とブッダパーリタ」『仏敎学』24, (1988), pp.(29)-(51) (특히 pp.(39)-(43)
참조).

19 堀內俊郎, 『世親の大乘仏說論ー『釋軌論』第四章を中心に』山喜房仏書林 (2009), p.28 참조.

20 高崎直道, 「補論 大乘非佛說論の諸資料」『講座・大乘佛敎』10 (大乘佛敎とその周辺) 春秋社 (1985),
pp.18-34 (高崎直道著作集 第二卷 『大乘佛敎思想論 I』 春秋社 (2008), pp.412-429).

21 藤田祥道, 「クリキン王の予知夢譚と大乘仏說論ー『大乘莊嚴經論』第1章第7偈の考察」『インド学
チベット学硏究』2, (1997), 1-21, 同「仏語の定義をめぐる考察」『同』3, (1998), pp.1-21.

22 本庄良文, 「『釈軌論』第四章ー世親の大乘仏說論(上)」『同』25-1, (1992), pp.103-118.

23 堀內 前揭書. 『釈軌論』연구사에 대한 상세한 내용은 같은 책, pp.1-5를 참조. 이 책은 제4장
의 티벳역 교정텍스트와 역주를 포함한다. 또한『석궤론』전체의 티벳역 교정본이 Lee, Jong
Choel, *The Tibetan Text of the Vyākhyāyukti of Vasubandhu*, Bibliotheca Indologica et Buddhologica
8, Tokyo: Sankibo Press (2001)에 의해 출판되었다.

24 堀內 같은 책, pp.27-31.

25 D.M. Eckel, *Bhāviveka and His Buddhist Opponents: Chapter 4 and 5 of the Verses on the Heart of the
Middle Way*(Madhyamakahṛdayakārikā) *with the Commentary Entitiled the Flame of Reason* (Tarkajvālā),
Harvard Oriental Series 70, Cambridge: Harvard University Press (2008).

26 「경속에 들어 있고, 율에서도 나타나며, 법성 法性에도 위배되지 않는다(sūtre 'vatarati vinaye
saṃdṛśyate dharmatāṃ ca na vilomayati.」/『대승장엄경론』世親釋 ad I.11, Lèvi ed., p.4) 여기 나
오는 불설의 세 번째 조건은 원래 팔리본『대반열반경』에 나오는 두 조건에, 설일체유부가
'법성에 위배되지 않는다 dharmatāṃ ca na vilomayati'는 조건을 부가하여 세 가지 조건으로 한 것
으로 보인다. 本庄良文「阿毘達磨仏說論と大乘仏說論ー法性, 隱沒經, 密意」『印度学仏敎学硏究』
38-1, (1989), pp.410-416 참조. 불설의 세 가지 조건에 맞추려 한 대승불설론은 유부에 의한
불설의 세 조건을 각각의 의미를 바꿔서 답습한 형태이다.

27　ādāv avyākaraṇāt samapravṛtter agocarāt siddheḥ/ bhāvābhave 'bhāvāt pratipakṣatvād rutānyatvāt//
　　(Levi ed., p.3, 舟橋本 p.7).
　　한편『대승장엄경론』의 제1장에 관해서는 근년에 長尾雅人, 『『大乘莊嚴経論』和訳と註解ー長
　　尾雅人研究ノート(1)』長尾文庫 (2007) 및 MSA研究会 (能仁正顕編), 『『大乘莊嚴經論』第一章の和
　　訳と註解ー大乘の確立』(龍谷叢書 20) 自照社出版 (2009)이 출판되었다.

28　『成唯識論』대정31, 14하ー15상.

29　堀内 전게서, pp.65-78 참조.

30　本庄 전게논문「阿毘達磨仏説論と大乘仏説論」참조.

31　D Dza 155b6-7, P Dza 169a5-6.

32　D Dza 156b7-157a7, P Dza 169a6-b6, 高崎直道「總説 大乘仏教の＜周辺＞ー補論 大乘非仏説論
　　の諸資料」「講座大乘仏教 10」(『大乘仏教とその周辺』), pp.29-31 참조. (高崎直道著作集 제2권『大乘仏
　　教思想論 I』春秋社 (1986), pp.423-425).

33　齊藤明,「敦煌出土アクシャヤマティ作『入菩提行論』とその周辺』『チベットの仏教と社会』(山口
　　瑞鳳篇) 春秋社 (2008), pp.423-425. 또한 신·구 양본의 대승불설론의 일역을 포함한 논고에
　　若原雄昭『『入菩提行論』の大乘仏説論』『龍谷大学仏教学研究室年報』4, (1990), pp.45-54가 있다.
　　櫻井智浩『『入菩提行論』第九章 50-52偈の解釈をめぐって」『印度学仏教学研究』51-1, (2001),
　　pp.365-367. 또한 제9장의 제42-44송 및 제50-52송에서 대승불설론을 전개하는 신본에 있어
　　서 후자, 즉 제50-52송에 관한 문제를 논한다.

34　D Nos.3893, 3877; P Nos. 5274, 5279.

35　mtshan nyid dang mi mthun pa med pa(＝DP)이지만, mtshan nyid는 若原과 마찬가지로 chos nyid
　　(＝dharmatā)로 읽는다.

36　『入菩薩行論解説 [細疏]』를 포함한 구본 제8 '반야'장의 교정 텍스트는 A. Satio, *A Study of
　　Akṣayamati (＝Śāntideva)'s Bodhisattvacaryāvatāra as Found in the Tibetan Manuscripts from
　　Tun-huang* (Research Report of the Grant-in-Aid for Scientific Research (C), 1990.4-1993.3, Mie University),
　　(1993), pp.57-85 참조. 이 일역은 동본 pp.73-76에 의한 것이다.

37　『付法藏因縁伝』(대정50, 2058)에서는 優婆毱多와 弥遮迦 사이에 提多迦를 付法 제5조로 삽입한다.

38　'bras bu dang bcas pa'i pha rol tu phyin pa drug ces bya ba'i lam dang/ de ston par byed pa'i gtsug lag
　　kyang theg pa chen po zhes bya ste/ (D Dza 164b7-165a1; P Dza 178b5).

39　이 의미에서도 대승경전은 '如來教'와 '菩薩教'로 대별된다는 高崎直道의 지적은 정곡을 찌른다
　　고 말해도 좋다. 高崎直道,「大乘の諸仏と如來藏思想」『玉城康四郎博士還甲記念論集・仏の研究』,
　　春秋社 (1977), pp.99-116 (高崎直道著作集第六卷 (『如來藏思想・仏性論 I』) 春秋社, 2010, pp.217-235 所収)
　　참조.

40　平川彰,「大乘仏教の特質」「講座大乘仏教 I」(『『大乘仏教とは何か』) 春秋社, pp.1-58 (특히 pp.23-30
　　「3 在家菩薩と出家菩薩」) 참조.

제2장

경전연구의 전개를
통해 본 대승불교

시모다 마사히로(下田正弘)

1.
서 – 1980년대의 대승불교연구에 나타난 동서의 대조

본 시리즈의 전신 '강좌 대승불교'가 간행된 지 이미 4반세기가 지났고, 대승불교를 둘러싼 연구사정은 여러 면에서 변해왔다. 본 장에서는 그 간의 대승경전에 관한 연구현황을 회고하고, 그 연구사상의 특징을 드러냄으로서 시리즈 전체 도입의 하나로 하고자 한다.[1]

지금부터 약 20년 전에 폴 월리엄스는 영국에서 『대승불교』라는 저서를 출판하면서, 그 모두에서 다음과 같이 기술하고 있다.

대승은 단일하게 정리된 현상이 아니고, 또한 그러한 시도도 아니다. ……[중략]……영성운동으로서 대승의 내부에는 하나의 학파로 간단하게 분류할 수 없는 수많은 사상학파나 사상가들이 존재한다. 대승은 단일한 지리적, 사상적 기원을 지닌 돌발적인 현상이 아니며, 천재들(혹은 광신자들)에 의해 선도된 계획적인 운동도 아니다. 대승은 불교와 불교도들의 관심사가 궁극적으로 어떠해야 하는가에 대한, 또 하나의 두드러진 견해로서 수세기에 걸쳐 전개되었다. 처음 몇 세기 동안의 대승의 성장과 발전의 특징은 대승경전이라는 새롭고 뚜렷한 정전의 창작과 그 진화로 특징지어지며, 우리들의 견해에 따르면, [그것은] 정전의 창작 및 진화와 동일시할 수 있다. (괄호 내 원문-인용자 주[2])

이 저작의 출현과 모두의 이 구절은 다음의 세 가지 사항에서 볼 때, 본 장의 도입에 어울릴 것이다. 그것은 첫째로 근래 대승불교를 둘러싼 연구사에서 80년대

말에 영국에서 본서가 발신되었다는 사실이 이 시대의 특성을 나타낸다는 점, 둘째로 위 구절은 실로 그 '흥기'와의 관련 하에서 대승불교를 고찰할 때, 기원을 구하려는 태도에 대한 경종이 된다는 점, 그리고 셋째로 본서가 초기 대승의 특징을 무엇보다도 대승경전의 창작에서 찾고 있다는 점이다.

　　첫 번째부터 살펴보자. 수십 년의 대승불교에 관한 연구를 회고할 때, 1980년대는 해외와 일본 양쪽에서, 그 이전과는 크게 경향을 달리하는 연구 성과가 서로 대조적인 양상으로 출현한 시기였다.

　　우선 모두에서 말했듯이 일본에서는 81년부터 85년에 걸쳐, 히라카와 아키라 平川彰, 가지야마 유이치 梶山雄一, 다카사키 지키도 高崎直道 3인의 편자들 하에 76인의 집필자들이 모여 『강좌 대승불교』 전10권을 발행했다.[3] 이는 전후 일본의 학계에서 대승불교연구의 총괄적 성과를 보여주는 뛰어난 위업이었다. 제1권 『대승불교란 무엇인가』를 시작으로 제10권 『대승불교와 그 주변』에 이르기까지 반야·화엄·법화·정토·여래장·중관·유식·인식론·논리학으로 채운 이 시리즈는 그 배열이 『대정신수대장경』 「인도찬술부」의 순서에 입각한 데서도 알 수 있듯이 근대불교학의 성과에 기반을 두어 대승불교를 남김없이 논하려는 정력적인 의도를 가지고 있었다. 이들 성과가 영역되었다면, 그 후의 대승불교연구는 꽤 달라졌을 것이다.

　　실제로, 해외 학계는 물론이고, 대승에 특히 관심이 높은 일본에서조차도, 대승불교만을 그 정도로 방대하게 논한 적은 없었다. 이 대규모의 기획이 성립될 수 있었던 것은 대승불교 연구가 선택된 한 개인의 업적에 머물지 않고, 학계 전체에 침투하여 커다란 시대의 흐름이 되었기 때문이었다. 그 이전, 특히 전쟁 이전은 아함이나 니까야에 기반한 이른바 Mainstream Buddhism(잠정적으로 전통불교라 번역한다)에 속하는 경전과는 다르게 – 후세 코가쿠 布施浩岳로 대표되는 『법화경』의 형성을 둘러싼 일련의 논의, 츠키노와 겐류 月輪賢隆에 의한 일부 불전의 연구, 범문 사본에 기반한 텍스트 교정을 제외한다면 – 대승경전을 형성사적 관점에서 비판적으로 연구한 성과는 거의 존재하지 않았다. 대승경전의 내용연구는 많던 적던 전통적인 교리해석의 틀에 얽매인 채로, 불교학이 아니라 오히려 각 종파 교리학의 영역에서 취급되어 왔다.[4]

　일본학계는 종파의 교리와는 관계없이 존재하는 '원시' 불교경전에 대한 문헌학적 연구에는 저항감을 갖지 않았던 반면, 종파와 관계가 깊은 대승경전을 근대불교학의 방법에 맡기는 것에는 오랜 동안 당혹감을 드러냈다. 대승불교연구가 논서를 중심으로 해명되어온 것은 논서가 가지는 명석한 논의의 힘에 의한 것도 있지만, 종파의 소의경전에 대한 근대불교학적 접근이 교묘하게 회피되어 온 점도 하나의 원인이었다.

　그러한 현황을 일변시킨 것이 1968년에 출판된 히라카와 平川彰의 대저 『초기대승불교의 연구』였다.[5] 히라카와는 대승경전을 사회사 및 경제사적 관점에서 독해하여, 재가와 출가를 가치대립적 위치에 두고서, 양자의 긴장관계로서 전개된 대승운동을 방대한 규모로 그려냈다. 기성 종파와는 관련되지 않았기 때문에 지금까지 검토되지 않았던 많은 경전을 분석대상으로 삼고, 그 전체를 베버류의 종교유형론적 논술로 구성한 불교사는 일본불교학계에서는 거의 상상할 수 없었던 참신한 성과로서, 연구자들에게 큰 충격을 주었다.

　더욱이 도달한 결론은 결론은 다음과 같았다. 즉, 대승의 기원을 재가불교를 거쳐 역사적 붓다로 직결시킴으로써, 역사적 정통성을 가지지 않았다고 하는 대승비불설론을 극복함과 동시에, 재가와 출가의 가치대립 구도에 전후 일본에서의 재가불교운동의 융성을 암묵적으로 겹치게 함으로써, 더 할 나위 없는 사회적 현실감을 갖추게 되었다.[6]

대승불교의 역사적 정통성과 재가불교의 독립적 의의를 주장했다는 점에서 당시 일본 불교학계를 설득할 요건을 갖춘 가설은, 특히 시즈타니 마사오 静谷正雄의 강력한 지지를 받으며 대승경전연구의 새로운 패러다임이 되어, 많은 연구자들을 전에 없는 기세로 이 분야의 연구에 끌어들였다.[7] 『강좌 대승불교』에 게재된 성과의 거의 7할이 대승'경전' 연구임이 보여주듯이, 1980년대에 나타난 일본의 대승불교연구는 '재가불탑기원설'에 의해 촉발된 점이 크다.

그런데 일본 학계가 대승불교의 재가불탑기원설로 거의 기울어지게 된 1980년 전후, 대승경전을 취급하면서 히라카와설에 의문을 제시하거나 그의 설을 정면으로 반박하는 몇몇 논고가 남반구와 북미에서 나타났다. 그중에서 그레고리 쇼펜의 업적은 지금까지 구미의 불교연구 성과를 비판적으로 재고하게 할 만큼 영향력이 컸다.[8]

그는 종래의 불교연구자들이 일부 고도로 철학적인 사상문헌에 편중하는 반면 비문의 기술이나 아이콘은 경시하고, 청빈한 금욕적 승원생활이라는 크리스트교 사회에서 가질 수 있는 선입관을 가지고 고대 인도불교사를 묘사해왔다는 점을 비판했다. 문헌자료나 비문자료를 있는 그대로 보면, 추상적이고 고상한 사상의 기초에는 소박한 업과 공덕의 교환 신앙이 있고, 무소유라고 상정된 출가자들의 실상은 근대 청빈의 이상과는 상당히 다른 실리지향적 승원생활을 보여주고 있다고 한다. 쇼펜은 이러한 점들을 불교사에 있어서 이른바 배경적인 '지 地'로 파악하고, 사상

적 논의의 변천에 관한 종래의 연구성과를 그 배경에 실어야 할 '도圖'의 일부로서
위치 지우려고 했다.

쇼펜의 업적에는 이러한 기본적 자세뿐 아니라, 더욱 주목할 만한 두 가지 특징
을 볼 수 있다. 그 첫 번째는 종래의 불교연구를 비판하는 순서로서, 문화인류학에
서 달성된 연구성과를 채용하면서 종교학 분야에서의 기독교 연구비판을 행하고,
그 성과를 불교 문헌연구에 연결시키는 점이다. 서양근대의 불교연구가 사상에 편
중된 크리스트교 연구를 그대로 따라갔기 때문에, 현실의 평신도들의 불교세계를
상대로 하지 않은 점을 일찌감치 지적한 학자들은, 리치, 스파이로, 탄바이아, 오베
세카라 등의 문화인류학자들이었다.[9] 그들이 현대 동남아시아 불교연구에서 제기
한 과제는 그때까지 구미의 불교연구가 간과해왔던 문제로서, 쇼펜은 – 명시적으
로 인용하진 않지만 – 결과적으로 그들의 성과 몇 가지를 능숙하게 활용하여 고대
인도 불교연구에도 적용하고 있다.

두 번째 특징은 일본 학계, 특히 히라카와의 재가불탑기원설을 소개하면서, 상
세하게 검토, 비판함으로써 동양과 서양에서 서로 달리 묘사된 불교사를 하나의
영역에서 마주보게 한 점이다. 히라카와는 불탑신앙이라는 생활세계 차원에서 불
교를 파악했음에도 불구하고, 그것을 대승경전 산출을 위한 교단적 근거로 해석하
여, 하나의 특정한 '도圖'로서 이해했다. 그렇지만 쇼펜의 관점에서는 불탑신앙은
불교세계 전체의 기반이 되는 '지地'이며, 이 양자의 근원적 관계를 뒤집어 성립된
것이 재가불탑기원설이다. 쇼펜의 연구는 서양의 과거 불교연구방법을 새로 수정
함과 동시에 일본의 불교학계의 정설 비판을 통해 그 설을 구미에 소개하였고, 결과
적으로 동서양의 연구를 연결시키게 되었다.

그의 연구가 출현함으로써 대승불교경전 연구는 불교연구 전체의 중심으로 떠오르고, 그때까지와는 분명히 다른 위치를 점하기 시작했다. 결과적으로 인도불교 연구에서 중심과제였던 '사상이라는 도圖'의 의의를 거의 무력화시켜버린 점은 분명히 지나친 것이었다고 할지라도, 그 업적이 연구사에서 차지하는 의의는 크다.

모두에서 인용한 폴 윌리암스의 저서가 출판된 80년대 후기는 이러한 무대가 갖춰진 시기에 해당한다. 서양의 불교연구사를 회고할 때 이후에 말할 에드워드 콘즈를 제외하면, 팔리 불교연구의 아성이었던 영국에서 대승불교를 개관하는 서적이 출판되었다는 사건 자체가 역사에 획을 긋는 것이었다. 그리고 그 후에 실제로 구미에서 대승경전의 연구가 여러 방면에서 출현하기 시작했다.

2.
기원에 대한 의문이 함의하는 것

윌리엄스가 제기한 두 번째 사항, 즉 대승을 고찰할 때 '기원'을 찾으려는 태도에 잠재된 문제를 고찰해보자. 연구대상이 가지는 특질과 그 대상을 상대로 하는 연구자 쪽의 사정에 입각하여, 물어야 할 질문과 피해야 할 질문을 먼저 신중하게 구별하는 것은 연구를 적절한 방향으로 이끌기 위해 중요하다. 그중에서, 대승불교의 역사적 '기원'에 대한 성급한 회답을 요구하지 않는 것은 최근 4반세기 사이에 진전된 연구 성과에서 얻어진 하나의 귀중한 교훈이었다고 말해도 좋을 것이다.

2004년 북미의 연구자들을 중심으로 편집된 『불교백과사전』의 '대승' 항목을 쇼펜은 '낡은 직선적 모델과 대승〈기원〉의 시기'라는 화두에서 출발하고 있다. 이는 역사적 붓다에서 시작된 붓다가 소승(혹은 승원)불교로 전개되고, 이어서 기원 전후로 불교사를 다시 쓴 혁명적 대승운동으로 계승된다는 종래의 이해에 대한 비판에 다름 아니다. 대승의 역사적 실태를 고찰하는 데 있어서, 이 '편의적 해석'을 떼어놓는 것이 불가결한 전제가 됨을 말한다.[10] 대승을 논할 때, 오랜 시간에 걸쳐 연구자들이 가져온 이 기본적 태도에 대한 반성은 현재, 구미의 학계에서는 거의 공유되고 있다고 봐도 좋다.

그렇지만, 특히 일본에서 대승불교를 묻고자할 때, 아직도 기원에 대한 관심이 깊고, 대승불교에의 관심 자체가 그 '기원론' 쪽에 향해 있다. 재가불탑기원이라는 대승불교의 기원설의 유효성이 의심되었을 때, 해외에서는 '교단으로서의 기원'을 찾는 방법자체가 의심되기 시작했지만, 이에 반해 일본에서는 재가불탑기원설을 대체할 가설을 찾고 있는데, 이는 거의 기원의 문제와 연결되어 있는 것이다.

일본과 구미 사이에서 보이는 이 태도의 차이는 대승불교를 둘러싼 연구대상 및 그곳에서 추출된 성과에 대한 기대의 차이와 깊이 연관되어 있다. 즉, 기원에 대한 물음을 포기하면서도 대승불교를 탐구하려고 하는 자들에게 있어서 대승은 일정한 시간적 경과를 내부에 포함하고, 복수의 요소가 뒤엉켜서 진행되는 과정, 혹은 현상들의 집합으로서 이해되고 있다. 이에 대해 기원을 묻는 이들에게 있어 대승은 무언가 동일성을 품은 실체적 존재로서 상정되어 있다.

분명 이 차이점의 기본에는 인도에서 이어져온 대승불교 위에 교단을 성립시켜 왔다는 의식에 기초한 일본의 불교자들에 있어 대승은 실체이고, 단순히 현상들의 집합으로 정리될 수 없다는, 일본 고유의 학적·문화적 풍토가 있다. 그럼에도 동시에 이 문제는 인도에서의 대승불교의 역사적 경위도 시사하고 있는 점이 중요하다. 즉, 설혹 애시당초 복수의 다른 현상이나 운동이 존재했고, 각각이 서로 관련을 가지지 않고 대승의 이름을 내세웠다고 해도, 그 유일한 이름이 역사 속에서 계속 사용된다면, 마침내 그것은 단일하고 명료한 정의 속에서 파악 가능한 존재로 바뀌어 간다.

　아상가(무착) 이후 대승불교에 대한 이론적 옹호가 표면화되고, 이를 통해 대승의 불설로서의 정의가 진행된 것은 아마 이러한 상황을 말해주고 있다. 분명히 대승비불설론에 대한 변명의 논의가 니카야나 아비다르마에 있어서 불설의 정의를 둘러싼 논의의 전통을 받아들이고 있는 것은 틀림없지만, 대승비불설론에 대한 변명이 나타나는 시기가 다양한 대승의 여러 경전이 탄생한 것보다 시기가 꽤 내려오고, 대승이라고 생각되는 비문이 출현하는 기원후 4, 5세기와 같은 시기라는 점은 간과할 수 없다.[11] 이 사실은 애초에 대승불교라는 윤곽이 분명한 전승이 있었고, 그 계보 위에 아상가나 바수반두, 바바비베카 등이 위치하고 있던 것이 아니라, 경전형성운동을 중심축으로 하는 다양한 현상으로서 대승이 존재했고, 이어서 그것들에 대승이라는 동일한 이름이 적용되어 이어서 일종의 집합명사가 되었으며, 최후에 논사들이 이것들을 이른바 고유명사로 이해하기 시작했다는 일련의 변화를 반영하고 있다. 즉, 하나의 기원에서 대승이 태어나서, 확산하고 전개된 것이 아니라, 원래 대승은 여러 현상의 집합으로서 확산하여 존재해 있었던 것이며, 후대가 되어 그 본질을 규정하며, 운동을 단일화하는 움직임이 거듭된 것이, 아마도 전체적인 역사적 추이이다. 이는 종래의 〈직선적 이해〉로 파악된 대승의 역사적 전개와는 정확히 반대 방향을 향하고 있다.

이러한 추이를 전제한다면, 윌리엄스가 말했듯이 우선은 '대승'을 복수의 상이한 현상 혹은 요소에 대해 부여한 이름으로 취급하고, 오히려 기원은 묻지 않는 편이 낫다. 그러나 그 이후에 논사들이 했던 것과 같은 정의가 가능하며, 그런 의미에서 기원도 물을 수 있는 실체로 변화하는 과정을 파악할 필요가 있다.

이 두 번째 이해는 의식적으로 연구방법을 구별한 뒤, 그 위에서 상보적으로 활용할 필요가 있다. 전자가 대승불교를 외부에서 분석적으로 고찰하는 기술적 태도라면, 후자는 전통내재적인 해석학적 태도이다. 인도 논사들의 대승비불설론에 대한 변명의 논의가 역사적 실태를 다 드러낸 것이라고 할 수는 없지만, 동시에 전통내부의 소리에 귀 기울이지 않으면, 복잡 다단한 현상들이 왜 하나의 운동으로 표상되어 갔는지 그 수수께끼가 풀리는 일도 없을 것이다.[12]

3.
경전으로서의 대승 – 텍스트 해독의 진전

대승불교의 다양성은 다양한 경전의 제작에 현저하게 드러나 있다. 윌리엄스가 제기한 제3의 문제, 초기대승의 특징을 대승경전의 제작에서 발견하는 점으로 논의를 이동해보자. 실은 윌리엄스의 『대승불교』가 출판되기 8년 전인 1981년, 「강좌 대승불교」제1권 『대승불교란 무엇인가』의 「대승경전발달사」라는 글에서 다카사키 지키도는 이미 다음과 같이 말하고 있다.

대승불교는 교단사적으로 보면 아직 그 실체가 잘 알려져 있지 않다. 그러나 막대한 대승경전군의 존재로부터 보면, 틀림없는 역사상의 실체이다. 우리들이 대승불교의 성립에 대해 말할 때, 그 대부분의 자료를 대승경전 자체에서 얻고 있으며, 극단적으로 말하면 대승경전이 곧 대승불교인 것이다. 특히 이 점은 그 초기에 들어맞는다.[13]

최초기의 대승을 경전 제작으로 보는 점은 대승에 대해 가장 급진적인 문제제기를 했던 쇼펜에 있어서도 ─ 그 출현의 의의를 과소평가하는 점을 별도로 한다면 ─ 공통된 점이다. 대승을 모종의 경전 제작운동으로 보는 것은 현재 학계의 연구자들 사이에서 거의 유일한 공통된 이해이다.

실제로, 이 이해에 상응하듯이 80년대 이후의 대승불교 연구는 경전연구에 많은 세계의 연구자들이 참여하여, 이전과는 명료하게 시대를 달리하기 시작했다. 이 성과들을 구분한다면, 사본의 독해에서 교정에 이르는 순수하게 문헌학적인 연구와 개개의 경전 및 관련된 경전 군에 대한 내용 해명이라는 두 가지 방향이 있다. 순서대로 살펴보자.

문헌학적 진전에 있어서 새로운 문헌의 발견이 결정적인 의미를 갖는다는 것은 말할 것도 없다. 80년대부터 현재까지를 회고하면, 인도어, 티벳어, 한어 각각의 영역에서 획기적인 대승경전 자료의 발견과 출판이 이뤄져왔다. 대표적 연구만을 언급해도, 엔스 브라빅이 지도하는 아프가니스탄 출토의 스코엔 컬렉션 프로젝트, 타이쇼대학이 진행하는 라사의 포탈라궁 소장 경전들의 교정출판, 리처드 살로몬이 중심이 되어 진행하는 카로슈티 사본의 프로젝트가 있다. 이들 프로젝트에 의해 ─ 스코엔 컬렉션에서는『승만경』,『아사세왕경』,『제법무상행경』 등, 타이쇼대학 프로젝트에서는『유마경』,『지광명장엄경』, 그리고 카로슈티 사본 프로젝트에서는『현겁경』,『팔천송반야』 등 – 이제까지 현존하지 않는다고 믿어졌던 오래된 귀중한 대승경전의 원전들이 출판되어 연구자들을 경탄하게 만들었다.[14]

이 중에서 스코엔 컬렉션은 그 보존상태로서는 다수가 단편적인 것이지만, 3세기 전반까지 소급되는 쿠샨 문자로 기록된『팔천송반야경』 사본을 포함하는 등, 초기 대승경전을 이해하는 데 있어서 자료적 가치가 매우 높다. 이에 더하여 제3권 간행까지 벌써 전 세계에서 25명이 넘는 연구자를 모았으며, 세계의 연구자들을 폭넓게 받아들여 프로젝트가 진행되고 있다. 사본의 해독 작업 자체가 국제학계의 네트워크 구축으로 연결되는 공헌을 하였다.

비슷한 국제 프로젝트로 주목되는 것은 빈 대학을 거점으로 진행되는 티벳불전 자료 타보 사본의 정리이다. 인도 중북부의 타보 사원에서 수집된 경전들의 사본군은 전전 前傳, 후전 後傳이 둘 다 번역어도 다른 전승이고, 80년대 이후에 진행되어 온 칸가르 계통을 둘러싼 연구 성과의 어디에도 속하지 않는 새로운 자료로서 인도 불교를 밝히는 중요한 이차자료가 된다.[15] 이렇게 새롭게 나타난 자료는 또한 장소와 시대를 달리한 것으로서, 새로운 전개가 기대되고 있다.

한어문헌에 대해 한 가지 부연하자면, 국제불교학대학원대학이 진행하는 일본의 여러 절에 보존된 나라·헤이안 시대의 고사경집성의 정리와 공개가 있다. 현재 조사된 바에 의하면, 이들은 세계 최고 最古의 한역대장경사본군으로서, 수장된 경전 가운데는 어떠한 계통의 대장경판본과도 다르면서, 팔리 장외문헌과 중첩되는 내용이 발견된다. 대장경의 역사를 추적하기 위해서, 돈황문헌보다 높으면 높았지

결코 뒤떨어지지 않는 가치를 지니는 것으로 보이며, 자료의 공개가 학수고대 된다.[16] 이러한 연구의 상세한 사항에 관해서는 본 권 제5장의 마츠다 카즈노부松田和信의 '아프가니스탄사본으로 본 대승불교'를 참조하기 바란다.

지금까지 사본은 개인이나 연구기관에 비밀리에 특권적으로만 열람이 허용되고, 일반적으로 이용이 허용되지 않는 경우가 적지 않았다. 그렇지만 여러 학문 분야들이 비약적으로 확대되고, 다양한 전문 영역으로 분산되면서, 정보가 공유되지 않으면 학문의 존속 자체가 곤란해진 오늘날의 인문학의 사정을 전제한다면, 귀중한 자원을 널리 알리도록 촉진하는 것이 불교학의 장래에 필수적인 과제일 것이다.

이와 같이 일차자료의 발견과 정리가 이루어지는 과정에서 문헌을 해독하기 위해 필수적인 지식이 병행하여 깊어지면서, 학계의 큰 수확이 되고 있다. 대승경전에 관해서는 앞에서 든 스코엔 컬렉션의 연구성과나 논문들, 교정 텍스트의 주석에서 상세하게 보고하고 있다. 티벳어와 한역을 자료로 한 잔 단티누의 Akṣobhyavyūha(아촉불국경 阿閦佛國經), Akṣayamati(무진의보살품), 티벳역을 주요 자료로 한 엔스 브라빅의 Akṣayamatinirdeśa( ), 울리히 파겔의 Bodhisattvapiṭaka(보살장), 산스크리트를 기초자료로 한 앤드류 스킬튼의 Samādhirājasūtra(삼매왕경) 등 개별연구로서의 대승경전의 해명은 눈부시다. 스킬튼은 『삼매왕경』에서 말하는 삼매의 의의에 대해서, 요가 실천으로서의 삼매가 아니라, 오려 경전의 의의가 집약된 이름, 개념으로서의 삼매를 의도하는 점을 상세하게 분석하고, 경전 제작운동으로서의 대승이라는 특질을 논했다. 이는 대승을 불탑신앙으로 대표되는 의례의 세계에서 경전이라는 문서세계로의 전환을 꾀하는 엘리트운동으로 보는 쇼펜의 견해와도 일치한다.[17]

　최근의 주목할 만한 동향으로서, 한어자료를 중심으로 한 연구가 구미에서 하나의 조류를 이룰 정도로까지 발전하고 있는 현상이 있다. 쮜리허의 연구를 귀감으로 하면서, 폴 해리슨의『반주삼매경』, 다니엘 베버의『법화경』,『호국장자소문경』, 잔 나티에의『욱가장가소문경』, 스테파노 자케터의『광찬경』과 최고의 대승경전을 번역한 지루가참, 선경 禪經계와 관경 觀經계 문헌을 번역한 안세고, 나아가 지겸이나 축법호 등이 번역한 경전을 상세하게 살펴보고, 산스크리트 혹은 그 속어와 비교하면서 해명하는 구미의 연구자들이 계속해서 나타났다. 이들 연구는 이미 일본에서 연구된 경전을 더욱 정밀하게 문헌학적으로 해명하고, 이를 통해 불교사에 새로운 견해를 내놓고 있다. 해리슨은 대승경전에서의 불현전 佛現前 의식과 삼매의 관계나 서사 書寫와 체화된 기억의 관계 등 이전에는 없었던 문제를 논하고, 나티에는 초기 대승의 보살이 엄격한 수행을 스스로 행하는 고행자로서의 이념을 이타보다 우선시하여, 자타카나 불전에서 출현하는 보살과 겹쳐짐을 논증하고 있다.[18]

　중기 인도아리안어와 고대 한어의 풍부한 지식을 배경으로, 경전해독을 위한 기초자료의 정비에 두드러진 활동을 하는 연구자로 카라시마 세이시 辛嶋静志가 있다.『정법화경사전』과『묘법연화경사전』이 그의 대표적 업적으로, 현존하는 사본 수로 다른 경전을 압도하는 법화경을 대상으로 하여, 축법호·구마라집이라는 대승경전의 한역에 큰 영향을 끼친 역자의 역어를 구절 단위로 상세하게 해명한 작업은 학계에 큰 보탬이 되고 있다.[19]

　그 외에 한역과 티벳역을 주요자료로 하면서 대승의 특징을 결정하는 데 있어 중요한 경전 내용을 해명한 것으로서, 조나단 실크의『보적경·보량취회』, 시모다 마사히로 下田正弘의『대승열반경』, 미하엘 침머만의『여래장경』에 대한 연구가 있다. 각각의 경전 및 관련문헌의 이 시기까지의 연구사를 총괄하면서, 형성과정이나 사상을 새로운 측면에서 논하고, 대승경전 연구를 새롭게 진전시키고 있다.[20]

이러한 동향을 돌아보면, 라못트를 모델로 하여 개별적인 대승경전의 해독에 의해 대승을 해명하는 움직임은 80년대 이후의 한 특징이고, 그 이전의 대승불교 연구와 흥미 깊은 대조를 이룬다. 경전을 사용한, 이전의 대승불교 연구에서는 다수의 경전을 고찰 대상으로 하여, 대승에 대한 큰 역사적 지도를 그리려는 경향이 현저했다. 히라카와와 시즈타니는 역경기록과 역어의 검토에 의해 경전들의 시대적 전후관계를 정하여 연구의 큰 틀을 만들고, 그 속에서 대승·보살·육바라밀 등, 고古 경전군에서 나타난 개념들을 매개로 한 대승불교의 역사적 형성을 해명하려 했다. 야마다 류조山田龍城의『대승불교성립론서설』은 막대한 이본異本이 유포된 반야경군의 자료를 상세하게 정리하여 조감하게 하였고, 에드워드 콘즈의『반야경문헌』은 그 형성과정에 대해 명확한 과정을 그려보였다. 후지타 고타츠藤田宏達의『원시정토사상의 연구』와『정토삼부경의 연구』는 중국에서 일본으로 전개된 정토사상해석을 밑그림으로 하면서, 본격적인 문헌학적 해명을 통해 인도의 정토교를 그려냈다. 세이포트 루엑의『여래장과 종성의 논리』와 다카사키의『여래장사상의 형성』은 전자가 티벳에서 전개한『보성론』의 해석학사를 따르면서 주요대승경전 상호간의 관계를 명확히 한데 반해, 후자는 역으로 과거 인도로 거슬러 올라가 80점에 달하는 대승 전적을 여래장사상형성사에 위치시켰다.[21] 유일하게 1967년에『입법계품』Gaṇḍavyūha을 출판한 루이스 고메즈는 예외지만, 다른 어떤 연구자를 보더라도 이 시대에는 경전군을 조감하여 큰 사상사를 구축하려는 의도가 작용하고 있음을 알 수 있다.

이에 대해 80년대 이후는 일단 그려진 사상사를 개별 경전의 연구를 심화시키는 입장에서 재검토하기 시작했다. 선행연구가 더욱 정밀한 연구에 의해 발가벗겨진 현재, 대승불교의 역사전체를 조감하는 것은 이전보다 복잡하고 불분명한 상태가 되어 있다. 그럼에도 이 복잡함의 출현은 하나의 과제가 불교사 전체의 다양한 과제와 결합하여, '대승'이 하나의 지도로는 그려질 수 없는, 다층적인 개념임을 보여주고 있다. 이 점과 관련하여 남겨진 문제들을 이하 4절과 5절에서 지면이 허락하는 한 개관하겠다.

4.
경계의 해소와 영역의 다양화

대승경전 개별연구의 진전은 인도불교사를 구축할 때 중요한 몇 가지 테마와 연동되어 있다. 여기에는 우선 율의 문제, 붓다관의 문제, 보살이해의 문제가 있다. 첫 번째 율의 문제부터 살펴보자.

인도불교사에서 대승이 독자적인 율을 가지고 있지 않았다는 것은 대승의 중요한 특징으로서 일찍부터 인식되어왔다. 이를 재가기원의 문제로서 해결하려고 한 히라카와의 이해를 별도로 하면, 대승이 율의 양상에 의해 구별된 니카야가 아니라, 동일한 율에 의지하면서도 다른 의견을 가지는 학파로서 존재했다는 이해는 대중부 기원설의 광범위한 지지가 그것을 뒷받침하듯이, 일본에서도 구미에서도 공통된다.[22]

근래 교단의 분열에 관한 연구가 상세하게 진행되어, 대승과 부파 간의 관계에 새로운 문제가 제기되었다. 교단의 분열에 관한 문제는 지금까지는 기독교 교회의 시스마(역주: cisma는 교회의 분열로서 교리의 분리를 뜻하는 이단과는 구별된다.)를 이해의 모델로 하였지만, 율의 기술을 상세하게 검토한 베헤르트 H. Bechert는 율에서 말하는 상가의 분열은 시마(역주: sīmā는 '경계'의 뜻으로 수계의식이 거행되는 장소를 뜻한다.)의 분 단에 의한 자연발생적인 것임을 지적하고, 시스마는 물론 부파분열과도 무관한 것이 라고 하면서 지금까지의 이해를 완전히 뒤바꾸어 놓았다. 이는 종래『이부종륜론』 등의 역사서를 근거자료로 하여 논해 온 부파분열의 문제를 처음으로 율장의 기술로 전환시킨 획기적인 제안이었다.[23]

이 지적에 반론하는 형태로 파승 saṃghabheda의 문제를 상세하게 검토한 사사 키 시즈카佐佐木閑는 파승의 정의에는 파륜(破輪, chakrabheda)과 파갈마(破羯磨, karnabheda)의 구별이 있으며, 전자는 이설을 말하는 자들의 공주共住를 허락하지 않지만, 후자는 그것을 용인한다는 점, 율은 전자에서 후자로 파승의 정의를 변화시 켜왔다는 점, 그리고 이 정의의 전환에는 아쇼카왕의 개입이 상정되며, 여기에서 대승의 발생이 가능해졌다고 주장했다. 다만, 사사키의 이론의 세부적인 것에 대해 서는 현재 코삼비 건도 建度나 이주(異住, nānāsaṃvāsaka) 개념의 한층 더 면밀한 검토 를 통해서 이자랑이 문제를 제기하고 있으며, 아쇼카의 개입이라는 역사적 사건을 마하승기율의 기술과 중복시키는 문제에 관해서도 직접적인 근거가 없기 때문에 새롭게 검토해야 할 여지가 있을 것이다. 하지만 열반경의 연구에 의해서도, 대승경 전의 교단사정이 율의 파승을 둘러싼 기술에 입각해 있음은 분명하므로, 대승과 기성교단과의 관계를 율에 기반하여 제도적으로 밝힌 사사키의 공헌은 크다.[24]

두 번째로 붓다관의 문제가 있다. 근대의 불교연구자들이 붓다를 논할 때, 대부분 예외 없이 80년의 생애로 끝마친 '인간으로서의 붓다'만을 의식해왔다. 그러나 근현대의 연구자들에 의해 그려진 붓다와 대승경전에 등장하는 붓다는 닮았으면서도 닮지 않았다. 그것은 지금까지는 대승경전의 정통성에 대한 의문을 낳는 원천이 되어왔다. 그러나 실은 현존하는 자료로부터 역사적 붓다만을 재구성하려는 태도야말로 근대의 특수한 현상이고, 그러한 특수 현상에 의해서 전통적 불교세계에서 유지되어 온 붓다상이 부당하게 무시되어왔다는 점에는 주의할 필요가 있다.

최근에 존 스트롱은 두 권의 저서를 통해 구미의 중요한 연구 업적을 비판적으로 고찰하면서 경장과 율장, 자타카, 불전문학에 산재된 붓다를 전통내재적인 시점에서 부활시키고, 붓다를 둘러싼 이야기가 그 성스런 유물과 관계하면서 불교세계에서 전개되는, 종교적, 사회적, 문화적 의의를 훌륭하게 그려냈다. 붓다의 이야기는 과거로 끝난 역사적 기록이 아니다. 그것은 의례, 미술, 순례, 성인상이라는 종교를 구성하는 요소전체를 포함한 장대한 우주이고, 불교의 발전이나 변용과 함께 미래에까지 창작되고 계승되어가는 불교세계의 청사진에 다름 아니다.[25]

여기까지 이르면, 전통불교의 붓다와 대승경전의 붓다의 차이는 근소한 계통의 차이라는 정도로 축소된다. 지금까지 대승에 있어서 붓다관의 문제는 후대 논서에서 전개된 2신설 혹은 3신설이라는 사변적 논의에 의해서만 설명되어 왔다. 물론 불신론의 해명 자체는 중요한 작업이지만, 그러나 거기에서 나온 논의를 근거로 하더라도 역사적인 붓다와 대승의 붓다 사이의 단절이 메워지지 않는 것은 인도 논사들의 대승비불설론의 검토에 의해서, 초기대승의 다양성이 설명되지 않는 것과 마찬가지이다. 그런데 스트롱의 작업을 매개로 하면, 양자의 간극은 의외일 정도로 해소되어 버린다. 연구에 있어서 '대승'을 집합명사로 취급하는 태도는 '붓다 佛'의 연구에서 적용되어야 한다.

세 번째로 보살의 이해를 둘러싼 문제가 있다. 보살이라는 인격 내지는 이념이 대승의 핵이라는 점은 동서양을 불문하고 인식되어 왔다. 그럼에도 양자 사이에는 큰 차이가 존재한다. 즉, 일본에서는 자타카나 불전의 석가보살과 대승경전에 등장하는 보살과의 차이가 극히 크며, 석가보살을 선택된 초인적 보살로 위치지우는 반면, 대승의 보살을 재가불교운동의 리더로서 파악하는 데에 이르러서, 마침내 양자는 완전히 다른 것이 되었다. 이는 바샴Basham이나 다얄Har Dayal 등 해외연구자들에게는 찾아볼 수 없는 이해이다. 히카타 류쇼干潟龍祥이나 야마다 류조山田龍城에서 시작되어, 히라카와, 시즈타니에 이르는 보살의 차별화작업의 근저에는 대승경전에서 출현한 보살이 다른 문헌에서 설하는 보살과는 다른 것이어야 한다는 암묵적 전제가 있다.

이 해석이 탄생한 전제에는 역사적 붓다가 설한 정통적인 교리로서의 '원시불교'와 역사적 붓다로 가장하여 설한 대승이라는, 한 쌍으로 보는 견해의 등장이 있다. 근대에 탄생한 이 이해를 염두에 두고 일본의 연구자들은 '원시불교'에서 출발하면서 대승의 역사적 의의를 변호하는 과제를 맡았다. 대승을 규정하는 중요한 요소인 보살의 고찰도 이 흐름에 따라 진행되고, 우선은 대승과 비대승 각각에 속하는 문헌들에 있어서 보살이라는 말의 용례의 '차이'를 확정하고, 다음으로 이 차이를 포함한 의미에 대한 해석이 행해지게 되었다. 그 결과 비록 '원시불전'에 등장하는 석가보살이 대승불전에서 나타나는 보살들과 얼마나 유사하고, 때로는 동일한 특징을 가지고 있더라도, 전자는 대승보살의 '전사前史'로서 고찰대상에서 벗어나 있고, 대승의 보살만이 고찰대상으로서 다양한 특징을 부여받게 되었다. 그리하여 최후에 부여받은 속성이 '재가불교운동의 지도자'라는 성질이었다.[26] 그러나 필자가 이미 논했듯이, 대중구제운동의 기수로서 일어선 보살이라는 이미지는 연구자 자신의 시대적 이념을 반영하여 만들어낸 것에 다름아니다.[27]

실은 이 문제를 생각할 때 필요한 것은 두 보살을 변별하는 전제가 되고 있는, 나이브한 역사적 붓다론으로서, 이에 기반한 대승비불설론이다. 역사적 붓다라는 이념이 근대사상의 산물이고, 또한 스트링이 보여주듯이 전통불교의 붓다와 대승의 붓다는 본래 엄밀하게 구별 불가능한 것이라면, 두 불교에서 나타나는 보살 역시 준별하기 어려울 것이다. 최근의 학계에서는 이 경계는 점차 소실되고, 온당하게도 불전의 보살과 대승 보살의 동일성이 새롭게 주목되어 연구자들은 자타카 및 불전과 대승의 관계에 대한 새로운 고찰을 시작하고 있다.

5.
전승매체의 변용과 대승

대승불교 출현의 문제는 전승매체의 변용과 경전 편찬과정 추이에 대한 고찰을 통해 다시 이해할 필요가 있다. 이 테마는 구두전승과 문헌전승의 차이 문제로서 최근 해외의 다양한 연구자들에 의해 논의되어 유익한 논고가 축적되었다. 그것들에 입각하면서, 필자 나름의 대승불교 해명의 방향성을 이하에서 최후로 밝혀둔다.[28]

인도 불교에서 서사書寫의 도입시기 및 그것을 둘러싼 세세한 사항은 밝힐 수 없지만, 결과적으로 그것이 불설의 전승에 막대한 영향을 끼쳐, 그 후 불교사를 상당히 다시 쓰게 했다는 점은 의심할 수 없다. 서사의 등장에 의해 일어난 변화는 첫 번째로 불교도의 세계인식의 변용, 두 번째로 불설 전승의 정통성 개념의 변용, 세 번째로 계통이 다른 전승들의 융합과 새로운 불교의 산출이라는 세 가지 가능성으로 정리된다. 첫 번째 사항부터 요점을 정리해본다.

서사된 텍스트의 등장은 사람에게서 발신되어 소멸되는 음성언어에 입각하여 대상에게 융합적인 청각에 의해 분절화된 세계이해라는 구전전승 형식의 고유한 세계이해 방식으로부터 사람들을 해방시켰다. 발화자로부터 떨어져서, 발화현상을 넘어서 존속하는 문자가 되어 사본이라는 객체에 존재하는 문자는 사람을 뛰어넘어 독립된 세계를 만든다. 이 서사 텍스트를 상대로 할 때, 인간은 객체화·추상화·기호화·논리화를 비약적으로 진행시킬 수 있고, 이전과는 차원이 다른 사고세계의 주인이 된다. 이러한 특징을 가진 사상의 심화는 대승불교에서도 현저했고, 서사방식의 전개와 대승의 전개는 관계가 깊다.

서사 텍스트 출현의 영향으로서, 두 번째 사항, 즉 불설 전승에 대한 정통의식이 변화되었다는 점도 중요하다. 구전전승에 있어서도 불설을 판정하기 위한 물적 증거는 존재하지 않는다. 그 때문에, 어떤 가르침이 불설인가 아닌가의 판단은 교설이 신뢰 가능한, 권위 있는 사람에서 나온 것인가 아닌가에 의해 행해진다. 4대 교설에서 나타나듯이, 붓다 입멸 후에는 붓다의 말씀, 상가의 말씀, 교설전승자의 말씀, 뛰어난 수행자의 말씀은 동등한 권위를 가진다. 그러나 서사경전이 출현했을 때, 그것은 인간과 독립한 보다 권위 있는 불설의 근거가 될 수 있다. 지적 활동범위를 현격하게 넓히는 새로운 매체의 힘은 다양한 점에서 구전전승에 의한 정통성의 의의를 능가하고, 강력한 정통성의 근거가 되었을 것이다.

이미 서사된 경전이 존재할 때, 원리적으로 그 권위를 의심할 수단은 없다. 따라서 서사된 경이나 율의 권위는 거의 그대로 수용되었다고 생각된다. 인도불교의 사상가나 이론가들 중에서 대승경전을 언급하는 자들이 모두들 대승경전을 당연한 것처럼 받아들이고, 경전의 권위는 어떤 문제도 없이 보증하는 태도가 그러한 추정을 뒷받침한다.

이미 서사된 경전들을 넘겨받았을 때 불교도의 과제는 그것들 속에서 어떻게 적절한 경을 선택하여 개개의 현실에 대응시킬 것인가 혹은 경전상호간의 대립을 어떻게 조절할 것인가 하는 해석학의 문제가 된다. 요의·불요의라는 개념을 사용한 해석학의 전개는 이러한 이설간의 조절행위였고, 종종 연구자들에게 오해되고 있듯이, 불설인가 비불설인가를 선별하는 작업은 아니었다. 불교도들에게 있어 이용 가능한 여러 경전은 그곳에서 지혜가 나오는 이른바 〈지혜의 보고 thesaurus〉로서 존재하고 있고, 정통·비정통을 판별하는 작업의 대상은 아니다.

세 번째 사항도 위의 두 번째 사항 못지않게 중요하다. 불교도의 세계이해를 변용시키고, 전승에 있어서 정통성의 의의를 다시 쓴 서사의 탄생은 결집에 의해 고정된 전승과는 다른 광범위한 전승들을 – 예를 들어 후대에 성문승, 독각승, 보살승으로 불리게 된 자들의 연원이라고 생각되는 전승 – 떼어내어 융합시킨 계기가 된다. 닫혀진 공동체의 존재를 전제로 하는 구전전승에서는 다른 전승의 융합은 일어나기 어렵다. 그럼에도 전승이 필사되고, 사본이라는 동일한 차원으로 투사되었을 때, 여러 계통의 전승은 동등한 권리를 가진 불설로서 상호간에 참조할 수 있는 관계로 변한다. 서사의 등장과 함께 전승은 상호간에 영향을 주고받고, 분단된 불교의 여러 방면의 구전 텍스트는 서사 텍스트 속으로 재통합된다.

서사로의 이행과 함께 발생하는 이들 세 가지 변화는, 불교사를 훨씬 후대까지 살펴본다면, 많든 적든 불교문헌 전체에 반영되어 있다. 그러나 서사가 시작된 이른 시기에 그것을 수용하는가의 여부는 아마도 시차가 있었을 것이다. 구전전승 체제를 건립한 교단은 그 체제를 바꾸지 않고 진행했으며, 서사 텍스트는 보조적으로만 사용되었을 것이다. 이전 체제를 유지하면서 지금까지와 같은 길을 계속해서 걸어가는 사람들에게는 다른 사람을 통해서 가르침을 듣는 '성문 śrāvaka'이라는 이름이 어울린다.

한편으로 이 새로운 사건을 적극적으로 받아들인 자들은 붓다를 둘러싼 여러 계통의 말씀, 즉 교의의 말씀, 계율의 말씀, 전기 이야기의 말씀 등을 동시에 상대하면서, 스스로 더 완전한 전통을 세우는 의식을 가진다. 이 운동의 특징은 종래의 전승을 넘는 광범위한 세계가 오로지 경전이라는 텍스트를 장으로 하여 출현하고, 경전이 불교세계의 의미를 집약하는 존재가 된 점에 있다. 서사된 경전과 만나는 자들은 붓다를 둘러싸고 존재했던 과거의 불교 전체와 만나고, 이 경전을 짊어지고 있는 사람은 붓다를 짊어지고 있는 사람이 된다.

대승경전에는 경전을 붓다 그 자체와 동일시하는 태도, 언어와 역사의 깊은 통찰에 의해 불교사 전체의 사건을 통합적으로 해석하려는 자세, 선정이나 삼매 등의 실천을 향한 여러 술어들을 언어의 차원에서 재생시키는 시도, 붓다를 둘러싼 기적적인 이야기도 포함하여 실현해야 할 대상으로 삼으려는 원리주의적 경향, 경전을 물상으로서 숭배하는 태도 등, 이전에는 보이지 않았던 주목할 만한 요소가 확인된다. 불교의 여러 요소를 융합적으로 품고 가려는 그들은 붓다를 둘러싼 여러 전승들을 하나의 길 ekayāna, 혹은 큰 길 mahāyāna로 하여, 스스로 붓다와 직접 연결되는 보살bodhisattva이 된다. 보살들에게 있어서 서사경전의 탄생은 붓다 입멸 때부터 길게 분단되고 개별화된 불교의 전승내용이 지금까지 없었던 완전함을 가지고 다시 현전하는 사건이었을 것이다.

대승의 근간을 이루는 보살의식은 물론 자타카나 불전에서 오래전부터 인정되었다. 그러나 대승경전이 가지는, 위에서 말한 특징들을 보살의 이념으로만 설명하는 것은 무리가 있다. 오히려 새롭게 세워진 큰 무대 위에서 오래전부터 존재해온 보살이 주역으로서 등단했다고 생각하는 편이 자연스럽다. 대승경전의 다양한 세계를 통합하는 데에는 붓다를 둘러싼 세계전체의 사건을 비춰내는 큰 화면이 존재하지 않으면 안 된다. 이 스크린에 일어날 수 있는 것, 그것은 전승의 요소 전체를 문자라는 언어의 평면에 집약한 필사경전 이외에는 상정하기 어렵다.

이상에서 말한 추정은 필자가 연구대상으로 하는 『대승열반경』의 검토가 뒷받침해준다. 『열반경』에서 보살이 등장하는 후반 부분은 붓다고샤가 니카야를 주석할 때 사용한 술어에 따라 행한 전반부의 주석이고, 보살은 전승된 선행부분에 대한 주석자 자신에 다름아니다. 선행경전을 전승하는 보살은 마치 붓다와의 대화를 경으로 남기는 것처럼 후속 부분에서 그 주석을 기록해둔다. 다만 그곳에는 다르마와 아비다르마의 경계가 없고, 아비다르마가 다르마와 동일한 텍스트를 구성하는 점에서, 전통불교의 텍스트와 차이점이 생긴다. 장의 이름에 변용, 전개를 의미하는 parivarta라는 이름을 붙이는 대승경전은 전승과정에서 경전 자체가 변용·확대해 가는 점을 전제로 하며, 아비다르마가 다르마가 되어가는 것이다.[29]

이러한 성질을 가지는 대승경전은 이른바 발신자와 수신자 쌍방의 수수행위를 성립시키는 장소로서, 선행하는 경전을 받는 쪽이 그대로 동일한 경전의 후속부분의 발신자가 되어 발신자와 수신자가 함께 동일 경전의 제작에 관여하는 구조를 가진다. 게다가 그곳에는 교의, 계율, 불전 등 다양한 영역에서 불설이 유입되어 왔다. 대승불교와 전통불교의 강력한 경계를 없애고, 하나의 과제를 불교사 전체의 다양한 과제와 연결시키면서 대승의 실태를 해명해가는 최근 학계의 추세는 긴 역사 속에서 다른 전승의 경계를 소실시키고 융합시켜온 대승경전의 성질과 정확하게 상응하는 것이라고 생각한다.

6.
연구가설 개념으로서의 '대승'의 개념

제1절부터 지금까지 진행한 고찰에 입각하여, 결론을 대신하여 하나의 과제를 제기해두고 싶다. 그것은 대승을 어떻게 정의하는냐라는 오래되고도 새로운 문제이다. 아니 오히려 이 문제는 본 장의 처음에 제기했어야 했던 것은 아닌가 한다.

이 물음을 최종 절까지 미룬 데에는 두 가지 이유가 있다. 첫 번째는 정의를 규정하는 작업은 중론을 일치시켜야 하는 수고로운 일로서, 결과적으로 논의에 많은 지면을 소비하게 되기 때문이다. 그리고 일단 정의가 주어지면, 이후 연구의 과반이 그 정의를 사수하기 위한 사례수집에 빠지는 것이 다반사이기에, 연구의 진전이 오히려 늦춰지기 때문이다. 두 번째는 대승이라는 개념이 불교연구사상에서 어떠한 의의를 가져왔는가가 지금까지 학계에서 거의 의식되지 않았기 때문이다. 이는 지금부터 해결해야 할 과제로서 이후에 제시되어야 할 것이다.

문제가 되는 전형적인 사례를 한 가지 들어보자. 대승불교의 연구를 진행하는 가장 소박한 방법은 대상이 되는 문헌에 대승이라는 말이 나오는가 아닌가를 찾으면서 나타나는 것을 대승의 자료로 삼고, 나타나지 않는 것은 연구대상에서 빼는 것이다. 이전에 히라카와나 시즈타니가 수행했고, 근년에는 장 나티에가 그랬듯이는 물론 시도해볼 만한 방법의 하나이다.[30]

누가 봐도 정당하게 보이는 이 방법은 불교문헌 전체에서 대승이라는 말이 외연과 내연을 동시에 결정할 수 있는 판명한 개념인 한 적당한 방법일 것이다. 그러나 역사적으로도, 연구의 대상으로서도 대승은 방광(방등), 보살, 붓다, 육바라밀 등 텍스트와 장르, 성자관, 수행이념 등 범주가 상이한 다수의 개념을 포함하는 상위개념이며, 일의적으로 외연과 내포가 결정되는 명사가 아니다.

이러한 어떤 종류의 복합적인 시스템을 내포하는 고급개념을 주제로 다룰 때는 단지 언어의 출현 유무만으로 연구대상을 좁히고, 그로부터 정의를 추출하는 것으로는 충분치 않다. 실제로 이 방법에 따른다면, 팔리어 문헌은 고찰의 대상에서 대체로 모두 벗어나고, 북전 문헌도 상당량이 제외되어버릴 것이다. 그 결과 대승을 둘러싼 연구자체가 축소되고, 정의를 지키기 위한 연구라는 색채가 짙어진다.

지금까지 학계의 큰 문제는 대승을 과거에 존재했던 역사적 개념으로서만 보고자 했던 점에 있다. 그래서는 연구의 실태에 맞지 않을 뿐 아니라, 대승연구에 의해 제기된 문제해명에도 도달할 수 없다. 왜냐하면 대승이라는 개념은 실제로는 그것을 받아들이는 그때그때의 불교자 또는 연구자와 더불어 그 내용 자체가 변용해왔으며, 이 과정에 중요한 의미가 있기 때문이다.

어떻게 해서 특정한 연구대상이 선택되는가라는, 하나의 학문의 성립에 있어서 중요한 이 테마를 생각할 필요가 있다. 열쇠를 쥐고 있는 것은 과제를 계승해가는 일이다. 이것 없이는 연구 대상이 등장하는 일은 있을 수 없고, 설혹 일단 나타나더라도 계승하지 않지 않으면 소실되어버리고 만다. 그리고 많은 대승불교연구에서 이를 계승하는 노력의 구체적 내용이 과거 텍스트의 독해와 평가인 한, 그것은 텍스트 제작의 현장에 서는 것과 질적으로 차이가 없다.

앞 절의 마지막에서, 대승경전은 발신자와 수신자 쌍방의 주고 받음의 행위를 성립시키는 장소이고, 선행 경전을 받는 자가 그대로 동일 경전의 후속 부분의 발신자가 되는 구조를 갖고 있다고 말했다. 시대가 많이 흐른 후대의 연구자들도 실은 경전의 이 수신자의 일부가 되어서, 어떤 의미에서 경전의 계승에 종사하고 있다고 볼 수 있다.

예를 들어 막스 뮬러가 『아미타경』을 「동방성서총서」에 포함시키고, 인도불교의 문맥에서 복원한 것은 유학생으로서 영입된 난조분유 南条文雄, 카사하라켄슈 笠原研寿가 신란 親鸞에서 시작된 일본 정토진종의 전통에 서 있었기 때문에 다름 아니다. 고대 인도의 사본이 중국을 거쳐 일본에 전승되어, 그 일본에서 근대 영국으로 건네져서 출판된 이 텍스트는 호넨 法然에 의한 넓은 의미에서의 대승불교 해석, 그리고 신란에 의한 그 계승이 없었다면 세계 불교 연구자들에게 과제로서 출현하지 않았을 것이다. 여기에서 일일이 언급할 수는 없지만, 본 장에서 제시한 연구들은 이러한 계승의 역사를 각각 특유한 모습으로 예외 없이 담고 있다.

그렇다면 대승은 과거에 존재했다는 의미에서만 역사적인 것이 아니라, 역사와 함께 변용해간다는 의미에서도 역사적이다. 이러한 장대한 작업 위에 서 있는 대승불교 연구를 온전히 구해내려고 할 때, 대승이라는 말의 출현의 유무에 의해 연구대상을 한정시키는 것은 현명하지 않다.

지금까지의 불교학에서는 이러한 방법론적 논의가 행해지지 않았기 때문에, 사건으로서의 역사와 해석으로서의 역사를 둘러싸고, 연구의 절차와 결론 쌍방 간에 종종 혼란을 일으켜왔다. 텍스트 해석의 역사적 연구는 그 자체가 해석학의 일부이기도 하다. 대승이라는 개념은 연구 전체를 구해내는 가설적 개념으로서 이해할 필요가 있다. 그것은 조지 린드벡의 종교 정의를 적용하여, 방광(혹은 방등), 보살, 붓다, 육바라밀 등 다양한 개념을 대상으로 하는 '포괄적인 해석의 구조'로 이해해 두는 것이 좋다. 이에 의해 대승불교 연구는 역사적 사실에 따르면서도, 틀림없이 더욱 풍부하게 계승되어갈 수 있을 것이다.[31] 이 과제는 본 시리즈 제2권 2장 '경전을 창출하다 - 대승세계의 출현'에서 더욱 상세하게 논할 것이다.

1   본고는 M. Shimoda, "The State of Research on Mahāyāna Buddhism: The Mahāyāna as Seen in Developments in the Study of Mahāyāna Sūtras," *Acta Asiatica* 96, pp. 1-23을 근간으로 하고 있다.

2   P. Williams (1989), *Mahāyāna Buddhism: The Doctrinal Foundations*, London: Routledge pp. 3-4.

3   平川彰, 梶山雄一, 高崎直道『講座大乘仏教』전10권, 春秋社 (1981-85).

4   Mainstream Buddhism의 용법에 대해서는 C. Cox (2004), "Mainstream Buddhist Schools," R. Buswell (ed.) *Encyclopedia of Buddhism*, New York: Macmillan Reference USA, pp. 501-507. 법화경의 두터운 연구사에 대해서는 伊藤瑞叡『法華經成立史論』平樂社書店 (2007) 참조.

5   平川彰『初期大乘硏究の硏究』春秋社 (1968).

6   불교연구가 무의식적으로 시대의 요청을 받아들이고 있는 점에 대해서는 下田正弘, 「仏教硏究と時代精神」『龍谷史壇』122, (2005), pp. 27-55 참조.

7   静谷正雄『初期大乘仏教の成立過程』百華苑 (1975).

8   G. Schopen (1975), "The Pharse *'sa pṛtivīpradeśaś caityabhūto bhavet'* in the *Vajracchedikā*: Notes on the Cult of the Book in the Mahāyāna," *Indo-Iranian Journal*, 17, pp. 147-181; (1979) "Mahāyāna in

Indian Inscriptions," *Indo-Iranian Journal*, 21, pp.1-19; (1985) "Two Problems in the History of Buddhism: The Layman/monk Distintion and the Doctrines of the Transference of Merits," *Studies zur Indologie und Iranistik*, 10, pp.9-47; Cf. G. Schopen (1997), *Bones, Stones, and Buddhist Monks: Collected Papers on the Archaeology, Epigraphy, and Texts of Monastic Buddhism in india*, Honolulu: University of Hawaii Press; (2004) *Buddhist Monks and Business Matters: Still More Papers on Monastic Buddhism in India*, Honolulu: University of Hawaii Press; (2005) *Figments And Fragments of Mahāyāna Buddhism In India: More Collected Papers*, Honolulu: University of Hawaii Press.

9   이들 연구사정과 의의에 대한 상세한 설명은 下田正弘「伝承とういとなみ―実践仏教の解釈学」『親鸞教学』93, (2009), pp.23-45, 같은 저자「近代仏教学の形成と展開」『仏教の形成と展開』新アジア仏教史 2권, pp.13-55, 佼成出版社 (2010) 참조.

10 G. Shopen (2004), "Mahāyāna," Buswell (ed.) *Encyclopedia of Buddhism*, New York: Macmillan Reference USA, p.492.

11 초기불전의 불설을 둘러싼 논의 자료에 대해서는 E. Lamotte, (1944) *Le traité de la grande vertu du sagesse de Nāgārjuna*, Louvain-la-Neuve: Univerité de Louvain, Institut orientaliste; Vol.1, pp.80-84; G. MacQueen (1981-82), "Inspired Speech in Early Mahāyāna Buddhism," 1, *Religion* 11, pp.303-319; 2, *Religion* 12, pp.49-65. 下田正弘「聖なる書物のかなたに―新たなる仏教史へ」『言語と身体―聖なるものの場と媒体』岩波講座・宗教 5, 岩波書店 (2004), pp.25-52; 대승불교에 대해서는 高崎直道「總說 大乘仏教の＜周辺＞―補論 大乘非仏説論の諸資料」「講座大乘仏教 10」『大乘仏教とその周辺』, 春秋社 (1985), pp.2-34.

12 下田正弘, 「聖なる書物のかなたに―新たなる仏教史へ」, 『言語と身体―聖なるものの場と媒体』岩波講座・宗教 5, 岩波書店 (2004), pp.25-52.

13 高崎直道「大乘経典發達史」「講座大乘仏教1」『大乘仏教とは何か』春秋社, (1981). 高崎直道著作集 제2권『大乘仏教思想論 I』제3부 제2장, 春秋社 (2008), p.319 참조.

14 J. Braavig (ed. general), (2000) *Manuscripts in the Schøyen Collection-1* (Buddhist Manuscripts, Vol.1); (2002) Vol.2; (2006) Vol.3, Oslo. Study Group on Buddhist Sanskrit Literature (ed.) (2004), *Vimalakīrtinirdeśa and Jñānālokālaṃkāra: Transliterated Sanskrit Text Collated with Tibetan and Chinese Translations*, Tokyo: Taisho University Press; M. Allon and R. Salomon (2010), "New Evidence for Mahayana in Early Gandhāra," *The Eastern Buddhist* 41(1), pp.1-22.

15 타보 사본에 대해서는 H. Tauscher (1999) "The 'Admonitory Inscription' in the Tabo 'Du khaṅ." In: L. Petech and C. Luczanits (eds), *Inscriptions from the Tabo Main Temple, Texts and Translations*, Serie Orientale Rome LXXXIII, Rome: Instituto italiano perl' Africa e I' Africa e I'Orente, pp.29-94. *E. Steinkellner (1994), "A Report on the 'Kanjur' of Ta pho." *East and West*, 44(1), pp.115-36. 그리고 칸쥬르 계통에 대한 연구는 H. Eimer (1983), "Some Results of Recent Kanjur Research," D. Schuh and M. Weiers (eds.) *Archiv für zentralasiatische Geschichtsforschung*, 1, Sankt Augustin, pp.5-25; (1988) "A Note on the History of the Tibetan Kanjur." *Cental Asiatic Journal*, 32-1/2,

pp. 64-72; (1988) "Arbeiten zur Überlieferung des tibetischen Kanjur am Indologischen Seminar/ SFB 12 in Bonn", H. Eimer (ed.) *Indology and Indo-Tibetology: Thirty Years of indian and Indo-Tibetan Studies in Bonn*, Bonn: Indica et Tibetica Verlag, pp. 35-42. 이 작업과 평행으로 진행된, 불교인식론이나 불교논리학 관련의 티벳사원에서 나온 사본의 교정출판도 세계적인 관심을 받고 있으며, 앞으로 국제연구의 모델이 되어갈 것이다. 이미 간행된 Jinendrabuddhi의 Pramāṇasamuccaya-ṭīkā Chap. 1, Dharmakīrti의 Pramāṇaviniścaya Chap. 1, 2가 있다.

16 S. Zacchetti (2003), "The Rediscovery of Three Buddhist Scriptures on the Meditation: A Preliminary Analysis of the *Fo shuo shi'er men jing: the Fo shuo jie shi'er men jing* Translated by An Shigao and Their Commentary Preserved in the Newly Found Kongō-ji Manuscript," *Annual Report of The International Research Institute for Advanced Buddhology at Soka Uiversity for the Academic Year 2002*, pp. 251-299. 落合俊典「学術 フロンチア「奈良平安古写経研究拠点の形成」の研究概要と現状, 意義について」『いとくら』창간호, (2006), pp. 3-4.

17 J. Dantinne (1983), *La splendeur de l'inébranlable (Akṣobhyavyūha): Traduit et annoté*, Tome 1, Louvain-la-Neuve: Université catholique de Louvain, Institut orientaliste. J. Braarvig (1993), *Akṣayamatinirdeśa sūtra*, Oslo: Solum; U. Pagel (1995), *The Bodhisattvapiṭaka: Its Doctrines, Practices and their Position in Mahāyāna Literature*, Tring: Institue of Buddhist Studies. A. Skilton (2002), "State or Statement?: Samādhi in Some Early Mahāyāna Sūtra," *The Eastern Buddhist* 34/2: pp. 51-116.

18 E. Zürcher (1959), *The Buddhist Conquest of China*, Leiden: E.J. Brill; (1977) "Late Han Vernacular Elements in the Earliest Buddhist Translations." *Journal of the Chinese Language Teachers Association*, XIII-3-oct; (1991) "A New Look at the Earliest Chinese Buddhist Texts." (K. Shinohara and G. Schopen (eds.) *From Benares to Beijing, Essays on Buddhism and Chinese Religion in Honor of Prof. Jan Yün-hua*, Buffalo, NY: Mosaic Press, pp. 277-300. P. Harrison (1978) "*Buddhānusmṛti in the Pratyutpanna-Buddha-Saṃmukhāvasthita-samādhi-sūtra*," *Journal of Indian Philosophy* 6, pp. 35-57; (1990) *The Samādhi of Direct Encounter with the Buddhas of the Present: An Annotated English Translation of the Pratyutpanna-Buddha-Saṃmukhāvasthita-samādhi-sūtra with Several Appendices Relating to the History of the Text*, Tokyo: International Institute for Buddhist Studies; (1992) "Commemoration and Identification in *Buddhānusmṛti*," J. Gyatso (ed.), *In the Mirror of Memory: Reflections on Mindfulness and Remembrance in India and Tibetan Buddhism*, Albany: SUNY Press, pp. 215-228; (1993) "The Earliest Chinese Translations of Mahāyāna Buddhist Sūtras: Some Notes of the Works of Lokakṣema," *Buddhist Studies Review* 10, pp. 135-177. D. Boucher (1996) *Buddhist Translation Procedures in Third-Century China: A Study of Dharmarakṣa and His Translation Idiom*, Ph.D. Thesis, University of Pennsylvania; (2008) *Bodhisattvas fo the Forest and the Formation of the Mahāyāna: A Study and Translation of the Rāṣṭrapālaparipṛcchā-sūtra*, Honolulu: University of Hawaii Press. J. Nattier (2003) *A Few Good Men: The Bodhisattva Path according to The Inquiry of Ugra*

(Ugraparipṛcchā); (2003) "The Ten Epithets of the Buddha in the Translations of Zhi Qian 支謙," *Annual Report of The International Research Institute for Advanced Buddhology at Soka University for the Academic Year 2002*; (2005) "The Proto-History of the *Buddhāvataṃsaka*: The *Pusa benye jing* 菩薩本業経 and the *Dousha jing* 兜率経," *Annual Report of The International Research Institite for Advanced Buddhalogy at Soka university for the Academic Year 2004.* S. Zaccheetti (2005), *In Praise of the Light: A Critical Synoptic Edition with an Annotated Translation of Chapters 1-3 of Dharmarakṣa's Guang zan jing* 光讚経, *Being the Earliest Chinese Translation of the Larger Prajñāpāramitā*, Tokyo: The International Research Institute for Advanced Buddhology, Soka University.

19　S. Karashima (1998), *A Glossary of Dharmarakṣa's Translation of the Lotus Sutra* 正法華經詞典, Tokyo: The International Research Institute for Advanced Buddhology, Soka University; (2001), *A Glossary of Kumārajīva's Translation fo the Lotus Sutra* 妙法蓮華經詞典, Tokyo: The International Research Institute for Advanced Buddhology, Soka University. 근년의 다른 업적에 대해서는 본 권 제6장 참조.

20　J. Silk (1994) *The Origins and Early History of the Mahāratnakūṭa Tradition of Mahāyāna Buddhism with the Ratnarāśisūtra and Related Materials*, Ph. D. Thesis of the University of Michigan. 下田正弘 『涅槃經の硏究－大乘経典硏究方法試論』 春秋社 (1997). M. Zimmermann (2002), A Buddha Within: *The Tathāgatagarbhasūtra, The Earliest Expositon of the Buddha-nature Teaching in India*, Tokyo: The International Research Institute for Advanced Buddhology, Soka University.

21　山田龍城 『大乘仏教成立論序説』 平樂社書店 (1959); E. Conze (1960), *The Prajñāpāramitā Literature*, Indo-Iranian Monographs 6, The Hague: Mouton (Second ed, Revised and Enlarged in Tokyo 1978); 藤田宏達 『原始淨土思想の硏究』 岩波書店 (1970); 『淨土三部經の硏究』 岩波書店 (2007); D. Ruegg (1969), *La Théorie du Tathāgatagarbha et du gotra: Études sur la sotériologie et la gnoséologie du bouddhisme*, Paris: École française d' Extrême-Orient. 高崎直道 『如來藏思想の形成』 春秋社 (1974. 高崎直道著作集 第4권·제5권, 春秋社 2009). 그리고 이 외에 자연, 윤리, 환경, 전쟁이라는 테마로 제 대승경전의 태도를 상세하게 분석한 슈미트하우젠의 일련의 연구도 귀중한 것으로 주목할 필요가 있다. 앞으로 이러한 입장에서의 연구가 필수적인 것이 될 것이다. L. Schmithausen (1996) "Buddhismus und Glaubenskriege," P. Hermann (ed.) *Glaubenskriege in Vergangenheit und Gegenwart*, Göttingen: Vandenhoeck & Ruprecht, pp.63-92.

22　이 연구사에 대해서는 下田正弘『涅槃經の硏究』, 春秋社 (1997), pp.16-17, pp.468-469 참조.

23　H. Bechert (1961) "Aśokas 'Schism-edikt' und der Begriff Saṅghabheda." *Wiener Zeitschrift für die Kunde Süd- und Ostasiens* 5, pp.18-52.

24　佐々木閑『インド仏教変移論－なぜ仏教は多様化したのか』大藏出版 (2000); 이자랑, 「コーサンビー慺度における二種の不同住地」, 『韓國佛敎學 SEMINAR』 8, (2000), pp.299-321; 下田正弘, 「大乘涅槃經をめぐる歷史的狀況－第一類「金剛身品」を 中心として」, 『櫻部建博士喜寿記念論集－初期仏教からアビダルマへ』, 平樂社書店 (2002), pp.103-116.

25 J. Strong (2001) *The Buddha: A Short Biography*, Oxford: Oneworld; (2004) *Relics of the Buddha*, Princeton: Princeton University Press. 이러한 논의를 밟은 것으로서 下田正弘「＜物語られるブッダ＞の復活」『ジャイナ教と仏教』長崎法潤博士古稀記念論集, 平樂社書店 (2005), pp. 376-379 참조.

26 이상의 논의에 대해서는 참고문헌을 포함하여 下田正弘「〈菩薩〉の仏教－ジャン　ナティエ著『ア　ヒューグッドメン』によせて」『法華文化研究』30, (2004), pp. 1-18 참조.

27 下田正弘「仏教研究と時代精神」『龍谷史壇』122, (2005), pp. 27-55; (2006) "Reconsidering the Bodhisattva in the Light of Recently Developed Studies" 미발표, SOAS에서의 강의 배포 자료.

28 이 논의는 M. Allon, L. Cousins, S. Collins, R. Gethin, H. Falk, F. Gombrich, P. Harrison, O. von Hinüber 등의 참고문헌을 포함한 이하의 논문 참조. 下田正弘「口頭伝承から見たインド仏教聖典研究についての覚え書き」『印度哲学仏教学』17, (2002), pp. 30-45;「聖なる書物のかなたに」『言語と身体－聖なるものの場と媒体』岩波講座・宗教 5, 岩波書店 (2004), pp. 25-52; M. Shimoda (2010) "Some Reflections on the History of Buddhist Canons in Ancient India," T. Wada (ed.) *Indian Philosophy and Text Science*, Delhi: Motiral Banarsidass, pp. 33-57.

29 下田正弘　「註釈書としての＜大乘涅槃經＞－ニカーヤ・アッタカターとの一致にみる涅槃経の發展形態」, 『加藤純章博士古稀記念論集・アビダルマ仏教とインド思想』, 春秋社 (2000), 327-339항. "Mahāyānasūtra as Auto-commentary: As Evidenced in the Mahāparinirvāṇasūtra" 미발표, SOAS에서의 강의 배포 원고.

30 平川彰『大乘仏教』, 静谷正雄『初期大乘仏教の成立過程』, J. Nattier, *A Few Good men*.

31 George Lindbeck (1984) *The Nature of Doctrine: Religion and Theology in a Postliberal Age*, London, Westminster Press. リンドベック『教理の本質』田丸德善監修・星川啓慈・山梨有希子訳, ヨルダン社 (2003). 그리고 관련된 논의는 이하 下田正弘「書評と紹介・藤田宏達著『淨土三部経の研究』」(『宗教研究』362호, (2009), 253-261항 참조).

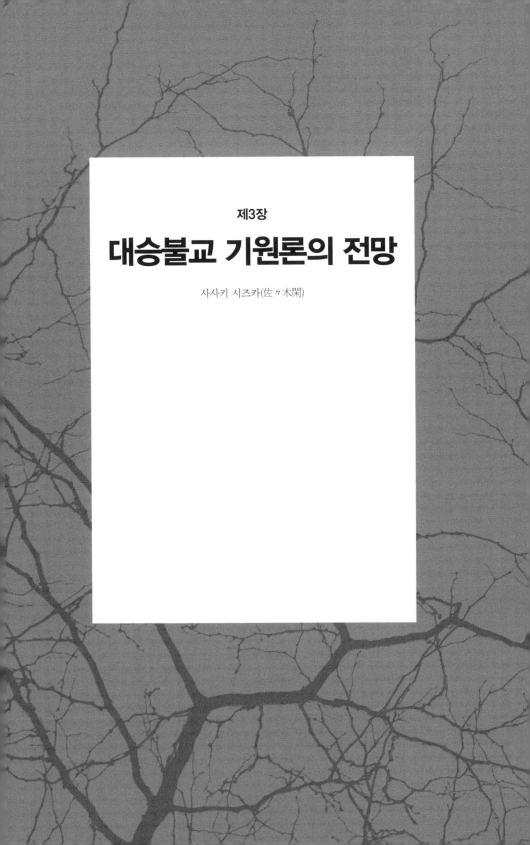

제3장

대승불교 기원론의 전망

사사키 시즈카(佐々木閑)

1.
소승에서 대승으로

이 장에서는 대승불교의 기원을 둘러싼 연구 동향을 소개하고, 이후 이 문제가 어떻게 전개될 것인가의 전망을 논한다.¹ 우선 본 장에서 쓰는 '소승'이라는 말은 그것이 일종의 경멸적 표현이고, 타당성을 결여한 용어임은 충분히 알려져 있지만, '대승'의 대립어로서 이미지를 환기하기 가장 쉬운 것이기 때문에, 어디까지나 편의적 수단으로 사용하고 있다.² 또한 문장 중에 깨달은 후의 고타마 싯달타를 '샤카무니'로 부르는 것도 필자의 자의적 호칭이다.

약 2500년 전 고대 인도에서 성립된 불교는 샤카무니의 가르침을 절대권위로 지켜가면서 점차로 그 세력 범위를 확대해갔다.³ 그러한 기록이 역사적 사실을 바르게 전한 것인가는 심히 의문이며, 인도불교사 연구자는 이 신빙성을 항상 의심할 필요가 있다. 그럼에도 불구하고 불교승단이 어떤 이유에서든 여러 부파로 분열했다는 사실은 틀림없다. 이는 비문이나 중국 구법승들의 여행기, 혹은 현존하는 불교 문헌 속에서도 그러한 부파의 존재를 언급하는 기술이 여러 곳에서 많이 보이는 사실에서도 확인된다. 불교는 긴 역사 속에서 틀림없이 십 수 개의 부파로 나뉘어졌다. 게다가 현재 스리랑카나 동남아시아 여러 나라에서 행해지는 불교(이른바 남방상좌불교)를 전하는 교단이 '상좌부'나 '분별설부'라는 명칭으로 자신들을 분열한 부파 중 하나라고 (더 주관적으로 말하자면 '자신들이야말로 분열해나간 제 부파의 본가라고) 자인하는 점도, 불교가 복수의 부파로 분열했음을 나타내는 중요한 증거라고 생각된다. 이 마지막 증거에 관해서는 다소 의문이 남아 있어서, 스리랑카 등 남방 제국의 불교집단을 하나의 독립된 부파로 생각해도 좋은가는 판정할 수 없지만, 어쨌든 불교세계가 복수의 부파로 나뉘어갔음은 사실이다.[4]

그렇다면 이들 부파는 어떠한 가르침을 신봉했던 것일까? 남방 국가들의 불교집단의 가르침은 분명히 소승불교이다. 그곳에서는 업의 자기책임제에 기반을 둔 자조 自助 노력의 필요성이 강조되고, 아라한을 지향하는 출가수행이 필수요건이 되어 있다. 보살도나 회향, 혹은 다세계 다불의 세계관이라고 하는, 대승적인 사고방식이 강조되는 법은 없다.[5] 또한 지금은 더 이상 존재하지 않지만, 인도불교에서 가장 고도의 철학성을 보여주는 설일체유부라는 부파 역시 그 기본교의는 소승불교에 속한다.[6]

그러한 사실로 볼 때, 불교의 부파가 모두 소승불교를 신봉하고 있었다는 가설이 성립된다. 즉, 샤카무니 시대의 불교가 부파분열을 거쳐서도 그대로 수용되어, 약 20으로 분열된 부파 전부가 같은 스타일을 답습하고 있었다는 가설이다. 따라서 이 가설에 기반하는 한, 소승이라고 하는 경우 그곳에는 샤카무니 시대의 불교, 부파로 분열했던 불교, 그리고 그 마지막 후예인 스리랑카 등에 현존하는 불교가 모두 포함되는 것이다.

불교세계에는 이 소승불교에 대립하는듯한 모습으로, 대승불교라는 것이 존재하고 있다. 그것은 종래의 소승불교와는 다른, 새로운 형태의 사상과 수행법을 설하는 불교이다. 대승경전이 중국에 소개된 시기나 최근 아프가니스탄에서 유출되어 세간에 알려진 신출 사본의 연대로 볼 때, 대승불교의 발생은 기원 1,2세기보다는 이전이라고 생각되는데, 그 정확한 연대는 분명하지 않다.[7]

대승불교는 발생 장소도, 그 창시자도 확정할 수 없다. 원래 대승불교라는 것을 단일한 종교사상으로 파악하는 것 자체가 무리이다. 대승불교에는 막대한 수의 경전이 존재하는데, 그것들은 대승불교라는 하나의 사상을 많은 사람들이 각각의 위치에서 이야기한 것과 같은 것이 아니다. 오히려 원래 개별적으로 존재했던 복수의 집단이 각각의 입장에서 새로운 스타일의 불교를 창작하고, 독자적 경전을 작성하며, 그것이 시대와 함께 융합하고, 뒤얽혀 전체로서 대승이라는 큰 조류를 형성해갔다고 보는 편이 합리적이다. 대승이란 복수의 원천에서 동시병행적으로 발생해 온 일종의 사회현상이라고 봐야 할 새로운 불교운동인 것이다.

그렇다면 그 새로운 조류인 대승불교와 앞에서 말한 소승불교는 어떻게 관련되어 있을까? 부파불교 전체를 소승불교라고 본다면, 대승은 부파와 관계없는 곳에서 생겨난 것이 된다. 그때까지 승단생활을 보내왔던 부파불교의 세계와는 다른 장소에서 새로운 교의를 말하는 복수의 그룹이 나타나서 대승불교운동을 전개해갔다는 것이 될 것이다. 확실히 스리랑카 등 남방국가들의 불교나 설일체유부의 불교가 소승불교에 속한다는 사실을 부파 전체까지 적용하여, 부파는 모두 소승이었다고 가정한다면 이러한 결론이 되지 않을 수 없다. 그러나 한편 설일체유부가 후대에 대승과 밀접하게 연결되어 있었음은 분명하고, 중국 구법승의 기록에서 보면 대승의 승려와 소승의 승려가 같은 사원에서 생활했던 사실도 명백하다.[8] 따라서 부파불교가 모두 소승불교 세계에 한정된다는 주장은 확정적이지 않다. 그렇다면 '대승을 신봉하는 부파'라는 것이 존재했을 가능성도 고려하지 않으면 안 된다. 그 경우에는 대승이 부파불교의 내부에서 발생했다고 상정하는 것도 충분히 가능하다. 즉, 소승불교 속에서 대승불교가 태어났다는 것이다. 그렇게 생각한다면, 소승과 대승이 어떻게 관련되는가 하는 문제는 대승불교가 도대체 어디에서 태어났는가라는 문제와 표리일체이다. 그래서 이 문제를 해명하는 것 자체가 현재 불교학의 세계에서 중요한 과제가 되는 것이다.

2.
대승의 기원에 관한 여러 학설

소승과 대승의 관계를 생각해볼 때, 크게 두 가지 가능성을 세울 수 있다. 하나는 소승이 원천이 되어, 그 속에서 대승이 나오는 것이며, 다른 하나는 소승과 관계없는, 전혀 다른 곳에서 대승이 발생했다고 하는 것이다. 메이지 시대 이후의 불교학에서 최초로 주장된 것은 전자였다. 근거는 『이부종륜론』등을 기초로 한, 부파의 역사서나 전설류이다.[9] 근본분열에 의해 불교는 상좌부, 대중부라는 두 계통으로 나뉘었는데, 그중 대중부에서 대승불교가 나타났다는 전설을 남긴 문헌이 있는데, 그것이 근거였다. 대중부는 지말분열에 의해 더욱 더 몇 개의 부파로 나눠졌는데, 그중에서 어떤 부파에서 대승이 나왔는지, 혹은 그 부파와 대승이 어떤 관계였는가, 상이한 것인가 동일체인가, 구체적 상황은 아무도 모른다. 다만 대승은 대중부에서 나왔다는 설만이 주장되어 정설이 되었다.[10]

이 설에 의하면, 대승불교는 부파불교의 여러 학파 중에서 하나를 계승하여 출현한 것이 된다. 즉, 소승에서 대승으로, 흐름이 이어지는 것이다. 다만 설혹 이 설을 승인한다고 해도 대승불교가 태어난 이유는 전혀 해명되지 않는다. 왜 대중부 갈래의 끄트머리에서 불교가 질적 전환을 일으켜서, 대승이라는 새로운 사상을 낳을 수밖에 없었는가 하는 의문은 미해결인 채로 남아 있다.

　이어서 이 설을 부정하는 형태로 두 번째 가능성, 즉 대승은 그 이전의 소승불교 세계와 관계없는 다른 곳에서 발생했을 가능성을 주장하는 설이 등장했다.[11] 이것은 제창자 히라카와의 이름을 따서 일반적으로 히라카와설 平川說이라고 부른다. 이 설은 앞의 대중부기원설과는 비교되지 않을 정도로 엄밀하고, 고도의 논증위에 성립되어 있다. 그 개요는 다음과 같다.

　아직 대승불교가 나타나지 않고, 불교세계가 소승이었을 때 (물론 그 때에는 소승이라는 멸칭 자체가 존재하지 않았겠지만) 불교의 담당자는 비구·비구니라 불리는 출가자였다. 그들은 출가자만의 생활공동체인 승단(상가)을 형성하고, 독자적 규율(율장)에 기반한 수행생활을 보내고 있었다. 그러한 승단이 인도 혹은 스리랑카 등의 주변지역에 산재해 있고, 그 전체가 불교세계라는 것을 형성하고 있었다. 어느 때 그곳에, 지금까지와는 다른 생각을 가진 자들이 나타났다. 그들은 출가자들이 아니다. 재가, 즉 일반 사회인들이다. 그 재가인들도 역시 샤카무니의 가르침을 신봉하고 있었지만 '출가하지 않아도 수행하는 것이 가능하다'고 생각하는 점이 종래 출가자들과 근본적으로 달랐다. 게다가 그 수행의 결과는 종래 승단출가자들보다도 한층 뛰어난 것이었고, 소승 출가자들의 최종도달 목표인 아라한을 뛰어넘는 존재, 즉 붓다까지 도달할 수 있다고 생각했다. 재가자들인 이상, 그들은 종래 불교승단에 거주하지 않았다. 그들이 자신들의 새로운 불교운동을 일으키는 데 있어서 거점으로 삼은 것은 붓다의 유골을 모신 장소, 즉 불탑(스투파)이었다. 불탑은 엄밀하게 말하면 승단의 관할 밖 성역으로, 승단과는 다른 장소에 세워진 경우가 많았다. 그들은 그곳에 모여서, 자신들의 생각을 정리하고, 그리고 석가모니 직설이라는 원칙하에, 다양한 대승경전을 창작했다는 것이 히라카와설이다.

이 설에 따르면 대승불교는 그 이전의 소승불교와 단절된 장소에서 새롭게 창출된 재가자의 불교가 된다. 소승과 대승은 엄밀하게 둘로 나눌 수 있는 별개의 불교인 것이다. 따라서 어떤 이유에 소승불교의 일부가 변질하여, 그것이 대승이 되었다고 생각할 필요는 없다. 소승불교는 그대로 소승불교인 채로 이어지고, 그와 별개의 장소에서 대승이라는 새로운 불교가 갑자기 출현한 것이다. 따라서 이 경우 부파는 모두 소승불교를 신봉했다는 앞의 가설은 문자대로의 의미에서 엄밀하게 성립하는 것이 된다. 1968년 제시된 히라카와설은 그 이전의 대중부 기원설을 일축하고, 그 후 30년 이상에 걸쳐 강력한 정설로 지지받아왔다. 다만 이 히라카와설에도 왜 대승이라는 특이한 신사상이 나오지 않으면 안 되었는가라는 역사적 필연성에 관해서는 충분한 설명이 없다.[12] 대승을 단일기원의 한 사상으로서 파악한다면, 우연히 한 시기에 어떤 인물이 생각해 내었다는 해석으로도 그 나름대로 해결되겠지만, 그것을 동시다발적 사회현상으로 보는 한에서는 그 역사적 필연성을 추구함은 피할 수 없는 작업이고, 히라카와설은 그 점까지는 충분히 설명해주지 못하였다.

3.
대승의 기원에 관한 최근의 동향

최근 이 히라카와설에 대한 비판이 다방면에서 제출되었다. 대승경전이나 비문을 이용하여 대승불교의 역사를 주의깊게 거슬러 가면, 그 끝에는 어떤 식으로든

소승불교의 존재가 보이는 것이다. 히라카와설에 의문을 가지고 대승불교의 기원을 소승불교세계의 내부에서 찾으려는 새로운 움직임은 동서를 불문하고 저항할 수 없는 하나의 큰 흐름이 되어왔다고 생각된다.[13]

이는 일견 히라카와설이 부정되고, 그 이전의 대중부기원설로 이야기가 역행한 듯이 보이지만, 결코 그렇지 않다. 학계는 이제 전설 등에 의지하여 대승의 기원을 말하는 단계에 있지 않다. 히라카와가 자신의 설을 만들어낼 때 사용한 매우 실증적이고 역사적인 수법이 다음 세대에게 널리 계승되어, 그것이 여러 영역에서 철저하게 적용된 결과, 히라카와설 자체를 정정할 필요성이 발견되어왔다는 것이다.[14]

따라서 학설의 최종결론만을 본다면, 현재는 다시 대승을 소승의 연장선상에 두는 예전의 설로 돌아간 듯이 보이지만, 실제로는 히라카와설을 토대로 전개해간 새로운 불교학의 최신 국면인 것이다. 실로 대승을 대중부 갈래의 말단에 위치시키는 단순한 구도로 끝나는 것이 아니라, 소승불교라는 긴 전통을 가진 고정화된 세계에서 어째서 대승과 같은 혁신적인 종교운동이 널리 동시 발생해왔는가라는 난해한 의문이 새롭게 부상하여, 연구자들은 머리를 짜내어 그 수수께끼에 도전하고 있는 중이다.

히라카와설이든 혹은 그 이전의 대승불교 대중부기원설이든, 대승이 발생해온 과정을 도식적으로 보여줄 순 있어도, 발생의 필연성을 해명할 수는 없었다. 어째서 그 시기의 불교에서 그러한 혁신적인 움직임이 일어나야만 했는지가 인도의 다른 종교에서는 일어나지 않았던 현상이 불교에서만 일어난 것은 무엇 때문인가 하는 의문은 미해결인 채로 남아 있다. 여기에는 이유가 있다. 대승불교의 기원을 탐구하기 위해서 사용된 자료가 대승불교의 자료였기 때문이다.

대승이라는 현상이 일어나는 경우, 그곳에는 무언가 원인이 있다. 그 원인은 당연한 것이지만 결과보다 앞서 있었던 것이어야 한다. 즉, 대승불교발생의 원인은 당연히 대승불교가 이 세상에 나타나기 이전에 이미 존재하고 있어야 된다. 따라서 그것을 찾아내기 위해 필요한 것은 대승불교가 발생한 후에 쓰인 「대승불교의 자료」가 아니라, 아직 대승불교가 일어나지 않은 단계의, 그 직전의 상황을 보여주는 자료이다. 이 단계의 정보가 충분히 입수되지 않는 한, 대승발생의 역사적 필연성을 해명하기는 어렵다. 물론 그 정보가 그 후의 대승불교세계에까지 전해져서, 그것이 대승의 경전이나 논서에 기록되어 남겨졌을 가능성도 있기 때문에, 종래의 방법이 부정되지는 않지만, 대승의 자료만을 중심으로 대승의 기원을 찾는다는 것은 극복하기 어려운 한계가 있었던 것이다.[15]

그래도 만일 대승이라는 것이 어떤 특정 개인에 의해 창안된 단일한 사상이었다면, 그 정보가 이후 대승경전에 기록되었을 가능성이 높다. 그렇다면 대승의 기원문제는 벌써 오래전에 해결되었을 것이다. 그러나 오랜 연구에도 불구하고, 대승불교는 하나의 기원으로 수렴되지 않는다. 그것은 앞서 말했듯이 대승이라는 운동이 단일한 기원에서 발생한 것이 아니고, 동시발생적인 일종의 사회현상으로서 나타났음을 보여준다. 그 경우에는 동시대의 당사자 개개인에게 사건의 전모가 보이지 않기 때문에 우리들이 연구의 대상으로 하는 문제 전부를 혼자서 바르게 파악하고 있었던 사람은 당시 어떤 사람도 없었던 것이 된다. 그러한 사람들에 의해 쓰인 대승경전에 사건의 진상이 분명하게 기록되어 있는 일은 기대할 수 없는 것이다.

4.
파승 정의의 전환

상세한 내용은 생략하지만, 필자는 아쇼카 비문이나 율장, 혹은 아비다르마라
는 대승과는 직접적 관계를 갖지 않는 자료를 사용하여, 대승이 성립하기 직전의
불교 상황을 어느 정도 분명히 할 수 있었다.[16] 그리고 거기에서 대승발생의 원인이
된 어떤 사건의 존재가 부상했다. 대승의 기원에 관한 최근의 연구의 일례로서 필자
자신의 설을 간략히 말하고 싶다. 상세한 논증은 모두 생략하고, 결론만을 소개한다.

불교는 본래 샤카무니를 기원으로 하는 단일한 종교였기 때문에, 그 교의도 하
나였다. 그것은 당연한 것이다. 그 불교에는 승단 멤버의 생활규범을 정한 '율장'이
라 불리는 법률이 있고, 모든 멤버는 이 율장의 규칙에 따라 생활하는 것이 의무였
다. 그 율장의 규칙 중에 '파승을 계획하는 것의 금지'라는 것이 있다.[17]

파승이란 불교승단을 분열시키고, 불교세계의 통일성을 파괴하는 자로서, 이
는 불교의 최대최악의 죄의 하나로 꼽힌다. 그 파승을 '기획한 자'에는 승잔(바라이)
이라는 매우 무거운 죄가 주어지는 것이다.[18]

그런데 이 파승은 구체적으로 무엇을 어떻게 하는 것인가? 율의 기술에 따르면
그것은 '샤카무니를 등진 잘못된 가르침을 주장하는 자가 동료들을 모아서 개별적
승단을 만드는 것'이라고 한다. 그런데 그 후 아쇼카왕의 시대에 일어난 불교 분열사
건을 계기로 해서 그 파승의 정의가 변경되었다. '같은 승단 중에서 멤버가 두 파로
나뉘어서, 별개로 행사를 집행한다면 파승이다'라는 형태로 변한 것이다. 이는 바
꿔 말하면, '설혹 다른 의견을 주장하는 자가 있다고 하더라도, 행사를 함께 행한다

면 전원이 정통의 불교수행자로서 인정된다'는 것이다. 이러한 파승의 정의가 변경된 것은 그 이후의 불교는 '교의의 내용에 차이가 있어도, 집단행사를 같이 한다면 모두 불교수행자이다. 특히 집단행사를 함께 행하는 것이 중요하다.'고 생각하는 종교로 변모된 것이다. 그리하여 교리를 통일시키기 위한 원칙이 한번 무너지기 시작하면, 그때는 다양화라는 파도를 그치게 할 수 없게 된다. 그 후의 구체적인 전개는 아직 충분히 해명되지 않았지만, 이 사건을 계기로 불교세계 전체가 다양한 교리의 병존을 승인하게 되고, 그것을 묘목으로 해서 다양한 곳에서 함께 혁신적인 교리가 싹텄다고 생각한다면, 소승불교내부에서 다채로운 대승사상이 동시적으로 병행해서 발생했다는 현상도 쉽게 설명될 것이다.[19]

필자의 이 설은 대승이 소승불교세계의 내부에서 발생했다는 발상을 지지한다. 보통 그것은 '부파불교 속에서 대승이 생겨났다'고 바꿔 말해도 의미는 변하지 않는데, 필자 자신은 실로 더욱 대담한 가설을 생각하고 있다. 부파불교에서 대승이 생겨난 것이 아니라, 부파불교와 대승은 하나의 동일한 현상이 두 측면이라는 것이다. '법장부'나 '화지부' 등, 각각 고유한 명칭을 가진 복수의 부파가 서로의 존재를 허용하면서 병존한다는 부파불교의 상황은 '다른 교리가 병존하는 것을 인정한다'는 조건이 없다면 생겨날 수 없는 것이다. 내부에 이질적인 것이 존재함을 허용하는 이러한 태도는 대승불교의 성립요건과 똑같은 것이다. 따라서 부파도 대승도, 불교가 다른 교리의 병존을 용인하게 됨으로써 생겨난 새로운 상황이고, 양자의 진전 속도가 달랐기 때문에 외견상 부파불교에서 대승불교가 일어난 것처럼 보이는 것뿐이 아닐까 생각하는 것이다.[20]

5.
상정된 대승의 기원

만일 앞 절에서 제시한 나의 설을 승인한다면, 그것으로부터 대승의 기원에 관해 이하와 같은 방향성이 필연적으로 도출된다.

- 대승이란 샤카무니 이래의 불교승단의 내부에서 생겨난 것이고, 히라카와가 말하는 재가집단을 기원으로 하는 것이 아니다. 다만 그 대승의 출가자를 지원하는 재가자들이 존재했음은 당연히 예상된다. 따라서 엄밀히 말하면, 샤카무니 이래 승단의 내부에 있었던 출가자의 일부와 그것을 지원하는 재가자가 일체가 되어 대승불교를 일으킨 것이 된다.[21]
- 부파불교와 대승불교를 동일한 원인에서 생겨난 두 방향의 현상이라고 생각한다면, 따라서 양자는 대립하기는 커녕, 오히려 동일 현상의 표리라고 생각해야 할 것이다. 이제부터는 대승불교와 부파불교를 대립개념으로 파악할 수 없게 된다.
- 불교사상을, 소승 아니면 대승이라는 구분으로 엄밀하게 분류할 수 없다. 불교승단의 내부에서 점차적으로 대승이 나타났다고 한다면, 그 과정에서 반드시 일종의 중간지대가 존재했을 것이기 때문이다. 만약 소승과 대승 사이에 선을 긋는다면, '나는 아라한이라는 목표를 향해 간다'라고 생각하는 유파와 '나는 붓다를 목표로 한다'는 새로운 방향성의 중간이 될텐데, 전자 속에서 순간적으로 후자의 움직임이 등장한다는 상황을 생각하기 어렵다. 역시 아라

한을 지향하는 소승불교 세계 속에서 자기 자신이 붓다가 된다는 생각은 아직 일어나지 않았더라도, '붓다가 되기 위한 수단'이 점차 구체화되고, 실현가능성이 높아진 단계에서 '그렇다면 우리들도 붓다가 될 수 있는 것이 아닌가'라는 새로운 희망이 나타나는 상황을 상정하는 것이 자연스러울 것이다. 이러한 중간지대의 존재를 상정해둘 필요가 있다.

• 사상의 다양성이 용인된다는 것이 원인이 되어 대승이 발생했다고 한다면, 대승은 다원적으로 발생했다는 것이 된다. 그렇다면 대승의 기원을 단일한 그룹이나 단일한 부파에서 구하는 것은 불합리하다. 물론 그러한 가능성도 고려하면서 연구를 진행할 필요가 있지만, 결코 최초부터 단일기원을 상정하여 연구에 착수해서는 안 된다. 일단, 연구의 방향이 그러한 단일기원설에 말려 들어가면, 원래의 상태로는 되돌아갈 수 없게 된다. (이 점은 후술)

이상과 같은 방향을 종합해보면, 대승의 기원이 결국 막연한 형태로 밖에 표현될 수 없다는 것을 알게 된다. 아마 대승이라는 것은 실제로, 그렇게 막연한 형태로 생겨난 것일 것이고, 그러므로 종래 행해진 막대한 연구가 조금도 수렴되지 않은 것이다. 대승의 기원을 찾는다고 할 경우, 그것이 어떠한 레벨의 '기원'인지, 설정방법에 의해서 답이 달라질 것이다. '대승이라는 신기한 불교운동이 태어난 가장 큰 본래적 원인은 무엇인가?'라고 묻는다면 위에서 말한 나의 연구결과가 그 답일 될 것이다. 그러나 '왜 반야경의 사상이 태어난 것일까?'라든지 '법화사상의 원류는 어디일까?'라는 개별적인 문제를 묻는다면, 각각의 상황을 설명하는 구체적인 대답이 요구될 것이다.

대승 기원에 관한 문제는 질문을 던지는 양상에 따라 대답이 달라진다는 의미에서 특수한 것이라는 점을 충분히 유의해야 할 것이다.

만일 대승의 기원에 관한 문제에 답을 제시할 때, 거기에는 연구자가 반드시 명기하지 않으면 안 되는 필요조건이 있다고 생각하므로, 그것을 지적해둔다.

어떤 연구자가 대승의 기원으로서 특정한 부파를 든다고 하자. 그 경우 그 연구자가 어떤 의미에서 그 부파를 '대승의 기원'으로 생각하고 있는가 하는 것이 매우 중요한 의미를 가진다. 대승을 단일한 기원에서 일어난 하나의 불교운동으로 볼 것인가 아니면 기원을 달리하는 다른 복수의 운동의 일종으로 볼 것인가의 차이에 의해 논증 방법이 달라지는 것이다.

① '대승은 단일한 기원에서 출발한 운동으로 그것이 시대의 흐름 속에서 여럿으로 갈라지고, 지금과 같은 다양한 계통까지 발전했다'고 상정한 위에, '대승의 기원은 A라는 부파다'라고 주장할 경우

◇ 대승의 역사를 과거로 거슬러 올라감에 따라, 그것은 어떤 하나의 출발점, 즉 A라는 부파에 묶인다는 사실을 주장하는 것이 되는데, 그 경우 대승과 그 부파 A와의 관련성을 나타내는 것만으로는 논증이 불충분하다. 그 부파 A 이외의 부파에서 대승이 발생했을 가능성은 없다는 점을 별개의 논증에 의해 나타내야 한다. 이 논증이 없다면, '분명히 A에서 대승이 발생했다고 말할 수 있지만, A에서만 발생했다고는 말할 수 없다. 다른 B나 C에서 발생했을 가능성이 남겨져 있다.'는 것이 된다. 즉, 대승과 부파 A와의 관련성을 어느 정도 명확하게 지적했다고 해도, 그것만으로는 다원발생설을 부정할

수 없는 것이다.

② '대승은 다른 복수의 기원에서 출발한 다발적인 운동으로, 그것이 시대가 흐름에 따라 점점 복잡해진 결과 지금과 같이 다양한 계통으로까지 발전했다'고 상정한 위에 '대승의 기원은 A라는 부파이다'라고 주장할 경우

◇ 그것은 물론 '복수인 대승의 기원 중 하나가 부파 A이다'라는 주장이기 때문에 그 점을 명기하지 않으면 안 된다. 대승은 다원적 종교운동이고, 자신이 제시한 것은 그중의 한 계통에 대한 기원해명이라는 점을 명시하지 않으면 안 된다. 그것을 분명히 말하지 않으면, ①의 경우와 혼동되어 쓸데없는 혼란을 일으키게 된다. 그리고 당연하지만, '부파 A이외의, 나머지 기원을 탐구하는 작업' 및 '부파 A에서 발생한, 그 계통의 대승이 그 후 역사 속에서 다른 기원에서 일어난 다른 대승과 어떻게 관련되고 융합되어 현재의 상황에 이르렀는가를 명확화는 작업'이 남겨져 있다는 점에 유의해야 한다. 이 ②의 입장은 대승의 기원을 찾는 길은 어디까지 가더라도 종결되지 않는다는 점을 각오해야 하는 것이다.

필자 자신은 앞에서도 말했듯이 ②의 가능성을 생각하고 있다. 만약 대승이 내가 말했듯이 부파의 경계를 넘어서 동시 발생한 다발적 운동이라면, 그것을 총체적으로 조감할 경우, 관련된 복수 부파의 특성이 다양한 비율로 섞여서 나타날 것이다. 예를 들어 대승의 발생에 대중부가 관련되어 있었다면, 대승의 도처에 대중부적인 요소가 나타날 것임에 틀림없다. 그러나 그것은 대승이 대중부라는 한 부파를 기원으로 하여 발생했음을 나타내는 것은 아니다. '대중부도' 관련되어 있음을 나타

낼 뿐이다. 법장부나 설일체유부도 각각 대승의 성립과 관련되어 있을지도 모른다. 그 경우에는 대승 속에 법장부의 요소도 있고, 설일체유부의 요소도 보인다는 상황이 될 것이다. 따라서 대승의 기원을 최초부터 한 부파로 정해서 연구를 진행하는 것은 매우 위험하다. 그것은 위의 ①의 가능성에 시야를 한정하여 연구하는 것이다. 그러한 연구는 대체로 순조롭게 진행될 것이다. 자신이 생각하는 부파의 특성이 방대한 불교문헌의 다양한 부분에서 발견되므로 그 연구자는 '역시 생각한 대로, 대승의 기원은 어떠한 부파였다'고 확신하고 그 생각에서 벗어날 수 없게 된다. 최초부터 대승이 부파를 횡단하는 형태로 발생했다는 가능성을 배제하고 있고, 게다가 연구가 어느 정도 순조롭게 진행되기 때문에 점점 시점이 고정화되어버리고 만다. 이는 그냥 상상으로 지어낸 이야기가 아니다. 전문가들 중에서도 그러한 고착 상태에 빠진 사람이 보이므로, 감히 경고해두는 것이다. 대승의 기원을 탐구하는 경우에는 상기의 ①②의 가능성 양쪽을 시야에 넣으면서 논리의 함정에 빠지지 않도록 부디 주의할 필요가 있다.

6.
향후의 유용한 연구 영역

○ 불탑의 문제

　히라카와설은 대승불교의 기원을 불탑을 중심으로 모인 재가불교신자의 집단이라고 생각하지만, 최근의 연구가 다같이 부정하고 있는 것은 그 설 중에서 '대승불교의 기원은 재가신자집단이라고 생각된다'는 부분만이고, 대승이 불탑신앙에서 시작되었다는 설 쪽은 지금도 부정되지 않고 있다. 확실히 대승이 발생하기 이전부터 불탑신앙이 행해졌음은 사실이지만, 그렇다고 해서 그 불탑신앙을 계기로 해서 대승이 일어났다는 히라카와의 아이디어가 부정되는 것은 아니다. 불탑신앙을 중요시하지 않았던 대승의 집단도 있었지만, 다양한 대승운동 중에는 불탑신앙을 기본교의로서 성립한 계통이 존재하고 있어도 부자연스럽지 않다. 대승의 성립에 관해서는 앞으로도 불탑신앙과의 관련성을 충분히 고려해가면서, 연구를 진행해갈 필요가 있다.[22]

○ 보살의 주처 문제

최근 히라카와설의 불탑 대신에, 아란야를 대승발생의 중심지로 생각하는 설이 유포되어 있다. 아란야는 원래 '삼림'을 의미하는 인도어인데, 불교에서는 '마을이나 촌과 어느 정도 떨어진 인적이 없는 교외 지역'을 의미하게 되었다. 그런데 불교 수행자 중에는 마을이나 촌 가까이서 근린 사람들과 밀접하게 교류하면서 생활하던 사람도 있었고, 아란야에 살면서 고독한 수행생활을 보내는 자도 있었다. 최근 어떤 설에서는 이 '아란야에 살면서 독자적인 생활을 영위하는 수행자'가 '독자적인 사상을 전개하여', 그 결과로서 대승을 낳았다고 한다. 확실히 대승이라는 새로운 불교운동의 발생에 아란야가 밀접하게 관련되어 있을 가능성이 높다. 이 문제를 세밀하게 조사해가면, 틀림없이 풍성한 성과가 나올 것이다. 그러나 대승의 기원을 아란야에 한정하는 설은 위험하다. 대승의 발생은 매우 복잡한 상황에서 생겨난 현상이고, 그 담당자였던 대승보살의 주처도 다양한 가능성이 있을 수 있다. 대승보

살의 생활영역의 하나로서 아란야가 있었다는 느슨한 전제하에 이 문제를 추구해
갈 필요가 있다.[23]

○ 대승경전의 정밀한 분석

이것은 대승연구의 왕도인데, 어려움이 매우 많은 미답의 길이기도 하다. 이
분야의 연구가 대승 성립상황을 해명하기 위해 매우 유효하다는 것은 오카다岡田,
시모다下田, 와타나베渡辺, 해리슨Harrison, 나티에Nattier의 연구에 의해 실증되어
있다. 앞으로 다른 대승경전에 대해서도, 같은 방법을 적용하여 그로부터 대승 성립
에 관한 유효한 정보를 추출해갈 필요가 있다.[24]

대승의 기원 자체에 적을 둔 연구는 아니지만, 특정한 계통의 대승경전을 철저
게 조사하는 중에 대승의 기원과 관련된 중요한 지견이 생기는 경우도 많다. (대표적
으로 후지타藤田의 정토계 경전 연구가 있다.[25])

○ 불설·비불설 논쟁의 연구

대승이 전통적인 불교승단의 내부에서 생겨났다면, 그 새로운 사상을 권위 있
는 불설로서 주장하기 위해 다양한 연구가 이뤄져야 한다. 또한 그것을 좋게 생각하
지 않는 자들은 권위를 부정하기 위한 반론을 전개했을 것이다. 이러한 상황을 자세
히 조사함으로써 출가자들 내부에서 대승사상이 태어나고, 유지되며, 확대되어 간
상황이 구체적으로 해명될 가능성은 높다. 대승의 정통성을 옹호하는 대승교도와
대승의 비정통성을 주장하는 비대승교도의 논의를 정밀하게 추적할 수 있다면, 대승
은 누가 어떻게 만들어냈는가라는 의문에 대한 답이 나올 가능성이 생기는 것이다.

이 영역의 연구는 아비다르마 불교와 대승과의 접점을 해명한다는 의미에서도, 매우 유망한 분야이다. 현재 이 문제에 적극적으로 관여하는 연구자로서 혼조 本庄, 후지타 藤田 등이 있다.[26]

○ 대승의 발생과 같은 시기에 제작된 자료의 조사

대승불교가 성립한 시기는 특정될 수 없지만, 사상의 성립은 약 기원전후 2-3백년간이라고 볼 수 있다. 따라서 이 시기 및 그 직전에 성립한 대승 이외의 자료에 대승발생의 상황이 비교적 객관적 태도로 기록되었을 가능성이 있다. 그것을 추출할 수 있다면, 대승의 기원을 해명하기 이한 미지의 정보를 대량으로 입수하는 것이 된다. 동시기 자료로 가장 가치있는 것은 말할 필요도 없이 비문 등의 고고학적 자료이고, 그 유효성은 쇼펜 Schopen에 의해 실증되었는데, 그 외에도 율장 문헌, 아비다르마 논서 (그중에서도 『비바사론』를 중심으로 한 유부의 아비다르마 논서), 팔리어 불교권에 전해진 제 주석서 및 그것들의 주석서에서 복원된 고주석류(시하라 압타 아가마 및 바나카 bhānaka들의 설)이 새로운 연구영역으로 주목된다. 이들 자료에 관해서는 무수한 연구가 발표되어 있는데, 그것을 대승의 성립과 관련하여 역사적 시점에서 조사한 연구는 지금까지 드물다. 앞으로 이 영역에서 새로운 대승연구의 기점이 만들어지지 않을까라 기대하고 있다. 이 문제에는 모리 소도 森祖道 및 그 학적 계몽을 받은 많은 젊은 연구자들이 근래에 착수하기 시작하고 있다.[27]

○ 남방분별설부(이른바 남방상좌부) 및 『비바사론』 이전 유부의 정체 해명

필자는 앞서 소개한 연구에서 대승의 기원에 관한 필자의 가설을 제시했다. 그로부터 도출된 결론의 하나로서 스리랑카 등에 전해지는 남방상좌불교 및 『비바사론』을 낳기 이전의 설일체유부는 부파의 개념으로 파악해야 할 집단이 아니라, 부파성립 이전의 더 오래된 유형의 불교세계를 체현한 것이라는 새로운 아이디어가 나왔다. 따라서 이들 불교집단이 우리들이 종래 상정해온 것 같은 독립된 한 부파로서의 불교집단인지, 아니면 선先부파적 집단인가의 문제를 설정하여, 해결에 몰두할 필요가 있다. 이는 '부파불교의 존재'와 '대승불교의 발생'이라는 불교특유의 기이한 두 현상을 일괄해서 해명하려는 약간 무모한 시도이지만, 도전해볼 만한 가치는 충분할 것이다.

○ '대승'이라는 명칭의 연구

이는 카라시마 세이시 辛嶋靜志가 제시한 흥미로운 설로서, 대승 mahāyāna이라는 말은 본래 mahājñāna였다고 주장하는 것이다. 이는 단지 명칭의 문제에 머물지 않고, 대승이라는 운동이 어떤 환경에서 생겨났는가라는 대승의 기원에 관한 중요한 문제까지 발전해갈 가능성이 있다. 지금까지의 경과에 주목할 필요가 있다.[28]

이상이 대승의 기원을 해명하기 위해 유효하다고 생각되는 연구영역이다. 필자의 연구성과에 입각하면, 대승불교는 단일한 원천에서 일어난 것이 아니고, '어떠한 사상이라도 불교로서 수용한다'는 새로운 승단의 운영형태가 계기가 되어 동시발생적으로 생겨난 폭 넓은 종교운동이라는 것이 된다. 따라서 다시 돌아보면, 그 기원을 단일 부파 또는 단일 사상으로 상정하여 연구를 진행하면, 반드시 막다른 좁은 길에 빠져 나오지 못하게 될 것이다. 현재는 가능한 한 많은 가능성을 고려하면서, 폭넓은 종교운동으로서 대승의 역사적 변천을 큰 시점에서 파악하면서, 한편으로 대승 내부의 개개의 계통에 관해서는 세밀하게 그 발생현황을 해명한다는 두 차원의 구조로 연구하는 태도가 요청된다.

7.
과거의 회고

대승의 기원을 둘러싼 연구사 중에 일본에서 히라카와설의 영향은 절대적이었다. 내가 불교학의 세계에 발을 들인 1980년경에는 히라카와설은 절대적인 권위이고, 대승의 본질을 거론하는 경우, 거의 모두가 그의 설에서 시작하는 상황이었다. 먼저 히라카와설이 있고, 대승을 둘러싼 논의는 모두 그것을 토대로 하여 구축되지 않으면 안 되었다. 따라서 히라카와설과 맞지 않는 설은 무시되는 경향이 강했다. 히라카와설의 요점은 '대승운동의 담당자는 불탑을 거점으로 한 재가자 집단이었다'는 점에 있기 때문에, 이와 상반되는 설, 즉 '대승운동은 기존 출가승집단 내부에서 발생했다'는 생각은 그 근거가 어떠한 타당성이 있는지 묻기 전에, 처음부터 고찰의 대상이 될 수조차 없었다. 대승의 기원에 관한 학설은 처음에는 전설에 기반한 '대중부기원설'이 생겨났고, 그것을 비판하여 무너뜨리는 형태로 히라카와설이 나타났다고 앞서 말했는데, 그것은 어디까지나 흐름의 큰 틀을 보여준 것으로, 개별적으로 상세하게 본다면, 그의 설이 나오기 이전에 이 흐름과 떨어진 곳에 다양한 연구자들의 개성적인 아이디어가 산재되어 있었다. 그중에는 전설을 그대로 수용하는 안이한 방법이 아니라, 엄밀한 문헌연구의 결과로서 '대승은 출가승단에서 생겨났다'는 것을 주장하는 사람도 있었다. 그러나 그러한 뛰어난 성과도 '대승운동이 출가승단에서 생겨났다'고 생각하는 점에서 '반히라카와설'로서 싸잡아 경시된 것이다.

그 히라카와설의 큰 파도가 물러난 지금, 그러한 '잃어버린 성과'가 다시 밖으로 얼굴을 내밀고, 빛을 더하고 있다. 내가 현재 주목하는 바는 키무라 타이켄 木村泰賢와 니시 기유 西義雄의 연구이다.[29] 그들은 아비다르마문헌을 철저하게 고찰하는 중에 아비다르마불교에서 대승으로 이어지는 길을 찾고자 하였으며, 실제로 어느 정도의 단서를 발견했다. 그 성과는 히라카와설의 전성시대에는 거의 누구도 평가하지 않았지만, 지금이야말로 그 진정한 가치가 주목되는 때이다.[30] 대승이 대중부라는 단일한 부파에서 일직선으로 발생한 것이 아니고, 불탑을 중심으로 한 재가집단에 의해 태어난 것도 아니며, 광범위한 출가승단세계로부터 어떤 미지의 과정을 거쳐서 나타난 것이라면, 소승과 대승간의 관계를 문헌학에 의해 착실하게 해명하려했던, 그러한 선학의 연구야말로 가장 고마운 이정표가 된 것이다.

필자는 소승이 대승으로 변용하는 때에, 세계관의 변화가 매우 중요한 작용을 했다고 생각하고 있다. 즉, 소승의 단계에서는 세계에는 붓다는 한 사람밖에 출현하지 않는다, 동시에 두 사람 이상의 붓다가 출현하는 법은 없다는 정칙이 있었지만, 그렇다면 붓다가 없는 세상에 태어난 우리들은 붓다를 만나서 서원을 세워 보살이 되어 우리 자신도 붓다를 지향한다는 길은 완전히 닫혀버리게 된다. 이 상황을 타개하여, 붓다를 향한 길을 모든 중생에게 개방하기 위해 '세계는 무수하고, 그곳에는 지금도 다수의 붓다가 살고 있다'는 타불他佛사상이 고안되었다. 그러하다면, 그 다른 세계의 붓다와 만나는 것에 의해 지금 현재 우리들에게도 붓다가 될 가능성이 열린다. 이것이 대승이라는 새로운 사상의 근본적인 토대가 된 것일 것이다. 그렇다면 불교의 세계관을 그러한, '지금 현재도 어딘가에 붓다가 있을까. 만일 있다면 어떻게 그 붓다를 만날 수 있을까'라는 시점으로 보는 것으로, 소승에서 대승으로의 변천과정을 추적할 수 있을 것이다. 그리고 실은 그러한 연구방침은 이미 80년 이상 이전에, 키무라에 의해 제시된 것이다. (키무라 타이켄 木村泰賢『소승불교사상론』pp. 100-101에서 인용)

과거의 7불, 24불 내지 수만의 불이 있었음은 부파들이 이구동성으로 인정하는 것인데, 문제가 되는 것은 동시에 다른 세계에도 붓다가 있는가이다. 이를 경전에서 찾아보면, 여래와 전륜성왕은 동등하며, 두 명의 전륜성왕이 함께 태어날 수 없듯이 두 붓다가 동시에 출현할 수 없음은 시종 분명하다. ……(중략)…… 그리하여 이 문제에 대한 신학적 논구를 하거나, 유부를 비롯하여 대개 2불 병출을 부정하고, 이 전 우주에는 오직 한 붓다만 있어서, 그 감화의 범주로 한다는 것에 일치하지만, 그러나 대중부처럼, 혹은 대중부의 영향을 받은 경량부의 경우에는 다불 동시존재를 주장하고 있다. 이에 대한 문답은『구사론』권12에 나오는데, 그에 의하면 일불파는 '여래의 위력은 십만의 삼천대천세계에 이르므로 다불 병출의 필요성이 없다'고 주장하는 데 대해, 다불파는 '현재 많은 보살이 있고 불도를 수행하는 한, 다른 삼천대천세계에는 또한 다른 붓다가 출현하고 있다고 말하는 것을 부정할 이유가 없지 않은가. 게다가 경에는 두 붓다가 동시에 나오지 않는다고 한 것은 이 세계(삼천대천세계)에 한정되는 것이므로, 오히려 다불을 부정하는 재료가 되지 않는다'고 주장한다. 이 점에서 다불파는 의심할 여지 없이, 후의 대승적 붓다관의 선구가 된 것이지만, 그러나 아직 이후의 대승과 같이 다른 땅의 붓다와 이 세계의 유정 사이의 구제적 관계를 인정하기까지에는 이르지 못했다고 말하는 것을 잊지 말아야 할 것이다. (중간의 출전 등은 생략……사사키(佐々木[31]))

대승불교의 기원을 찾기 위해서는 '우리들은 어떤 방법으로 붓다가 될 수 있을까. 석가가 열반에 들어서 붓다가 없는 세계가 된 지금, 그런데도 우리가 붓다가 된다는 것은 어째서일까.'라는 질문에 대승의 여러 계통 각각이 어떠한 답을 주었는가 하는 점에 관한 체계적인 조사가 필요하다고 본다. 그것을 뼈대로 함으로써, 복잡하게 얽힌 대승의 계통도를 어느 정도 명쾌하게 내다볼 수 있게 되지 않을까. 그리고 그것을 단서로 해서 다양한 대승운동의 기원에 대해, 시기를 거슬러가면서, 접근해갈 수 있지 않을까 하고 기대하는 것이다.

부록: 문헌목록

가나오카 슈유(金岡秀友)

1988   編『大乘菩薩の世界』佼成出版社 (말미의 「菩薩関係文献目録」이 유용함)

노닌 마사아키(能仁正顕)

2002   「阿含経から大乗への展開－法華經は有部の手になるのか」『龍谷大学論集』460, pp.108-144.

노자와 죠쇼(野沢静証)

1941   「印度に於ける大乗非仏説論」『大谷学報』22-3, pp.45-71.

1944   「清弁の声聞批判 続印度に於ける大乗非仏説論」『密教研究』88, pp.1-20.

1972   「清弁の声聞批判－インドにおける大乗仏説論」『佐藤博士古稀記念仏教思想論叢』, 山喜房仏
        書林, pp.209-225.

니시 기유(西義雄)

1954   『初期大乗仏教の研究』大東出版社.

1968   「般若經における菩薩の理念と実践」『大乗菩薩道の研究』(西義雄編), 平樂社書店, pp.1-159.

1975   『阿毘達磨仏教の研究』国書刊行会.

1976   「阿毘達磨仏教に於ける仏陀の本願説－附・菩薩の悪趣願生説」『東洋学研究』10, pp.1-36.

1979   「説一切有部と初期大乗との関係」『東洋学研究』13, pp.1-8.

미야모토 쇼우손(宮本正尊)

1954   『大乗仏教の成立史的研究』三省堂.

모리 소도(森祖道)

1989   「スリランカの大乗仏教について」『印度学仏教学研究』제38권 제1호, pp.(44)-(49).

1999   *Mahāyāna Buddhism in Sri Lanka*, 科学研究費助金研究成果報告書 (권말의 문헌목록에는 森
        祖道 자신의 연구도 포함하는, 이 분야에 관한 선행연구가 망라되어 소개되어 있다.)

2006   「スリランカ大乗仏教研究序説」『大正大学綜合仏教研究所年報』28, pp.113-133.

무라카미 신칸(村上真完)

2004   「大乗仏教の起源」『インド学チベット学研究』7・8, pp.1-32.

사사키 시즈카(佐々木閑)

1989-1999   "Buddhist Sects in the Aśoka Period" (8 articles), 『仏教研究』18, 1989, pp.188-191, 제21호,
             1992, pp.157-176, 제22호, 1993, pp.167-199, 제23호, 1994, pp.55-100, 제24호, 1995,
             pp.165-180, 제25호, 1996, pp.29-63, 제27호, 1998, pp.1-55, 제28호, 1999, pp.1-10.

1997   "A Study on the Origin of Mahāyāna Buddhism," *The Eastern Buddhist* (New Series), 30-1,
        pp.79-113.

2000   『インド仏教変移論－なぜ仏教は多様化したのか』大蔵出版.

2002   「部派仏教の概念に関するいささか奇妙な提言」『櫻部建博士喜寿記念論集－初期仏教からア

ビダルマへ』, 平樂寺書店, pp.57-71.

2002 　　"Method of 'Buddhist Sects in the Aśoka Period'"『森祖道博士頌寿記念論集・仏教学インド学論集』, 國際仏教徒協会, pp.311-333.

2004 　　"Araṇya Dwellers in Buddhism,"『仏教研究』32, pp.1-13.

2009 　　"A Basic Approach for Research on the Origins of Mahāyāna Buddhism," *Acta Asiatica*, Vol. 96, pp.25-46.

시모다 마사히로(下田正弘)

1997 　　『涅槃經の研究－大乗経典の研究方法試論』春秋社.

2009 　　"The State of Research on Mahāyāna Buddhism: The Mahāyāna as Seen in Developments in the Study of Mahāyāna Sūtras," *Acta Asiatica*, Vol.96, pp.1-23.

시즈타니 마사오(静谷正雄)

1953 　　「インド仏教銘文に見出されるŚākyabhikṣu(釈種比丘)なるタイトルについて」『印度学仏教学研究』1-2, pp.104-105.

1957 　　「初期の大乗教団について」『印度学仏教学研究』第5巻 제2호, pp.103-109.

1962 　　"Mahāyāna Inscriptions in the Gupta Period"『印度学仏教学研究』10-1, pp.358-350.

1967 　　「碑銘に現れた仏塔崇拝」『印度学仏教学研究』16-1, pp.234-237.

1974 　　『初期大乗仏教の成立科程』百華苑.

야마다 류죠(山田龍城)

1959 　　『大乗仏教成立史論序説』平樂寺書店.

오카다 유키히로(岡田行弘)

2001 　　「法華經の成立と構造に関する試論－林住者と僧院住者といる視点を中心として」『法華經の思想と展開』(膝呂信静編『法華經研究』13), 平樂寺書店, pp.251-271.

2006 　　「法華經は大乗経典か」『法華經と大乗経典の研究』望月海淑編, 山喜房仏書林, pp.85-108.

출판 예정 　　「法華經を説く仏の自画像－安樂行品の夢」『大崎学報』166.

2006 　　『菩薩の仏道修行』南伝『所行藏経』およびその註釈を中心とする波羅蜜の研究』花園大学への博士學位請求論文.

엔도 토시이치(遠藤敏一)

1997 　　*Buddha in Theravada Buddhism*, Dehiwala: Buddhist Cultural Centre.

2004 　　「パリ注釈文献に現れる仏陀観とそのスリランカ的変容」『仏教研究』33, pp.33-50.

와타나베 쇼고(渡辺章悟)

2009 　　"The Role of "Destruction of the Dharma" and "Predictions" in Mahāyāna Sūtras: with a Focus on the Prajñāpāramitā Sūtra," *Acta Asiatica*, Vol.96, pp.77-97.

2010 　　「大乗教団のなぞ」『仏教の形成と展開』(『新アジア仏教史 2 インド II』), 佼成出版社, pp.171-202, (대승불교의 기원에 관한 연구사를 개관하기 위한 논고로서 현 시점에서는 가장 우수한 것이다. 본고와 병행해서 읽기를 권한다.)

요시모토 신교(吉元信行)

　1982　　『アビダルマ思想』法藏館(특히 제3편「説一切有部による大乗批判」)

카라시마 세이시(辛嶋静志)

　1993　　「法華經における乘(yāna)と智慧(jñāna)－大乗仏教におけるyānaの概念の起源について」,『法
　　　　　　華經の受用と展開』(田賀龍彦編), 平樂社書店, pp.137-197.

　2005　　「初期大乗仏典は誰が作ったか－阿蘭若住比丘と村住比丘の対立」『仏教大学総合研究所紀要
　　　　　　別册・仏教と自然』, pp.45-70.

카리야사다이코(刈谷定彦)

　2005　　「法華經出現の過程－初期大乗仏教とは何か」『桂林学叢』19, pp.1-51.

　2009　　『法華經＜仏滅後＞の思想－法華經の解明(II)』東方出版.

키무라 타이켄(木村泰賢)

　1927　　『木村泰賢全集第四卷 小乗仏教思想論』明治書院.

하카야마 노리아키(袴谷憲昭)

　2002　　『仏教教団史論』大藏出版.

호리우치 토시오(堀内俊郎)

　2009　　『世親の大乗仏説論－『釈軌論』第四章を中心に』山喜房仏書林.

혼조 요시후미(本庄良文)

　1989　　「阿毗達磨仏説論と大乗仏説論」『印度学仏教学研究』38-1, pp.(59)-(64).

　1990　　「『釈軌論』第四章－世親の大乗仏説論(上)」『神戸女子大学研究紀要・文学部篇』23-1, pp.57-70.

　1992　　「『釈軌論』第四章－世親の大乗仏説論(下)」『神戸女子大学研究紀要・文学部篇』25-1, pp.108-118.

　2001　　「『釈軌論』第一章(上) 世親の経典解釈法」『香川孝雄博士古稀記念論集 仏教学浄土学研究』, 永
　　　　　　田文昌堂, pp.107-119.

후지타 요시미치(藤田祥道)

　1997　　「クリキン王の子知夢と大乗仏説論－『大乗荘厳経論』第1章第7掲の一考察」『インド学チベッ
　　　　　　ト学研究』2, pp.1-21.

　1998　　「仏語の定義をめぐる考察」『インド学チベット学研究』3, pp.1-51.

　2006　　「大乗の諸経論に見られる大乗仏説論の系譜－I. 『般若經』…「智慧の完成」を誹謗する菩薩と
　　　　　　恐れる菩薩」『インド学チベット学研究』9・10, pp.1-55. (말미의「참고문헌」에 대승 불설・
　　　　　　비불설론에 관한 선행연구가 망라되어 있다.)

　2006　　「同－II. 『迦葉品』…仏陀の世法とその理解」, 『仏教学研究』60・61, pp.44-65.

　2007　　「同－III.『解深密経』…三無自性説という一乘道の開示」『インド学チベット学研究』11, pp.1-30.

　2008　　「同－IV. 『大乗荘厳経論』…総括と展望」, 『インド学チベット学研究』12, pp.1-30.

　2009　　"The Bodhisattva Thought of the Sarvāstivādins and Mahāyāna Buddhism," *Acta Asiatica*,
　　　　　　Vol.96, pp.99-120.

후지타 코우타츠(藤田宏達)

2007 『淨土三部経典の研究』岩波書店.

히라카와 아키라(平川彰)

1963 "The Rise of Mahāyāna Buddhism and Its Relationship to the Worship of Stupas", *Memoris of the Research Department of the Toyo Bunko*, No.22, pp.57-106.

1986 『初期大乗仏教の研究』春秋社(『平川彰著作集』3, 1989 및 4, 1990년에 재수록).

1975 「説一切有部と菩薩論」『国訳一切経月報 三藏』101, 102, 103 (『三藏集』3, 大東出版社에 재수록).

1991 「初期大乗仏教における在家と出家」『仏教学』31, pp.1-39.

Allon, Mark and Salomon, Richard

2010 "New Evidence for Mahāyāna in Early Gandhāra," *The Eastern Buddhist* 41-1, pp.1-22.

Braarvig, Jens et al., ed.

2000 *Manuscripts in the Schøyen Collection: Buddhist Manuscripts*, Vol.1, Oslo: Hermes Publishing.

2002 ditto, Vol.2.

2006 ditto, Vol.3.

Cousins, L. S.

2003 "Sākiyabhikku/Sakyabhikkhu/Śākyabhikṣu: a Mistaken Link to the Mahāyāna," *Nagoya Studies in Indian Culture and Buddhism: Saṃbhāṣā*, 23, pp.1-27.

Deleanu, Florin

1999 "A Preliminary Study on Meditation and the Beginnings of Mahāyāna Buddhism," *Annual Report of the International Research Institute for advanced Buddhology*, Vol.3, pp.65-113.

Gombrich, Richard

1990 "How the Mahāyāna Began," in Tadeusz Skorupski, ed., *The Buddhist Forum*, Vol. I, London: School of Oriental and African Studies, pp.21-30.

1998 "Organized Bodhisattvas: A Blind Alley in Buddhist Historiography," in: Paul Harrison & Gregory Schopen, eds., *Sūryacandrāya: Essays in Honour of Akira Yuyama on the Occasion of His 65th Birthday, Indica et Tibetica* 35, Swisttal-Odendorf: Indica et Tibetica Verlag, pp.43-56.

Harrison, Paul

1987 "Who Gets to Ride in the Great Vehicle? Self-Image and Identity Among the Followers of the Early Mahāyāna," *Journal of the International Association of Buddhist Studies*, 10-1, pp.67-89.

1995 "Searching for the Origins of the Mahāyāna : What Are We Looking For?" *The Eastern Buddhist* (New Series), 28-1, pp.48-69.

1995 "Some Reflection on the Personality of the Buddha," 『大谷学報』74-4, pp.1-28.

2003 "Mediums and Messages: Reflections of the Production of Mahāyāna Sūtra," *The Eastern Buddhist* (New Series), 35-1/2, pp.115-151.

Lamotte, Étienne

　1958　　*Histoire du bouddhisme indien*, Louvain.

Lopez, Donalds S., Jr.

　1995　　"Authority and Orality in the Mahāyāna," *Numen*, Vol.42, pp.21-47.

McMahan, David.

　1998　　"Orality, Writing and Authority in South Asian Buddhism: Visionary Literature and the Struggle for Legitimacy in the Mahāyāna," *History of Religions*, Vol.37, No.3, pp.249-274.

Nattier, Jan

　2003　　*A Few Good Men: The Bodhisattva Path According to the Inquiry of Ugra* (Ugraparipṛcchā), Honolulu. University of Hawai'i Press.

Ray, Reginald

　1994　　*Buddhist Saints in India: A Study in Buddhist Values and Orientations*, New York: Oxford University Press.

Ruegg, David Seyfort.

　2004　　"Aspects of the Investigation of the (earlier) Indian Mahāyāna," *Journal of the International Association of Buddhist Studies*, 27-1, pp.3-62. (望月海慧에 의한 일역이 출판되어 있다. 「(初期)インド大乗仏教研究の諸相」, 『日蓮仏教研究』 4, 2010, pp.5-51)

Schopen, Gregory

　1975　　"The Phrase '*sa pṛthivīpradeśaś caityabhūto bhavet*' in the *Vajracchedikā*: Notes on the Cults of the Book in Mahāyāna," *Indo-Iranian Journal* 17, pp.147-181. Reprinted in id., *Figments and Fragments of Mahāyāna Buddhism in India: More Collected Papers* (Honolulu: University of Hawai'i Press, 2005), pp.25-62.

　1979　　"Mahāyāna in Indian Inscirptions," *Indo-Iranian Journal*, 21, pp.1-19. Reprinted in id., *Figments and Fragments of Mahāyāna Buddhism in India*, pp.223-246.

　1985　　"Two Problems in the History of Indian Buddhism: The Layman/Monk Distinction and the Doctrines of the Transference of Merit," *Studien zur Indologie und Iranistik*, Vol.10, pp.9-47. Reprinted in id., *Bones, Stones, and Buddhist Monks: Collected Papers on the Archaeology, Epigraphy, and Texts of Monastic Buddhism in India* (Honolulu: University of Hawai'i Press, 1997), pp.23-55.

　1987　　"Burial *Ad Sanctos* and the Phyasical Presence of the Buddha in Early Indian Buddhism: A Study in the Archaeology of Religions," *Religion*, Vol.17, pp.193-225. Reprinted in id., *Bones, Stones, and Buddhist Monks*, pp.114-147.

　2000　　"The Mahāyāna and the Middle Period in Indian Buddhism: Through a Chinese Looking-Glass," *The Eastern Buddhist* (New Series) Vol.32, No.2, pp.1-25. Reprinted in id., *Figments and Fragments of Mahāyāna Buddhism in India*, pp.3-24.

2000 『大乘仏教興起時代 インドの僧院生活』春秋社(小谷信千代 역).

Silk, Jonathan

  1994 *The Origins and Early History of the Mahāratnakūṭa Tradition of Mahāyāna Buddhism with a Study of the Ratnarāśisūtra and Related Materials*, Ph.D. Dissertation, The University of Michigan.

  1994 "The Victorian Creation of Buddhism," (review article), *Journal of Indian Philosophy*, 22. pp.171-196.

  2002 "What, If Anything, Is Mahāyāna Buddhism? Problems of Definitions and Classifications," *Numen*, 49-4, pp.355-405. Reprinted in Paul Williams, ed., *Buddhism: Critical Concepts in Religious Studies*, Vol.3, *The Origins and Nature of Mahāyāna Buddhism: Some Mahāyāna Religious Topics* (London: Routledge 2005), pp.368-404.

  2008 *Managing Monks: Administrators and Administrative Roles in Indian Buddhist Monasticism*, Oxford University Press.

Vetter, Tilmann

  1994 "On the Origin of Mahāyāna Buddhism and the Subsequent Introduction of Prajñāpāramitā," *Asiatische Studien*, 48, pp.1241-1281.

  2001 "Once Again on the Origin of Mahāyāna Buddhism." *Wiener Zeitschrift für die Kunde Südasiens,* 45, pp.59-90.

Walser, Joseph

  2007 "The Origin of the Term 'Mahāyāna' (The Great Vehicle) and its Relationship to the Āgamas," *Journal of the International Association of Buddhist Studies*, Vol.30 No.1-2, pp.219-250.

Yin-shun(印順)

  1981 『大乘仏教成立論序説』正聞出版社

---

1 본고는 앞에 Acta Asiatica지에 발표했던 논문 "A Basic Approach for Research on the Origins of Mahāyāna Buddhism"(*Acta Asiatica*, Vol.96, 2009, pp.25-46)을 가필 개정한 것이다. 또한 권 말미에 실은 논문목록에 관해서도 스탠포드 대학교수 Paul Harrison씨의 협력을 얻어 작성하고 Acta Asiatica지에 게재한 것을 가필하여 정보를 부가한 것이다.

2 최근에는 구미를 중심으로 이른바 소승불교를 Main Stream Buddhism으로 부르는 예가 많다. 이는 Schopen의 연구 등에 의한 것으로, 인도 대승불교가 후대에서 말해지는 정도로 융성했던 것이 아니고, 전 시대에 걸쳐 인도불교의 중심은 어디까지나 소승불교였다는 의견이 주류가 되고, 그것을 받아들여 등장한 새로운 용어이다. 그러나 Main Stream이라는 역사적 상황을 단정하는 듯한 용어를 쉽게 사용하는 것에는 찬성할 수 없기 때문에, 지금의 경우는 완전히 구식 旧弊이지만, 대승·소승이라는 호칭을 사용하도록 하겠다. 또한 '소승'이라는 말이

'대승'의 대립어로서 가장 적절한 용어라는 것도 사실이다. 만약 '소승불교'라는 말을 '상좌불교'로 바꿔버려도, 다양한 면에서 학문적인 엄밀함에 지장이 생긴다. 만약 근본분열에서 상좌부에서 분기했다고 말해지는 대중부는 '상좌부에서 갈라져 나왔다'는 의미에서 상좌불교라고 말하기 어렵지만, 그렇다고 해도 그것을 그대로 대승불교에 편입시킬 수는 없다. 대중부의 입장을 명확하게 하기 위해서는 그 교의가 '성문승'을 베이스로 하고 있거나 혹은 '보살승'인지, 이 점을 고려해서 구분해야 하는데, 그 구분을 명쾌하게 보여줄 수 있는 용어는 '대승' 대 '상좌'가 아니라 '대승' 대 '소승'인 것이다.

3 A. Bereau, *Les sects boundhiques du petit vehicule*, Sigon 1955; 塚本啓祥『改訂增補初期仏教教団史の研究』山喜房仏書林 (1966). 그런데 종래의 연구자가 근본분열, 지말분열의 상황을 안이하게 도식화했기 때문에, 문헌의 의도가 정확하게 이해되지 않았음은 佐々木閑「部派分派図の表記方法」『印度学仏教学研究』47-1, (1998), pp.385(126)-377(134)에서 지적했다.

4 佐々木閑「部派仏教の概念に関するいささか奇妙な提言」『櫻部建博士喜寿記念論集－初期仏教からアビダルマへ』, 平樂社書店 (2002), pp.57-71.

5 대표적인 논서로서 Visudhimagga가 있다. 그 교의에 대해서는 水野弘元『パーリ仏教を中心とした仏教の心識論』山喜房仏書林 (1964) 참조. 단 최근에는 森祖道, 遠藤敏一, 藤本華蓮의 연구에 의해, 스리랑카불교에 도입된 대승적 요소의 실태가 밝혀지고 있다. 이것은 물론 본래는 소승불교였던 스리랑카불교의 세계에 후대가 되고나서 대승적 요소가 유입되어 온 것을 보여주는 것인데, 그것이 대승불교 성립을 해명하는 중요한 자료가 된 점은 뒤의 본문에서 설명하겠다.

6 櫻部建, 上山春平『仏教の思想 2 存在の分析 ＜アビダルマ＞』角川書店 (1969).

7 J. Braarvig et al. ed., *Manuscripts in the Schøyen Collection: Buddhist Manuscripts*, Vol.1, Oslo 2000.

8 구법승의 여행기에서 보이는 대승, 소승의 구분에 관해서는 平川彰『初期大乗仏教の研究』, 春秋社 (1968), pp.699-721(『平川彰著作集』제3권, 1989년 및 제4권, 1990에 재록)을 참조.

9 이 대승불교 대중부기원설로 시작하는, '대승의 기원을 둘러싼 연구의 역사'에 관해서는, 下田正弘『涅槃經の研究－大乗経典の研究方法試論』(春秋社 1997) 서두의 「序章 大乗経典研究の諸問題」에서 엄밀하고 명쾌한 해설을 담고 있다.

10 平川彰『初期大乗仏教の研究』春秋社 (1968) (平川彰『平川彰著作集』3,4 春秋社,로 개정 수록).

11 주 (10) 참조.

12 平川은 소승불교세계에서 발전된 '자타카'나 '연등불수기전설'이 재가신자들에게 영향을 주고, 그것이 대승사상의 근원이 되었다고 생각하지만, 그것을 명확한 설로 논증하고 있는 것은 아니다.

13 말미의 참고문헌 중에 Schopen, Harrison, Nattier Silk, 下田, 袴谷, 佐々木의 제 연구. 그리고 下田의『涅槃經の研究』에는 그 시점까지의 대승불교의 기원에 관한 연구사가 상세하게 나타나 있고, 平川설에 반대하는, 그 외의 연구자들의 논고에 관해서도 상세하게 소개하고 있으므로 참조하기 바란다. 또한 渡辺(2010)은 최근에까지 이 분야의 학문적 동향을 알기 쉽게 해

설한 유익한 논문이다.

14 다만 이것은 일본학계에 한정된 이야기이다. 구미에서는 히라카와설의 결론만이 퍼져서, 그 참신하고 엄밀한 연구방법이 거의 알려져 있지 않다. 이 히라카와설의 결론이 쇼펜의 비문연구 등에 의해 부정되었다는 것으로, '平川설은 그 연구방법에서 가치가 없다'는 그릇된 인식이 횡행하는 듯이 보인다. 히라카와의 연구방법은 현재 그 설을 부정하는 많은 불교연구자들의 연구방법보다도 훨씬 수준 높으며 유용성이 크다. 그의 오직 한 가지 잘못은 최초부터 '대승은 소승불교의 흐름과 다르다'고 상정하여, 논증을 구축하려했던 점에 있다. 그 틀을 벗어나면, '자료의 가치판단' '정보의 추출방법' '참조자료의 분야와 그 양' '논리의 구축방법' 어떤 것에 있어서도 현재 최첨단에 있다. 최종 결론이 타당성을 결여하고 있다고 해도, 히라카와의 연구가 이 분야에서 가장 뛰어나다는 점은 지금도 전혀 변하지 않는다. 대승불교의 기원을 탐구하기 위해서는 그의 연구는 절대 빠뜨릴 수 없는 가장 중요한 자료인 것이다.

15 실은 이러한 상황을 가장 빨리 인식하고, 대승이전의 자료에 의해 대승의 기원을 탐구한다는 획기적인 방법을 부분적이지만 처음으로 도입한 것은 다름 아닌 히라카와였다. 그의 연구는 율장에 의해 판명된 출가자의 생활 형태를 대승경전이 보여주는 보살의 생활과 비교함으로써, 그 관련성을 해명하는 방향으로 진행되었다. 다만 히라카와의 경우 '대승이 재가자 집단에 의해 창성되었다'는 가능성을 최초부터 너무 중시했기 때문에 자료의 해석이 그 방향으로 편중되고, 결론이 잘못된 방향으로 향했던 것이다.

16 佐々木閑『インド仏教変移論－なぜ仏教は多様化したのか』大藏出版 (2002), 같은 필자「部派仏教の概念に関するいささか奇妙な提言」『櫻部建博士喜寿記念集－初期仏教からアビダルマへ』, 平樂社書店 (2002), pp.57-71.

17 바라제목차중, 비구승잔죄의 제10조, 비구니승잔죄 공계 共戒의 제4조.

18 파승을 '기도한 자'에게 승잔죄가 부과된 것이고, 파승을 '행한 자'는 이제 불교승단의 멤버가 아니기 때문에 불교의 제정에 의해 어떤 죄를 가하는 것 자체가 의미가 없어진다. 파승을 행한 자는 지옥에 떨어지는 것이다.

19 이는 단순한 추측인데, 다양한 교의가 태어나는 중에, '아함에 쓰여져 있지 않더라도, 붓다의 정신을 나타내는 말이라면, 그것을 불설로 승인해도 좋다'는 의견이 등장한 단계부터 불교는 급속하게 다양화된 것이 아닐까라고 생각하고 있다. 그러므로 '대승불설론'과 '대승비불설론'의 역사적 전개를 해명하는 것이 대승의 기원을 조사하는 데 있어서 중요한 포인트가 되는 것이다. 이에 대해서는 佐々木閑「部派仏教の概念に関するいささか奇妙な提言」『櫻部建博士喜寿記念集－初期仏教からアビダルマへ』, 平樂社書店 (2002), pp.57-71에서 자세히 설명하고 있다.

20 佐々木閑「部派仏教の概念に関するいささか奇妙な提言」.

21 藤田宏達도 최근에 정토삼부경의 연구 중에 같은 견해를 표명하고 있다. 『浄土三部経の研究』, 岩波書店, pp.273-275.

22 Sasaki, Shizuka, "The Mahāparinirvāṇa Sūtra and the Origins of Mahāyāna Buddhism," (Review

Article) *Japanese Journal of Religious Studies*, 26-1/2, (2009), pp. 189-197.

23 Ray, Reginald, *Buddhist Saints in India*, Oxford 1994, 佐々木閑「アランヤにおける比丘の生活」『印度学仏教学研究』51-2, (2003), pp. 812(221)-806(227), 佐々木閑「アランヤの空間定義」『神子上惠生教授頌寿記念論集』, 永田文昌堂 (2004), pp. 127-146, Sasaki, Shizuka, "Araṇya Dwellers in Buddhism"『仏教研究』32 (2004), pp. 1-13 (아란야와 대승불교의 관계에 대해서는 이 논문의 주 2를 보라), 辛嶋静志「初期大乗仏典は誰が作ったか─阿蘭若住比丘と村住比丘の対立」『仏教大学総合研究所紀要別冊・仏教と自然』(2005), pp. 45-70.

24 참고문헌 중의 下田, Harisson, Nattier의 연구를 보라.

25 藤田宏達『浄土三部経の研究』岩波書店 (2007). 또한 渡辺章悟의 반야경연구도 매우 유망한 부문이다. 아마 그의 연구에서 반야경의 기원에 관한 뛰어난 견해가 나올 것이다.

26 참고문헌 중에 本庄, 藤田 祥道의 연구를 참조하라. 이 문제에 관한 선행연구는 藤田의 논문속에 망라되어 기재되어 있다.

27 문헌목록 중에 遠藤, 滕本의 연구를 보라.

28 문헌목록 중에 辛嶋静志(1993).

29 참고문헌 중의 木村과 西의 연구를 보라.

30 키무라 木村泰賢와 우이 宇井伯寿의 불화는 유명한데, 니시 西義雄는 키무라 木村泰賢의 직제자였다. 키무라가 49세의 젊은 나이로 급서 急逝한 후에 동경제국대학 교수 자리를 이은 우이에게 니시는 '키무라의 잔당' 중 하나로서 사악한 존재였다. 니시의 연구가 학계에서 정당하게 평가되지 못한 배경에는 이러한 사정도 영향을 끼치고 있다고 생각된다.

31 키무라 木村는 이곳 외에서도, '유부아비달마 문헌에 나타나는『경설의 뒤에 있는 붓다의 진의를 얻자』는 주장은 대승의 자세와 일치하는 것이므로, 이 의미에서도 아비달마의 연구는 중요하다'고 말하고 있다. 현재의 '대승 불설·비불설론'의 기조가 되는 견해이다. (『小乗仏教思想論』pp. 30-31).

제4장

대승불교의 한 단면
『대승장엄경론』의 시점에서

후지타 요시미치(藤田祥道)

1.
시작하며

대승비불설 · 불설론의 배경

불교의 개조 샤캬무니(Śākyamuni, 석가모니, BCE. 463-383년경)가 80년에 걸친 생애를 마쳤을 때, 곧 오백인의 제자들이 모여서 그가 설한 가르침을 확정하고 보존했다고 전승된다. 이를 결집 saṅgīti이라고 한다. 이때 교리는 '법 dharma'으로서 교단생활은 '율 vinaya'로서 분류되었는데, 전자는 정리된 후에 '경 sūtra'으로 칭해지게 되었다. 이러한 경을 후의 대승경전이나 밀교경전과 구별하여 원시경전 또는 초기경전이라 부른다. (기원전 3세기) 아쇼카왕 시대 전후에 일어난 근본분열 이후 교단이 부파들로 분파해 가자, 경과 율은 부파마다 달리 전승되게 된다. 또한 부파들은 경에 설해진 교리를 정리 · 해석한 '논', 즉 아비다르마 abhidharma라는 새로운 장르의 불전을 형성해 갔다.

서력 기원후에 대승이 흥하자, 이러한 경 · 율 · 논 삼장에 더하여 대승경전이 세상에 나타나게 되었다. 대승경전이 설하는 교설에는 종래 전통적 교설을 계승 · 발전시킨 면이 있는 한편 그로부터 큰 비약, 나아가 전통적 교설에 대한 비판도 인정된다. 아마 그 때문이었는지, 종래 부파의 전통적 교설에 준거하는 자들(부파불교도) 중에는 대승의 경전이나 교설을 '불설이 아니다, 붓다의 말씀이 아니다'[1]라고 비난하는 자가 나타났다. 대승비불설론의 기원에 대해서는 아직 해명이 안 된 점이 있지만, 부파 불교도들로부터 대승비판은 대승의 초기단계부터 있었다고 생각되고, 또한 대승 측에서도 이에 대해 스스로를 변호하고, 나아가 대승이 불설임을 주장하고 입론하는 주장을 거듭해갔음이 자료에서도 확인된다. 본고에서는 이러한 대승옹호의 언설이나 대승불설의 주장·입론을 정리하여 대승불설론이라 칭하기로 한다.

이미 알려진 논전 論典 자료와 종래 연구의 흐름

이러한 대승 불설·비불설론에 대해서는 지금까지 해당문제를 언급하는 논서를 차례로 찾아내어 해독연구를 진행함으로써 견해를 넓혀왔다. 여기에서는 처음에 그러한 논전자료 중에서 주요한 것들을 정리하여 보여주기로 하겠다. 다만 문헌 4와 5의 연대는 불명확하므로, 반드시 성립연대순으로 되어 있지 않음을 알아주기 바란다.

1. 『보행왕정론(宝行王正論, Ratnāvalī)』 제4장 제67송-100송. 나가르주나(Nāgārjuna, 龍樹 150-250) 작. 산스크리트 원전(범)·티벳역(장)·한역(한)이 있다.[2]

2. 『대승장엄경론(大乘莊嚴經論, Mahāyānasūtrālaṃkāra)』(이하 『장엄론』이라 약칭) 제1장 제7송-21송. 게송은 아상가 Asaṅga(무착 4-5세기), 산문 주석은 바수반두(Vasubandhu, 세친/천친 4-5세기)가 지었다고 한다. 범·장·한본.[3]

3. 『석궤론(釋軌論, Vyākhyāyukti)』 제4장. 바수반두 작. 장본만 있음.[4]

4. 『입대승론 入大乘論』 서두 부분. 堅意작. 한역만 있음.[5]

5. 『아비다르마디파 Abhidharmadīpa』에 산설. 설일체유부(유부) 논사의 저작. 범본만 있음.[6]

6. 『중관심론(中觀心論, Madhyamakahṛdaya)』 제4장. 바바비베카(Bhāviveka, 淸辨 490-570) 작. 범·장본 있음. 그 주석인 『중관심론소사택염(中觀心論疏思擇炎,

Madhyamakahṛdayavṛttitarkajvālā)』(『사택염』으로 약칭, 장본만 있음) 은 저자 자신 혹은 바비야의 이름을 가진 다른 사람이 지은 것이다.[7]

7. 『입보리행론(入菩提行論, Bodhicaryāvatāra)』 제9장 제42 − 44송(제50-52송). 샨티데바(Śāntideva, 寂天 685-763년) 작. 범·장·한 있음.[8]

8. 『현관장엄론광명(現觀莊嚴論光明, Abhisamayālaṃkārālokā)』『팔천송반야경 八千頌般若經』(『팔천송』으로 약칭) 제7장에 대한 제 주석부분. 하리바드라(Haribhadra, 800년 경)작. 범·장본.[9]

이들 중 5번 문헌만이 대승비불설을 주장하는 부파(유부)의 논서이고, 그 외에는 모두 대승불설을 주장하는 대승 논서이다.

그러면 고대 인도에서 차례로 전개된 대승 불설·비불설론에 대한 본격적인 문헌학적 연구는 1930년대 초의 노자와 죠쇼 野沢靜証에 의한 6번 문헌(『사택염』)을 원용한 2번 문헌에 대한 연구에서 비롯되었다.[10] 그는 이어서 6번 문헌에 대한 번역 연구를 진행했다.[11] 한편 야마구치 스스무 山口益는 3번 문헌의 존재를 지적하며, 그 내용을 소개했다.[12] 이들 선구적 연구를 이어서 다카사키 지키도 高崎直道가 1985년에 이상 세 문헌의 개요를 널리 세상에 알리기 시작하면서, 더 상세한 해설 연구의 필요성을 요청했다.[13] 다카사키의 논문 이후에 이 문제에 관한 연구는 착실히 진행되었다고 말할 수 있지만, 그중에서도 특필해야 할 것은 혼조 요시후미 本庄良文의 공헌이다. 그는 위의 세 문헌에 나타나는 대승불설론과 『대비바사론』 및 『순정리론』에 보이는 유부의 아비달마 불설론과의 공통성에 주목하여 다름아닌 대승비불설론자인 유부논사가 주창한 아비달마불설론이 대승불설의 이론을 준비한 것이라는 중요한 지적을 담은 논문을 1989년에 발표했다.[14] 즉, 유부가 종래의 경과 율에 더하여 아비다르마(논)를 발전시켰을 때, 유가사 혹은 경량부로 칭해지는 자들은 아비다르마를 불설로 인정하지 않는 이론을 제창하였는데, 이에 대항하여 유부가 주장한 아비다르마 불설론의 이론이 대승불설론에도 적용되어 있음을 분명히 한 것이다. 게다가 그는 3번 문헌의 일본어역을 발표하여 이후 연구의 진전을 촉구했다.[15]

한편 부파의 전통적 입장에서의 대승비불설론에 대해서는 종래에 이러한 대승 쪽의 자료를 통해서 간접적으로밖에 엿볼 수 없었는데, 5번 문헌의 교정자인 자이니가 불명의 유부논사 저작인 아비다르마디파에 대승비판이 나타남을 지적하자, 그것을 이은 요시모토 신교 吉元信行, 미토모 켄요 三友健容가 이 점을 한층 더 해명해 갔다.[16] 단편적이지만 부파불교도에 의한 대승비불설의 주장을 부파자료에서 직접 확인한 의의는 크다.

대승 불설·비불설론에 대해서는 이러한 대승이나 유부의 논서를 주 자료로 한 연구가 현재도 계속 발표되고 있는데, 여기서는 그 이상 언급할 여유가 없다.[17] 다만 앞으로는 그러한 연구에 기초하면서, 논서 이외의 자료에 대해서도 한층 주의를 기울여 고찰을 심화시켜 나가는 것이 불가피해질 것이다. 대승경전에 대해서 말하자면, 해당문제가 이미 『팔천송』 등의 몇몇 경전에 흩어져 있음은 알려져 있지만, 그러한 기술을 자세하게 검토·정리하고 나아가 상기 대승 논서들의 언설과의 관련성을 찾는 일은 지금까지 이뤄지지 않았다. 본고에서는 특히 2번 문헌의 대승불설론을 개관함으로써 고대 인도의 대승 불설·비불설론의 일단을 소개함과 동시에 대승불설론에 관해서 몇몇 대승의 경전·논서가 일련의 계보를 형성해갔음을 지적하고자 한다.

2.
『장엄론』제1장의 개요

본 논서의 대상불설론은 「대승의 성립(혹은 확립)에 관한 장 Mahāyānasiddhyadhikāra」
라고 명명된 제1장의 제7송에서 같은 장 마지막 제21송까지 논술되어 있다. 그것을
개관하는 데 있어서, 먼저 같은 장 전체 내용구성에 대해 필자의 이해를 제시하는
것이 필요할 것이다. 이하의 개관에서는 같은 장의 각각의 게송에 대해서 우선 번호
로 표시한 후에 각각의 논술 내용을 간단히 소개한다.

[1. 서론]

　1. '대승경전의 장엄'이라는 주제에 대한 총설

　2. 대승법을 장엄하는 것에 의해 해명되는 5종류의 의미

　3. 원래 덕을 갖춘 그 교법을 장엄하는 이유·의의

　4-6. 그 교법에는 3가지 이덕 利德이 있음

[2.1. 대승불설론 전반 …… 대승불설의 주장 내지 입론]

　7. 대승이 불설인 8가지 이유

　　〈1〉 미리 예언되어 있지 않으므로

　　〈2〉 동시에 일어났으므로

　　〈3〉 대상영역이 아니므로

　　〈4〉 성립해 있기 때문에

　　〈5〉-〈6〉 유와 무가 된다면 없기 때문에

〈7〉 대치 對治하는 것이기 때문에

〈8〉 문자와는 다른 것이기 때문에

8. 제 불은 교법의 미래에 관해 무관심할 수 없다. (〈1〉의 부연)

9. 성문승은 대승이 아니라는 4가지 이유 (〈5〉-〈6〉의 부연)

(1) 결여되어 있으므로

(2) 다르기 때문에

(3) 방법이 아니기 때문에

(4) 그대로는 설해지지 않았기 때문에

10. 성문승과 대승은 서로 다르다. (제9송의 (2)의 부연)

11. 대승은 불설의 정의와 다르지 않다.

12. 대승은 논리적 사고의 대상영역이 아니다. (〈3〉과 관련)

13. 대승이야말로 무상지 無上智를 얻는 방법이다. (제9송의 (3)에 관련)

[2.2. 대승불설론 후반 …… 대승의 옹호]

14. 어떤 사람들이 이 교법을 무서워하는 재과 災過와 이유

15. 총명한 자가 이 교법을 무서워하지 않는 7가지 이유 (〈2〉, 〈5〉, 〈6〉, 〈8〉과 관련)

16. 불설인가 아닌가의 확정은 장기간에 걸쳐 깨달은 지혜에 의한다.

17. 이 교법을 두려워하는 구실에는 근거가 없다.

18. 열등한 자가 이것을 신해하지 않음에 의해 오히려 대승의 뛰어난 점이 성립된다.

19. 듣고 배우지 않는 경전을 거부·비방하는 것은 합리적이지 않다.

20. 설혹 듣고 배워도 이치에 맞지 않는 사색을 한다면 재과 災過가 있다. (〈8〉과

관련)

21. 무엇이든 교법에 대해 화내는 것은 적당하지 않다.

『장엄론』 제1장은 크게 서론에 해당하는 [1]의 부분과 그것을 이어서 대승불설론을 전개하는 [2]의 부분으로 이분된다. 이 중에서 서론부분에서는 먼저 권두의 제1송에서 본 논서의 저술 목적이 '최상승의 가르침이 설해진 교법'을 '장엄하는 (즉, 의미를 해명하다)'것에 있다고 선언되고 있다. (여기에서 말하는 '최상승의 가르침이 설해진 교법'이란 당시 존재했던 제 대승경전이 설하는 교법을 시야에 넣은 것이라고 생각되지만, 동시에 특히나 『반야경』을 염두에 둔 것임을 주의했으면 한다.) 이어서 이를 부연하여 제2송과 3송이 설해지는데, 더욱이 제4-6송에서는 그 교법에 뛰어난 공덕이 있다고 설해진다.

그러나 이 교법이 대승이라는 공덕을 가진 불설이라는 주장은 부파의 전통적 입장에서 본다면 결코 자명한 것이 아니고, 따라서 본 논서가 이 교법을 장엄하기 위해서는 먼저 대론자의 비난에 응하면서, 『반야경』 등의 교법이야말로 대승이라 불려야 할 불설임을 어떻게든 확립해둘 필요가 있다. 제1장이 제6송까지의 서론부분에 이어서 제7송 이하에서 대승불설론을 논술하는 것은 아마도 이러한 이유 때문일 터인데, 그 대승불설론은 다시 제13송 이전의 전반부분 [2.1]과 제14송 이후의 후반부[2.2]로 대별되며, 차례대로 대승이 불설임을 주장하지 않고 입론해가는 부분과 본 논서 이전의 대승경전·논서에서 전개된 대승불설론을 의식해가면서 대승을 옹호하는 부분으로 볼 수 있다고 생각된다. 본고는 이하에서, 우선 제3절에서 본 논서의 대승불설론 중 전반부를 살피면서 인도의 대승불설논증의 일단을 소개한다. 다음으로 제4절에서 후반부를 최소한 살핀 후 제5절에서 그 후반부분 서술의 전제가 되는 『반야경』이후의 대승불설론 계보를 살피면서 그에 부수되는 여러 문제를 언급하고자 한다.

3.
전반부분의 대승불설의 주장 내지 입론

제7송에 나타난 대승 불설·비불설론

개요에서도 보여주었듯이 본 논서의 대승불설론은 제1장 7송에서 대승이 불설인 8가지 이유를 열거하는 것으로 시작한다. 여기에서 위 게송의 번역을 제시해두겠다.[18]

〈1〉 미리 예언되어 있지 않으므로 ādāv avyākaraṇāt, 〈2〉 동시에 일어났으므로 samapravṛtteḥ, 〈3〉 대상영역이 아니므로 agocarāt, 〈4〉 성립해 있기 때문에, 〈5〉-〈6〉 유와 무가 된다면 없기 때문에 bhāvābhāve 'bhāvāt,[19] 〈7〉 대치하는 것이므로 pratipakṣatvāt, 〈8〉 문자와는 다른 것이기 때문에 rutānyatvāt, [이 교법은 붓다의 말씀이고, 공덕이 있다]. (제7송)

이 8가지 이유의 의미와 내용에 대해서는 이 게송에 이어지는 바수반두의 주석 외에 티벳 역만이 남은 스티라마티(安慧, Sthiramati)의 복주 SAVBh에도 상세하게 설명되어 있는데, 특히 후자는 이 8가지 이유가 유부의 비구로 생각되는 대론자가 제기한 8가지의 대승비불설론 비난에 대한 답변임을 분명히 하고 있다. 대론자의 비난이라고 해도 어디까지나 대승논사가 소개한 것이므로, 후술하듯이 대승쪽의 의도적인 곡해가 들어갈 가능성이 있음은 항상 주의해야 한다. 그러나 대론자의 실제 대승비판을 엿볼 수 있는 자료로서 유용함은 틀림없다. 이하, 주로 해당 복주에 기초하여 대론자로부터의 8종 비난과 그것에 대한 답변으로서의 대승불설의 주장을 요약해서 제시한다.[20]

(i) [비난:] 허무를 설하는 이『반야경』등의 대승법은 정법을 소멸시키기 위해 불멸후에 창작된 것이므로 대승은 붓다의 말씀이 아니다.

   [답변:] 만약 이『반야경』등의 대승법이 붓다의 열반 후에 정법을 해하기 위해 창작된 것이라면 세존은 그러한 미래의 위기에 대해 예언하는 것이 도리이다. 그러나 그러한 것은 <u>미리 예언되지 않았으므로</u> 대승은 붓다의 말씀이다.

(ii) [비난:] 세존이 사위성등에서 성문승을 설하실 때, 대승은 설하지 않았다. 대승은 불멸후에 출현한 것이므로 붓다의 교법이 아니다.

   [답변:] 대승이라는 교법은 붓다가 열반하신 후에 출현한 것이 아니다. 대승은 성문승과 <u>동시에 일어났으므로</u> 불설이다.

(iii) [비난:]『반야경』등은 사변가tārkika나 이교도tīrthika가 세간인들을 속이기 위해 창작한 것이다.

   [답변:]『반야경』등의 대승경전을 사변가나 비불교도가 창작했다는 것은

불합리하다. 이 광대하고 심원한 교법은 그들의 대상영역이 아니기 때문이다.

(iv) [비난:] 이 대승은 불설이 아니다. 어떤 사람이 [10]지나 [6]바라밀이나 불생불멸의 뜻을 깨달아 설한 것이기 때문이다.

[답변:] 만약 어떤 사람이 [10]지나 [6]바라밀이나 불생불멸의 뜻을 깨달았다면 그 사람은 붓다이다. 그 붓다에 의해 설해진 모든 말이 붓다의 말씀임은 성립해 있기 때문에 대승은 붓다의 말씀이다.

(v) [비난:] [만약 세존이 대승을 설했음을 인정한다고 해도, 그 경우의] 대승이란 성문과 독각, 이교도 등의 교법이지 『반야경』 등이 아니다.

[답변:] 만약 어떤 대승이라는 것이 있다면 이 『반야경』 등이야말로 대승이므로, 이는 붓다의 말씀이다. 이 교법 이외에는 대승이 없기 때문에

(vi) [비난:] 삼승은 없다. 승은 단지 하나이다. 즉, 성문승이라는 동일한 승을 뛰어난 지혜를 가진 자가 닦으면 붓다가 되고, 중간의 지혜를 가진 자가 닦으면 독각이며, 낮은 지혜를 가진 자가 닦으면 성문이 된다. [즉, 불승으로서의 대승이 성문승과 별개로 설해질 필요가 없기 때문에, 대승은 붓다의 말씀이 아니다.]

[답변:] 만약 대승이 없다면 [교설자로서의 붓다가 출현하지 않은 것이 되고, 따라서 붓다에 의해 설해진] 성문승도 없[는 것이 되]기 때문에 대승이라는 붓다의 말씀은 없으면 안 된다.

(vii) [비난:] 일반적으로 그 사람의 말씀을 수습하면 번뇌의 대치가 되는 것이 붓다의 말씀이다. 그런데 대승을 닦아도 번뇌의 대치가 되지 않으

므로 대승은 붓다의 말씀이 아니다.

[답변:] 대승을 수습하면 무분별지가 생기는데, 이 무분별지가 번뇌의 대
치가 된다. 이렇게 대승은 <u>번뇌를 대치하는 것이므로</u> 붓다의 말씀
이다.

(viii) [비난:] 붓다의 말씀[인 원시경전]에는 '5온 등의 법은 있다'고 설해져 있
는데 『반야경』 등에는 '모든 것이 없다'고 설해져 있으므로 대승은
붓다의 말씀이 아니다.

[답변:] 대승[이 설하는 교설]의 의미는 <u>문자와는 다른 것이므로</u>, 문자대
로의 의미에 기초하여 대승을 붓다의 말씀이 아니라고 이해해서는
안 된다.

이들 8가지 답변은 모두 신중한 검토를 요한다. 그러나 여기에서는 8송 이후의
논술 전개를 따르기 위해서도, 이들 하나하나를 깊이 파고들지 않고 (다만 v, vi +
viii에 대해서는 뒤에서 다루기로 한다) 오히려 이러한 논의에서 어떻게 불설이 이해되고
있는가에 주의를 돌리고 싶다. 여기에서 주목해야 할 점은 오히려 대론자의 비난
쪽이다. 토론자가 이렇게 대승은 불설이 아니라고 비난할 때, 그 경우의 불설이란
무엇을 의미하는가. 그 점에 대해서 위의 주석이 반드시 명기하고 있는 것은 아니지
만, 우선 각각의 비난에서 다음과 같은 불설관을 상정할 수 있을 것이다.

A. 불설이란 (샤캬무니) 붓다가 (그 재세시에) 설한 교설이다. (i-iv)

B. 불설에는 붓다가 되기 위한 가르침이 설해져 있다. 혹은 불설이란 붓다가

되는 것을 설하는 교설이다. (v-vi)

C. 불설은 그것을 닦으면 번뇌가 대치되는 교설이다. (vii)

D. 불설이란 (토론자가 속한) 부파에 전해진 원시경전 등이 설하는 전통적인 교설이다. (viii)

즉, 토론자의 비난에서 상정되는 불설관은 하나로 모아지지 않는다. 이것이 무엇을 의미하는지를 이하 특히 불설관 A와 B에 담긴 문제를 접하면서 조금 생각해보자.

지극히 일반적으로 보자면, 불설이란 무엇인가라는 물음에 대해서 그것은 샤캬무니 붓다의 직설이라는 대답만큼 명쾌한 것은 없다. (i-iv) 대론자의 비난에는 대승이 언제 누구에 의해 설해졌는가에 대한 의문이 표명되어 있는데, 그러한 비난의 전제에는 교주(붓다)를 기준으로 한 A와 같은 불설관을 상정할 수 있을 것이다. 다만 여기에서 주의할 것은 부파의 비구들에게도 이러한 가장 엄밀한 의미에서의 불설만이 불설(=붓다의 교설)은 아니라는 사실이다. 요점만 간추리자면, 애초에 원시경전이란 붓다의 설법만이 아니라 샤리푸트라(사리불)같은 불제자(성문) 등의 설법을 권위 있는 것으로 수록한 것이고[21], 더하여 유부는 앞에서 상술했듯이, 아비다르마를 불설이라고 주장한다. 토론자가 이러한 경론을 준거로 하는 이상, 그들로서도 불설이 더 광의로 파악되어야 한다는 것을 예상했을 것이다.

그런데 (v)-(viii)에서의 대론자들의 비난은 대승이라는 교설 혹은 그 내용에 관한 것으로, 그 배경에는 B, C, D와 같은 교설내용을 기준으로 한 불설관이 상정된다. 다만 (v)-(viii)에 대해서는 조금 설명이 필요할 것이다. (v)와 (vi)은 쌍을 이루는 것으로서, (v)는 토론자가 성문승 외에 대승이 있음을 인정하는 경우의 비난과 답변이고, (vi)은 이것을 인정하지 않고 성문승만이 있다는 경우이다. 여기에서 대론자는 전자의 경우 '대승이란 성문이나 독각, 비불교도 등의 교법이고, 『반야경』 등이 아니다'라고 말하고, 후자의 경우 '성문승을 뛰어난 자가 닦으면 붓다가 된다.'고 하여 '이 교법'이 대승임을 부정한 것이다. 이에 대해 대승측은 요컨대 붓다가 되기 위한 교설로서의 대승이 성문승과 별개로 있을 것이며, 게다가 그 대승이란 『반야경』 등의 '이 교법' 이외에 없다고 주장한다.

그러나 그렇다고 해도 여기에서 대론자의 언설은 불가해하다. 왜냐하면 불교의 통념에서 보면, '성문의 교법'이나 '성문승'이란 당연히 붓다보다 하위의 아라한을 지향하기 위한 것이기 때문이다. 그런데 어째서 그것이 붓다의 깨달음(대보리, 무상정등보리)을 낳는 교설인가? 실은 이러한 (v)-(vi)의 대론자의 비난에는 부파불교는 소승에 지나지 않는다는 종래의 이해에 재고를 촉구하는 요소가 잠재되어 있는데, 이 문제에 대해서는 9송에서도 다시 언급되게 된다. 더 진행해보자.

제8송 이하에서의 대승불요론 大乘不要論 배척과 대승불설의 입론

이어서 제8송에서 13송까지는 제7송을 부연하면서 논점을 한정하여 '이 교법'이야말로 대승이고 불설이라는 점을 입론해가는 부분이라고 생각된다. 그 내용은 제8송, 제9-10송, 제11-13송 세부분으로 나누는 것이 도움이 되며, 그 가운데 제8송은 (i)의 답변에 대해 예상되는 토론자의 반론에 재답변을 한 것인데, 지금은 다루지 않는다.

그런데 제9송은 직전에 말했듯이, 5-6송의 문제에 이어지는 것으로, 성문승이 대승이 될 수 없음을 네 가지 이유로 설한다.[22] 그러나 이것도 일견 기묘한 논술이다.

바수반두의 주석에 따르면, 본고의 이러한 논술은 대론자들의 '이 성문이야말로 대승이고, 이에 의해서만 대보리를 얻을 수 있다.'는 주장[23]을 부정하기 위한 것인데, 원래 이러한 대론자의 언설이 상술했듯이 불가해하다. 과연 대론자는 이러한 넌센스한 주장을 정말 했던 것일까?

의심해도 좋은 것은 이러한 대론자의 주장(으로서 대승논사가 인용하는 문장)에 보이는 '성문의 교법'과 '성문승'이라는 말이다. 만약 그것들이 어디까지나 대승 측에서 부파의 전통적 교설을 폄칭한 것에 지나지 않으며, 대론자의 소속부파의 전통적 교설은 실제로 붓다의 대보리를 얻는 수단을 설한 것이었다고 하면 어떠한가? 대론자가 스스로 준거하는 전통적인 교설을 '성문승'으로 한정할 리가 없을 뿐 아니라, (어찌해도 대승이라는 것을 말하지 않으면 안 되는 경우라면) 자신들의 전통적 교설이야말로 대승이라고 주장했다고 해도 이상하지 않을 것이다. 그리고 그러한 주장은 곧바로 붓다의 대보리를 얻기 위한 특별한 교설로서의 『반야경』 등의 존재부정과 연결되었을 것이다. 이것은 뒤에 제5절에서도 다룰 텐데, (v)-(vi)에서의 대론자의 비난의 근저에 있는 것은 이러한 '대승불요론'이고, 이에 대해 본 논서는 붓다의 대보리를 얻기 위해서는 전통적 교설 이외에 '이 교법'이 대승인 불설로서 존재하지 않으면 안 된다는 대승필요론이라고 할 수 있는 대승불설론을 말한 것이었다. 제9송은 이를 부연하여 새롭게 대론자의 '대승불요론'을 도마 위에 올리고, 그들이 준거한 전통적 교설은 성문승에 지나지 않는 것이므로, 대승이라 불려서는 안 된다는 점을 네 가지 이유로 설하고 있다. 그러한 논술은 제10송에도 이어져, 그곳에서 성문승은 다섯 가지 점에서 대승과 다르므로 소승에 지나지 않고, 대승이 될 수 없다고 설한다.[24]

이렇게 대론자들의 '성문승(중립적으로 말하면 전통적 교설)이야말로 큰 수레(대승)

이다'라는 주장을 부정하여 『반야경』 등의 '이 교법'이야말로 대승이라 불러야 한다
고 확정한 것에 이어서, 대승이라는 '이 교법'이 불설임을 입론해가는 것이 제11송
에서 13송의 부분이라고 생각된다. 이 중에서 제11송[25]은 앞의 제10송이 성문승과
대승은 '다르다'고 이야기한 데 반해, 그렇더라도 대승은 '붓다의 말씀의 정의'와
'다르지 않기' 때문에 불설이라고 설한 것이다. 여기에서 말하는 '붓다의 말씀의
정의'란 유부계통의 『열반경』 등에 보이는 '경에 들어 있고, 율에 보이며, 법성(법의
본질, 사물의 본성)에 반하지 않는 것은 붓다의 말씀이다'라는 경설을 가리킨다.[26] 유
부에 있어서 이 '붓다의 말씀의 정의'는 자파의 교리와 다른 타부파나 대승의 교설을
비불설로 판정하기 위한 권위인 한편, 재래의 경에 들어 있지 않고 율에 보이지
않는 자파의 아비다르마를 – '법성에 반하지 않는다'는 이유에 의해 – 불설로 인정
하기 위한 근거가 되기도 한다는 양면성을 가진 것이다. 본 논서가 여기에서 그러한
'붓다의 말씀의 정의'를 언급하는 당면의 이유는 대론자가 이것을 전거로 해서 대승
비불설을 주장하기 때문이고, 본 게송에 대한 스티라마티의 주석이 전하는 바에
의하면 대론자는 대승의 무자성설에 대해 그러한 교설은 부파의 경에 들어 있지
않고, 율에도 보이지 않으며, 연기의 법성과도 반하기 때문에 불설이 아니라고 비판
한다.[27] 본 게송은 이러한 비판에 응답한 것이지만, 그러나 그 논술 의도는 더 적극
적으로 이 '붓다의 말씀의 정의', 그중에서도 역시 특히 '법성'의 개념을 근거로 대승
이 불설임을 설하려는 것에 있다고 생각된다. 즉, 본 논서에 의하면 '붓다의 말씀의
정의'에서 말하는 '법성'이란 붓다의 대보리를 낳는 광대함과 심오함이 아니면 안
되는데, 이 법성을 갖추고 있는 것이 대승이다. 그러므로 그것은 붓다 말씀의 정의
에 반하지 않는다. (즉, 불설이다.)

이어서 제12송은 대승이 논리적 사고tarka의 대상이 아님을 설한다.[28] 얼핏 보면 당돌한 기술로 느껴지지만 제7송의 (iii) 부분이 이 광대하고 심오한 교법은 사변가나 비불교도가 설할 수 있는 것이 아니라고 주장하고 있음을 상기한다면 앞 게송부터의 맥락이 이해될 것이다. 즉, 본 게송도 역시 광대함과 심오함이라는 법성 개념을 염두에 둔 것이므로, 이를 갖춘 대승은 논리적 사고의 대상이 아니라고 논함으로써 대승이 붓다에 의해서만 설해질 수 있는 교설임을 암시하고 있다고 생각된다.

이에 대해 제13송은 이와 같은 법성개념을 근거로 하여 이 교법이 붓다의 대보리를 얻는 수단임을 설한다.[29] 즉, 이 교법은 광대함이 있기 때문에 유정을 성숙시킨다는 이타利他를 완성시키고, 심오함이 있기 때문에 스스로 붓다의 속성buddhadharma을 성숙시켜, 자리自利의 완성을 주는 것이라고 한다.

전반부분을 되돌아보기

이상, 전반부는 먼저 7송에서 대론자의 구체적인 대승비불설의 비난 하나하나에 대응하는 방법으로 '이 교법'이 불설임을 주장한 후에, 8송 이후에서 이를 부연하면서 특히 자파의 전통적 교설이야말로 대승이라고 하는 방식으로 대론자의 '대승불요론'을 다시 부정한 위에 『반야경』 등의 '이 교법'이야말로 대승인 불설이라는 점을 입론하려 한다고 파악할 수 있다. 이 입론은 제11송에서 시작하고, 같은 게송에서 우선 '붓다의 말씀의 정의'에 기초하여 특히 대승이 광대함과 심오함이라는 법성에 반하지 않는 것에 의해 불설임을 지시한다. 이어서 제12송과 13송에서는 매우 완곡하게 돌려 말하고 있지만, 그러한 법성을 갖춘 대승이 (1) 단지 붓다만이 설할 수 있으므로 불설이고, 또한 (2) 붓다의 대보리를 낳는 수단이므로 불설이라고 차례대로 시사되어 있다고 생각된다.

그런데 이러한 (1)과 (2)의 대승불설론은 앞에서 상정한 대론자의 불설관과 비교하면 차례대로 교주(붓다)를 기준으로 한 불설관A와 교설내용을 기준으로 한 불설관B, C의 문제의식에 호응한 것임을 알 수 있을 것이다. 이는 본 논서의 대승불설론이 원래 대론자의 비난에 대응하여 논술된 점에서 오히려 당연한 것이라고 말할 수 있을지도 모른다. 그러나 주의할 것은 이러한 입론 자체에 대해서도 선행하는 불설론과 유사한 것이 발견되는 점일 것이다. 즉, (1)에 대해서는『대비바사론』권두의 아비다르마 불설론에 비교 참조해야 할 주장이 보이고[30] (2)에 관해서는『구사론』제1장 제3송에 소개된 같은 불설론에 번뇌를 제압하는 수단을 설한 것이 불설이라고 하는 — 불설관C에 거의 상응하는 — 불설관이 엿보이는 것이다.[31] 다름 아닌 대론자의 아비다르마 불설론이 대승불설론을 준비한 것이라는 혼조本庄설이 여기에서도 다시 상기되는 것이다. 다만 (2)에 대해서 더욱 놓칠 수 없는 것은 이러한 불설론에 대해서 다시 그 연원을 원시경전까지 거슬러 올라갈 수 있다는 것이다.

원시경전이 붓다에 한정되지 않고 불제자 등의 설법까지도 경설로 수록한 것임은 앞서 지적했다. 원시경전의 이러한 존재방식은 바로 그것에 상응했던 불설관이나 경전관의 존재를 예상하게 하는데, 예를 들어 앙굿따라 니카야AN에 있는 '무엇이든 선설善說된 것은 모두 세존·응공·정등각자의 말씀이다.'[32]라는 유명한 경문은 원시경전 단계에서 불설관의 확대를 단적으로 나타내는 좋은 예라고 말할 수 있다. 그런데 이 '선설'의 의미를 규정하는 것에 '선설경'이라 칭해지는 다른 원시경전이 있음은 잘 알려져 있다.[33] 이 경전은 선설이란 선설(善說 subhāsita)일 것·법dharma일 것·애어(愛語 piya)일 것·진리sacca일 것이라는 네 가지 조건을 갖춘 것이라고 설한 뒤에, 최후에 '열반을 달성시키기 위해, 고통을 끝내기 위해, 붓다가 말하는 안온한 말씀은 실로, 여러 가지 말씀 중에서 최상의 것이다.'라는 게송[34]에 의해 의미를 보완하고 있다. 『사분율』은 이러한 '선설경'에 대해 언급한 전적의 하나인데, 주목할 것은 이 책이 선설의 조건에 대해서 경이 설하는 상기의 네 조건에 '이익' 조항을 더하여 다섯 조건으로 하고 있다는 것이다.[35] 『사분율』의 해석은 경 자신이 보완한 부분을 《(종교적) 이익》이라는 다섯 번째 선설의 조건을 설한 것으로서 읽혀질 수 있음을 보여준다.

이렇게 열반의 달성이나 고통의 종식이라는 《종교적 이익》을 주는 말씀이라면 선설(=불설)로 봐도 좋다는 불설관이 이미 원시경전에 시사되어 있는 것은 후대의 불설론이나 불설 그 자체의 전개에 있어서 중요한 의미를 가지고 있다는 점은 상상하기 어렵지 않다. 본 논서의 (2)의 대승불설론에 대해서도 저자 아상가가 독자적으로 도달한 견해라기보다는, 원시경전부터 유부의 아비다르마 불설론까지 그 근저에서 공유되는 불설관에 입각하여 입론된 것이라고 보는 것이 타당할 것이다.

그런데, 본 논서에 후속하는 아상가가 지은 『섭대승론』은 그 서장에서 역시 대승불설론을 언급하기는 하지만, 이제는 단지 성문승은 대승이 될 수 없고, 또한 대승은 대보리를 일으켜서 일체지자의 지혜를 얻게 하기 때문에 붓다의 말씀이라고 설할 뿐이다.[36] 본 논서의 대승불설론을 '대승불요론' 부정과 (2)의 의미에서의 대승불설론 두 가지로 집약하여 계승한 것이라고 볼 수 있을 것이다. 『섭대승론』은 그 위에 대승이 붓다의 대보리라는 《종교적 이익》을 주는 교설임을 그 전체를 통해서 논하고, 이로써 대승이 불설임을 논증하려는 논서이다.

4.
후반부의 대승옹호론[37]

후반부의 개요

본 논서의 대승불설론은 이하와 같은 전반부에 이어서 후반부로 진행된다. 음율이 변한 제14송에서는 지금까지 전혀 언급하지 않았던 '이 교법을 두려워하는 자들'의 존재를 언급하고, 비난한다. 즉, 어떤 사람들은 이 교법을 두려워하여 '대승은 불설이 아니다'라고 비방하는데, 그러한 행위는 그들에게 커다란 비복덕의 축적을 주고, 장기간에 걸쳐 태워져버린다고 설함과 동시에 그들이 이 교법을 두려워하는 네 가지 이유를 지적한 것이 제14송이다.[38] 이어서 제15송은 반대로 총명한 자들이 이 교법을 두려워하지 않는 이유를 7가지 들어서, 이 교법에 대한 바른 이해의 방법을 설한다.[39] 이 게송에서 설하는 7가지 이유 중 최후의 것은 세존이 매우 깊은 의도로 설법하셨기 때문에 그 의도를 모른다고 해서 이 교법을 두려워할 필요는 없다는 것인데, 이 이유와 관련하여 다음의 게송이 설해진다. 즉, 제16송은 어떤 교법이 불설인가 아닌가를 확정하는 것은 '청문 – 여리작의 如理作意 – 출세간의 정견 正見 – 법의 획득'이라는 과정을 거쳐서 붓다의 해탈지견이 자내증 自內證될 때 비로소 가능한 것임을 설한 것이므로, 거기에서는 붓다의 설법 의도를 이해할 수 있는 단계에 도달하지도 않고서 이 교법을 두려워하여 '불설이 아니다'라고 속단해버리는 자들에 대한 비판이 들어 있다.

이어서 17송은 이 교법을 두려워하는 구실을 네 가지 든 후에, 그것들이 모두 근거가 없다고 설한다. 문장에는 나오지 않지만, 아마 이곳에 설해진 네 가지 구실이란 대승에 대한 '불신해'의 표명에 다름 아니다. 다시 음율이 변하는 본 송부터는 논술의 주제도 지금까지의 이 교법에 대한 '두려움'에서 '불신해 不信解'로 이행한 것이라고 생각된다. 다음 18송은 바로 이 '불신해 不信解'를 들어서, 열등한 자들이 이 교법을 신해하지 않는다면, 도리어 그로 인하여 이 교법이 더욱 뛰어난 대승임이 성립된다고 설한다. 다시 그렇게 열등한 자들이 이 대승의 교법을 신해하지 않는 것은 차지하더라도, 듣고 배우지 않은 경전들을 무차별적으로 거부하는 것은 불합리하다는 것을 설한 것이 제19송이다. 이어서 제20송은 설사 듣고 배웠다고 할지라도 이치에 맞게 사색해야 한다고 하며, 교법을 이치에 맞지 않게 사색하려는 사람에게 올 수 있는 재난을 지적한다. 즉, 말 바깥의 의도를 함축하는 이 교법을 문자 그대로만 이해하고자 사람은 (1) 지혜를 얻는 것으로부터 물러난다. (2) 이 교법이 선설임을 부정하여 스스로 파멸한다. (3) 교법에 대해 진애 瞋恚를 일으켜 장해를 이룬다는 세 가지 재난이 있다고 설한다.[40] 본 논서의 대승불설론을 결론짓는 제21송은 앞 게송의 마지막에 지적했던 진애의 문제를 든다. 화내는 것은 본성에 비추어 죄과(性罪)이므로, 설사 이 교법을 신해하지 않더라도 화내지 않고 평정 upekṣā하라고 충고하면서 제1장을 마치고 있다.[41]

이상의 후반부는 본 논서의 대승불설론 전체의 구성에서 보면, 전반부에서 이 교법이 대승이라는 불설임을 주장 내지 입론한 것에 이어서, 그래도 이제 이 교법을 두려워하거나 신해하지 않는 대론자들을 비난하면서 대승을 옹호한 것이라고 위치 지을 수 있을 것이다. 다만 여기서 간과해서는 안 되는 것은 그러한 후반부가 본 논서 이전의 대승의 여러 전적들에서 전개되어 온 대승불설론을 근거로 하여 논술되고 있다는 것이다. 다음 절에서는 이 점을 확인하면서, 본 논서 이전의 대승불설론의 계보를 최소한으로 살펴보기로 하자.

5.
『장엄론』 이전의 대승전적에 보이는 대승불설론의 계보

『반야경』

　『반야경』이란 공성·무자성사상을 내용으로 하는 '지혜의 완성(prajñāpāramitā, 般若波羅蜜)'의 교설에 기반하여 붓다의 무상정등보리 혹은 일체지자성을 얻는 보살의 존재방식을 선양하는 대승경전의 일군이다. 이중에서 가장 일찍 성립한 것이 『팔천송』(가장 오래된 한역은 지루가참에 의해 179년에 번역된 『도행반야경』(『도행』)인데, 그곳에서 이미 '지혜의 완성'을 선양하는 언설뿐 아니라, 이것을 '불설이 아니다'라고 비방하거나 두려워하는 자들이 언급되고 있어 흥미를 끈다. 그중에서 '지혜의 완성'을 비방하는 자들이란 부파의 전통적 교설에 준거한 비구들과 그 재가찬동자들이라고 생각되는데, 눈길을 끄는 것은 그러한 비구들이 성문이라고 지명될 뿐아니라 보살로 불리는 예도 있다는 것이다. 즉, 이 경전은 제7장 후반부[42]에서 어떤보살이 '지혜의 완성'의 교설을 들어도 금방 버리고, 더욱이 타자에게 '이것은 여래가 설한 바가 아니다, 이것을 배워서는 안 된다'고 교시한다면 오랫동안 지옥의 과보를 받게 될 것이라고 설한다. 게다가 경은 이렇게 '지혜의 완성'에 대해서 나쁘게말하는 것은 큰 비복덕의 집적을 낳는데, 그럼에도 불구하고 어리석은 자들은[43] 우리의 교법과 율 속에서 출가했으면서 '지혜의 완성'을 거절함으로써 삼보를 거절

하고 많은 죄업을 쌓게 된다고 말한다. 그리고 어째서 인간은 '지혜의 완성'을 거절 하는가에 관한 이유들을 제7장의 끝부분에서 제8장 처음에 걸쳐서 설한다. 이러한 『팔천송』의 언설은 이 경전의 증광판이라고 하는『이만오천송반야경』(『이만오천송』) 에서 약간 개변되면서 지속되는데, 아마 후자의 대응 부분[44]이 앞의『장엄론』제1장 제14송의 주요한 모티브가 되었을 것이다.

또한『팔천송』제11장은 보살승에 속하는 어떤 자들이 '지혜의 완성'을 버리고 다른 경전에 준거하여 일체지자성이나 불과를 구하는 것을 다양한 비유를 들어서 반복해서 비난하는 문장이 있다.[45] 이 경우의 '다른 경전'에 대해서『팔천송』자신은 '성문들이나 독각들에게 어울리는 경전' 등으로 형용하는 데 지나지 않지만.『이만 오천송』의 대응 부분[46]은 이를 37보리분법이나 삼해탈문으로 설하는 경전이라고 설명하고, 게다가『대지도론』(후자의 한역 중 하나인『대품반야경』에 대한 주석서)은 이를 부파에서 전하는 삼장 등의 전적이라고 보고 있다.[47] 즉, 이들 경론이 제시하는 것은 삼장 등의 부파 전래의 전통적 전적에 준거하여 붓다의 일체지자성이나 무상정등 보리를 구하려 하는 보살의 존재이다.『팔천송』등은 이러한 '종래의 부파의 전적에 준거한 보살'의 존재방식을 엄격하게 비판하지만, 우리들은 이러한 기술의 뒤편에 붓다의 대보리는 재래의 부파의 삼장 등에 준거하고 있다면 얻을 수 있는 것이고, '지혜의 완성'과 같은 신기한 교설에 의지할 필요는 없다는 전통적 입장으로부터의 대승비판을 읽어낼 수 있을 것이다.『장엄론』의 대승불설론에서 추측되는 전통적 입장으로부터의 '대승불요론'은 이렇게 이미『반야경』의 기술 중에서 발견되는 것 이다.

이에 대해서도 자세한 설명은 할 수 있지만,『반야경』에서 추측되는 이러한 '종

래의 부파의 전적에 준거하는 보살'의 존재방식은 적어도 유부의 교리에서도 승인
되는 것이다. 동 부파에는 샤카무니보살의 보살도를 설한다는 형식을 취하면서 일
반적인 출가수행자의 보살도를 설하는 것이라고 보이는『잡아함』제1177경[48]과
같은 독자적인 원시경전이 있고, 또한 후대의 저작인『아비다르마디파』는 삼장에
는 보살도가 설해져 있지 않다는 대승으로부터의 비판에 대해서, 삼장에는 3종의
보리를 낳는 37보리분법 등이 설해져 있다고 반론하고 있다.[49] 즉, 37보리분법과
같은 동일한 수행체계를 실천함으로써, 만약 수행자가 하근기라면 성문의 보리를,
중근기라면 독각의 보리를, 상근기라면 붓다의 보리를 획득할 수 있다고 한다(유부
의 관점에서 본다면 그들의 교리는 이렇게 성문승·독각승·불승이라는 삼승을 모두 포섭하는 것이
고, 따라서 이를 스스로'성문승'으로 한정하는 것 같은 일은 있을 수 없다). 이러한 기술을 볼
때, 유부의 전통적 교설에 준거하는 비구들에게는 성문으로서 아라한과를 목표로
하는 것은 물론이고 붓다의 무상정등보리를 목표로 하는 보살의 길도 열려 있다고
봐야 한다. 그러한 그들에게 종래의 부파의 전적에 준거해서는 붓다의 깨달음을
얻을 수는 없다고 주장하는'지혜의 완성'내지 대승이 비판대상으로 되었음은 쉽게
상상될 것이다.

그리고 또한『팔천송』은 대승을 향해 막 출발한 초학의 보살이 공·무자성이라
는 사상을 들어도'두려워서 전율하는 공포에 빠지는'일이 없도록 숙달된 보살은
그들을 바르게 가르치고 이끌어야 한다고 반복해서 설한다. 이러한 기술은 대승의
공·무자성설이 당초부터 모든 것을 부정하는 허무론으로 받아들여져서 비난될 위
험성이 있었음을 시사한다. 실제로『반야경』의 공·무자성설에는'일체법은 자성
으로서 존재한다'고 설하는 유부에 대한 사상적 비판이 들어 있었다고 생각된다.

이에 대항하여 해당 부파도 일찍이 대승의 공·무자성설은 허무론이라고 비판했다고 추정된다.

『가섭품』

공·무자성을 핵심으로 하는 '지혜의 완성'을 거부하거나 비방하는 자들의 비난을 저지하는 것과 공·무자성설을 두려워하는 자들을 대승으로 이끌어 가르친다는 『팔천송』이 품고 있는 두 가지 과제는 그 교설을 수용하고 발전시킨 다른 대승전적에도 계승된다. 그중에서 역시 지루가참의 번역이 있기 때문에 그 성립이 오래되었다고 추정되는 『가섭품』 제5-6절[50]에는 듣고 배운 적이 없는 여러 경전을 거부하는 '보살'에 대해서, 여래는 유정들의 신해信解에 응해서 교법을 설하시므로, 그것에 관해 각지覺知가 미치지 않는 자가 이들 경전을 거부해서는 안 된다고 설하는 대승 옹호론이 보인다. 붓다의 대보리를 얻지 못한 자는 거부하지 말고 우선 듣고 배워야 한다는 취지의 경문인데, 이 경문이 『장엄론』 제1장 제15송 7번째의 이유부터 제16송까지, 그리고 19송 논술의 전제가 된다고 생각된다.

이러한 『가섭품』의 기술이 중요한 것은 그것이 여래의 설법에 대한 신해의 필요성을 설할 뿐 아니라, '붓다의 설법에 숨겨진 언외의 의도密意'를 암시하고 있기 때문이다. 여래는 유정들의 다양한 신해에 '응하여' 설법을 한다고 하는, 말하자면 여래가 설한 교법(경전)은 제 각기 어떤 의도가 함축되어 있음을 뜻하기 때문이다. 이 점에서 본다면, 이 경은 대승불설론에 '의도'의 관점을 도입하는 단서를 열었다고도 할 수 있는 것이며, 실제로 이후 대승불설론은 대립자의 대승에 대한 사상적 비판에 대해 대승경전에 숨겨진 언외의 의도를 개시開示함 - 즉, 경전해석을 행함 - 으로써 대처하는 방향성을 가지게 된다. 다만, 『가섭품』 자체는 여래의 설법 의도를 개시하는 일에 신중함에 비해, 이 경전과의 관련성이 추정되는 『법화경』 「방편품」은 오히려 이를 개시하여 '삼승방편, 일승진실'의 교설을 설한다.

『가섭품』은 또한 138-149절에서 공성의 교설을 듣고서 '두려움에 전율하며 공포에 빠진' 오백인의 비구를 가르치고 이끄는 에피소드를 설하는데,[51] 이곳에서 공성을 두려워하는 자들은 『반야경』과 같이 대승을 향해 막 출발한 보살이라고 말하지 않고, 오히려 부파의 전통설에 준거한 비구를 염두에 두고 있는 듯이 판단된다. 이 경에서는 대승의 제 경전을 '거부하는 자'와 공성설을 '두려워하는 자'가 거의 동일시되고 있는데, 마찬가지로 부파의 전통적 교설에 준거하는 비구들로 간주되고 있다고 보인다.

나가르주나의 저작

인도불교사 최초기의 대승논사인 나가르주나는 『보행정왕론』 제4장 제83-89 송[52]에서 대강 이상의 대승경전의 언설을 근거로 한 위에, 대승을 용인하지 않는 자들에 대한 독자적인 대승옹호론을 전개한다. 즉, 그는 '바른 도리 yukti'에 의해 붓다의 위대함과 공성을 본다면 전통적 교설과 대승은 일치한다고, 따라서 대승은 전통적 교설과 마찬가지로 불설이라고 주장하여 대승을 옹호하는 것이다. 그는 또한 그곳에서 대승이 용인하지 않는 자들에게 증오를 누르고 평정 upekṣā하라고 충고하고 있다.

또한 『중론』 제24장에서 대승의 공성설을 허무론으로 보고 비난하는 부파의 비구들에 대해 바른 공성이해를 보이려하는데, 특히 18송에서 원시경전에 쓰인 '연기'가 바로 대승의 '공성'임을 말한다. 즉, '연기 즉 공성'이라고 설함으로써 전통적 교설과 대승의 교설이 일치함을 설한 것이다.

『보살지』와『해심밀경』「무자성상품」

서북인도에서 유부와 밀접하게 관계하면서 전통적 교설에 기반하여 수행에 정진했던 유가행자들이 대승화되어 갈 때, 『반야경』에서 보이는 상술한 두 가지 과제는 그들에게 있어서 바로 자신들이 몰두해야 할 것이라고 받아들였다. 4세기쯤 성립했다고 생각되는 『유가사지론』 본지분 가운데 『보살지』 「보리분품」에는 대승의 공·무자성설을 두려워하며 '불설이 아니다'라고 거부하는 유정들에 대해서 공·무자성설의 언외의 의도를 밝힘으로서 그들을 포섭하려는 시도가 보인다.[53] 또한 같은 논서의 「역종성품 力種姓品」에는 보살이 교법을 바르게 사유함에 있어서는 한편으로는 앞의 『가섭품』 제6절의 가르침대로 여래의 교법을 거부하지 않고 오로지 신해해야 하지만, 다른 한편으로는 교법에 감춰진 언외의 의도를 '바른 도리 yukti'에 기반하여 사택 思擇함에 의해 교법의 진실의에 깨달아 들어가야 한다는 취지의 설명이 있다.[54]

이러한 『보살지』의 사유를 계승하여 편찬되었음이 분명한 『해심밀경』 「무자성상품 無自性相品」은 『반야경』의 무자성설에 감춰진 '의도를 풀어헤치는 것 saṃdhinirmocana 解深密'을 통해서 삼무자성설을 개시하고 있다. 즉, 『반야경』의 「일체법은 무자성이다」라는 교설은 일체법은 모든 구상된 특징으로서는 무자성이라는 '상무자성 相無自性'과 다른 연緣에 의해 생겨난 것이므로 자체적으로 생겨난 것이 아니라는, 즉 연기한 것이라는 의미에서 무자성인 '생무자성 生無自性'과 승의적으로 무자성이라는, 혹은 승의로서 무자성이라는 의미의 '승의무자성勝義無自性'이라는 세 가지 무자성을 언외로 의도하고 있는 것이다. 덧붙여서 이들은 순차적으로 변계遍計·의타기依他起·원성실圓成實 삼성을 무자성의 관점에서 말한 것에 지나지 않는다.

『해심밀경』의 흥미로운 점은 이러한 삼무자성설을 개시했던 배경을 경전 자체가 밝히고 있는 점이다. 즉, 이 경전은 대체로 다음과 같은 것을 말한다. – 나(세존)는 [『반야경』에서] 무자성설을 아직 미료의경未了義經을 설한다는 방식으로 설한 것인데, 그곳에서 이를 들은 유정들에게 다양한 신해가 생기게 되었다. 즉, (1) 최상의 자들은 [삼무자성설이라는] 언외의 의도를 여실하게 이해했지만, (2) 그보다 부족한 자들은 [『가섭품』 제6절의 소설에 따라서] 이 교설을 신해하는 것만으로 그 의미를 여실하게 이해하려하지 않는다. 그러나 (3) 더 부족한 자들은 이 교설을 신해하면서도 '문자 그대로' 파악하여 일체법을 파괴하는 허무론에 빠져 지혜를 얻는 데에서 퇴보할 뿐 아니라, 『반야경』의 교설을 오해한 채로 타인들에게 교시하고 있다. 이 때문에 이를 들은 어떤 자들은 마찬가지로 이 교설을 손감론損減論·허무론으로 파악하고 있고, 다른 자들은 '두려워 전율하며 공포에 빠져서' '이것은 붓다의 말씀이 아니다'라고 거부하기에 이른다. 게다가 (4) 가장 부족한 자들은 역시 이 교설의 언외의 의도를 알지 못하고, '이것은 붓다의 말씀이 아니다'라고 비방하고, 경전을 파괴하기까지 한다.[55] –『장엄론』제1장 제20송은 이 중에서 (3)에서 (4)의 기술을 토대로, 교법에 대한 '이치에 맞지 않는 사색'이 가져오는 허물을 지적한 것이라고 생각된다.

그런데 『해심밀경』의 편찬자는 왜 이러한 (3)(4)의 기술에 있는 『반야경』의 공·무자성설에 대한 오해나 거부반응에 대해 삼무자성설을 개시하는 것이 유효하다고 생각했던 것일까? 이점에 대해서는 다음과 같이 설명될 수 있을 것이다.

원래 '무자성상품'은 (a) 연기설로 대표되는 원시경전의 전통적 교설과 (b) 『반야경』의 무자성설 간의 모순이 아닌가, 어째서 세존은 (a)에 더하여 (b)의 교설을 설했는가라는 취지의 보살의 의문에서 시작한다. 세존은 이에 응답하여 (a)를 '해심밀'한 교설로서 (c) 삼무자성설을 개시한 것인데, 이어서 같은 품(제10-16절)은 이들 세 교설의 관계에 대해 이렇게 말한다. – 여래는 우선 미숙한 유정들에 대해서 생무자성성에 기반을 두어 연기의 교설을 설하는데, 그것에 의해 유정들이 성숙한다면 게다가 그들을 바르게 해탈로 이끌기 위해 상무자성성과 승의무자성성에 기반을 두어 교법을 설한 것이다. 즉, (a)는 (b)를 '해심밀'한 (c)로 깊어져가야 할 교설로 위치시킨 것이다. 그리하여 삼무자성설의 교설은 보살뿐 아니라 성문과 독각에 의해서도 따라야 할 동일한 길, 즉 일승설이라고 선언되기에 이르렀다.

요컨대 삼무자성설을 개시하는 것은 (a)와 (b)를 가교하여 (c)라는 하나의 길을 세우는 것에 다름 아닌 것이다. 삼무자성설의 시점에서 조감한다면, (a)와 (b) 간에는 절대적인 단절이나 모순은 없지만, 양자는 동일한 길 위에 위치 지어져야 할 붓다의 교설, 불설이라는 것이 이 경의 인식인 것이다. 환언하자면, 유가행자들은 (a)라는 전통적 교설이 있는 곳에 (b)라는 대승의 교설이 제창됨으로써 생겨난 혼란에 대해서 '바른 도리'에 기초한 사유에 의해 양 교설의 의미를 되묻고 이것들을 동일한 길에 위치 짓는 (c)라는 불설을 개시하는 방법으로 하나의 회답을 개시한 것이다.[56]

그런데 이러한 『보살지』의 언설에서 『해심밀경』 「무자성상품」의 '해심밀'까지 살펴보면, 이러한 유가행파의 사색이 앞의 나가르주나의 대승옹호론과 비슷하다는 점을 알게 될 것이다. 나가르주나는 '바른 도리'를 가지고 전통적 교설과 대승의 교설을 보면 양자는 일치한다고 설하는데, 유가행자들도 '바른도리'에 기초하여 『반야경』의 무자성설을 '해심밀'하여 전통적 교설과 대승의 교설 간의 관련성을 밝히려하고 있다. 다만 전자가 '연기즉공성'을 설한데 반해, 후자는 '연기즉무자성'이라고 설하지 않고 무자성을 세 가지로 구분한 후에 '연기즉생무자성'이라고 파악한 것이다. 여기에서 유가행파로부터 나가르주나의 공성 이해에 대한 비판이 나타나고 있다고 생각된다. 유가행자들은 대승을 포섭함에 있어서 나가르주나의 대승불설론이나 공성이해에서 많은 것을 배웠지만, 한편으로 그것을 비판하여 삼성·삼무자성설을 확립했을 가능성이 생각될 수 있다. 이제 부언하자면, 『장엄론』 제1장 최종 게송에서 대승을 신해하지 않더라도 화내지 않고 평정 upekṣā하라는 특이한 언설은 필자의 생각으로는 위에서 언급한 여러 대승경전에는 존재하지 않지만, 그래도 그것과 매우 흡사한 내용이 『보행왕정론』 제4장 제88-89송에 설해져 있는 것도 결코 우연의 일치라고는 생각되지 않는다. 『장엄론』이 『보행왕정론』을 알고 있었을 가능성이 크다.

6.
마지막으로

본고에서는 『장엄론』 제1장의 논술에 근거하여 고대 인도에서 대승 불설·비불설론의 일단을 소개함과 동시에 『반야경』에서 『장엄론』에 이르기까지 여러 대승전

적에서 대승불설론이 끊이지 않고 전개되어 하나의 계보를 이루고 있음을 개설했
다. 전자에 대해서는 교설 내용을 기준으로 하는 불설관이 이미 원시경전에서 발견
되었음이 본 논서의 대승불설론의 한 근거가 되어 있음을 지적했다. 또한 후자에
대해서 말하자면, 그 계보는 『반야경』–『가섭품』(·『법화경』)–『보행왕정론』(·『중
론』)–『보살지』·『해심밀경』–『장엄론』으로 이어진다고 생각되는데, 주의해야
할 것은 그러한 대승불설론의 계통적 전개가 그대로 공·무자성설이라는 대승의
근본사상에 대한 사색의 전개와 다분히 겹치는 것이다. 『반야경』이 공·무자성설을
제창한 이래, 『가섭품』 이하는 이러한 설을 거부하거나 화내는 자들에 대해서 그것
이 허무론이나 단멸론이 아님을 보여주기 위한 언설을 반복하고 있다고 말할 수
있는 면이 있기 때문이다. 또한 덧붙이자면 이러한 대승불설론의 연속성은 본 논서
에서 끊기는 것이 아니라, 오히려 『석궤론』–『사택염』으로 이어진다는 점이 확인
되고 있다.[57]

　　고대 인도에서 전개된 대승 불설·비불설론에 대해서는 각 대승 논서에서 논술
된 대승불설론에 대한 정밀한 독해연구가 최근에 상당히 진행되었지만, 그 연구들
은 유부 논서의 아비달마불설론이나 대승비불설론 혹은 다른 대승 논서의 대승불
설론, 게다가 대승경전이나 원시경전등에서 관련된 언설에 대해서 한층 더 관심을
쏟는 것이 필요하고 또한 의의가 있음을 시사하고 있다. 그러한 여러 가지를 배려하
면서 해당문제에 대해 더욱 정확하고 종합적으로 해명하는 것은 대승불교 내지 불
교일반에서 성전의 권위성 문제를 생각하는 데에 유익할 뿐 아니라, 대승불교와
부파불교 각각의 실태 및 상호관계, 그리고 공·무자성설의 사상사적 전개를 해명
하는 데에도 중요하다. 앞으로 보다 진일보한 연구를 바라는 이유이다.

1   인도불교 문헌에서 붓다의 말씀이나 붓다의 교설은 '불설 佛說'로 번역할 수 있는
    buddhabhāṣita(e.g. *Bodhicaryāvatāra of Śāntideva with the Commentary Pañjikā of Prajñākaramati* (이하 BCP
    로 약칭), Vaidya, P.L. (ed), Darbhanga (1960), p.205,9)라는 말 외에, '불어 佛語, buddhavacana'나
    '여래설 tathāgatabhāṣita'이라는 말로 표현되고, 용례로서는 뒤의 두 가지가 오히려 많다. 그러
    나 모두 의미에 큰 차이가 없기 때문에, 여기에서는 인구에 회자된 불설이라는 말을 우선적
    으로 쓴다.

2   *Nāgārjuna's Ratnāvalī, Vol. I: The Basic Texts(Sanskrit, Tibetan, Chinese)* (RĀ로 약칭), Hahn,
    Michael(ed), Bonn (1982), pp.118,5-131,20에 해당하는 부분의 범본·티벳본이 대조된다. 진제
    의 한역『寶行王正論』에 대해서는 같은 책 말미에서도 게재되어 있는데, 대정32, 501하21-502
    하2가 해당 부분이 된다. 일역에 瓜生津隆真 역(1974)『寶行王正論』(『大乘仏典14 龍樹論集』수록)
    中央公論社, pp.295-300가 있다.

3   범본 *Mahāyānasūtrālaṃkāra(MSA*로 약칭), Lèvi, Sylvain(ed.), Paris (1907), pp.3,3-8,16. 藏本,
    Derge판 대장경(D로 약칭) No. 4026 Phi 130b3-134a6; 북경판 대장경(P로 약칭) No.5527 Phi
    137a4-141b2. 波羅頗密多羅 역『大乘莊嚴經論』대정31, 591상2-593상2. 또한 본고에서는 위
    논서에 대한 스티라마티(Sthiramati, 安慧, 510-570)에 의한 복주 *Sūtralaṃkāravṛttibhāṣya* (SAVBh
    로 약칭), D No. 4034; P No. 5531도 사용한다. 본 논서 제1장에 대해서는 長尾雅人에 의한
    연구가 長尾文庫·長尾重輝編(2007)『『大乘莊嚴經論』和訳と註解-長尾雅人研究ノート-(1)』長
    尾文庫, pp.3-46에 수록되어 있고, 또한 이를 참고한 새로운 연구가 공간되었다. 能仁正顕 편
    집, 荒牧典俊·桂紹隆·早島理·芳村博実·内藤昭文·能仁正顕·藤田祥道·乗山悟·那須良彦·長尾
    重輝 집필(2009)『「大乘莊嚴経典」第Ⅰ章の和訳と注解-大乘の確立』自照社 (『和訳と注解』로 약칭)
    그런데 같은 책에서 荒牧典俊(2009)「『大乘莊嚴経典』第Ⅰ章「大乘仏語論証」のいくつかの問題に
    ついて」가 게재되어, 역시 본 논서의 대승불설론의 내용과 구성을 논하고 있다. 그러나 필자
    의 사견과 다른 부분도 있다. 함께 읽기를 바란다.

4   *The Tibetan Text of the Vyākhyāyukti of Vasubandhu*, Lee Jong Choel(ed), Tokyo (2001),
    pp.200,10-249,8. 일역 연구로서 本庄良文(1990-92)「『釈軌論』第四章-世親の大乘仏説論(上·下)」
    『神戸女子大学紀要·文学部篇』23-1, pp.57-70, 같은 책 25-1, pp.103-118가 있다. 게다가 같은
    논서의 대승불설론에 대해서는 새로운 티벳역 교정텍스트 및 일역을 포함한 종합적 연구가
    발표되었다. 堀内俊郎(2009),『世親の大乘仏説論-『釈軌論』第四章を中心に』, 山喜房仏書林.

5   道泰 등 역『入大乘論』대정32, 36상22-39하9.

6   *Abhidharmadīpa with Vibhāṣaprabhāvṛtti(ADV*로 약칭), Jaini, Padmanabh S.(ed.), Patna (1977; 2nd.
    ed.) 여기에서 보이는 대승비판이나 대승비불설론에 대해서는 이 텍스트의 교정자 자이나에
    의한 Introduction (ADV, 27, 123-124, 128), 吉元信行(1982)『アビダルマ思想』法藏館, 三友健容
    (1989)「『アビダルマディーパ』における仏道の体系-大乘批判を中心として」『日本仏教学会年報』
    54, pp.15-28에서 논해진다. 게다가 이 텍스트에 대한 전체 번역을 수록한 다음의 종합적 연

구가 간행되었다. 三友健容(2007) 『アビダルマディーパの研究』平樂社書店.

7 『中觀心論』의 범어는 Madhyamakahṛdayaṃ of Bhavya(MH로 약칭), Lindtner, Christian(ed), Chennai (2001), pp.49,1-57,11' 티벳본은 D No.3855 Dza 17a5-20a3; P No.5255 Dza 19a7-22b3. 또한 『思擇炎 *Madhyamakahṛdayavṛttitarkajvālā(TJ로 약칭)』은 D No.3866 Dza 144b7-199a5; P No.5256 Dza 157b2-218b8. 같은 부분의 TJ에 대한 일역 연구로서 野沢静証 (1944) 「淸弁の声聞批判(上)-續インドに於ける大乗非仏説論」『密教研究』88, pp.66-79; (1972) 「淸弁の声聞批判(上)-インドに於ける大乗非仏説論」『佐藤博士古稀記念佛教思想論叢』山喜房佛書林, pp.209-225; 저자의 같은 논문이 (1973)에『函館大谷女子短期大学紀要』5, pp.203-221에 게재되어 있지만 抄譯이다. 그러나 최근 다음의 연구가 간행되어 해당문헌의 대승불설론 전체를 볼 수 있게 되었다. Eckel, Malcom David (2008) BHĀVIVEKA and His Buddhist Opponents, Cambridge 같은 책에는『중관심론』 4-5장과 그 TJ의 영역이 후자의 티벳본 교정텍스트(포함 MH 범문)와 함께 게재되어 있다.

8 각주1)에서 언급한 BCP는『입보리행론』에 Prajñākaramati(950-1000)의 산문 주석 Pañjikā를 더한 범문 텍스트에서 같은 책 pp.204,16-206,22(,210.5-10(& fn.1))에 논술된다. 같은 텍스트의 문제점과 일역, 관련 문헌에 대한 상세한 내용은 언급한 것으로서, 若原雄昭(1990) 「『入菩提行論』の大乗仏説論」『龍谷大学仏教学研究室年報』4, pp.54-45가 있다. 그리고『입보리행론』의 티벳본은 D No.3871 La 323a7-b2(, 5-6); P No. 5272 La 36b8-37a2(, 6-8), 한역은 天息災 역『菩提行經』대정32, 557하17-22(, 558상4-9).

9 범본 Abhisamayālaṃkārāloka Prajñāpāramitāvyākhyā(AAĀ로 약칭), Wogihara Unrai(ed.), Tokyo (1932), pp.401,25-402,22. 장본 D No.3791 Cha 161a3-b3; P No.5189 Cha 198b1-199a2. 졸고 (1998) 「仏語の定義をめぐる考察」『インド学チベット学研究 (IChk로 약칭)』3, pp.38-40(주72)에 일역.

10 野沢静証(1931) 「印度に於ける大乗非仏説論 大乗莊嚴經論成立大乗品の研究」『大谷学報』22-3, pp.45-71.

11 野沢 전게 논문(1944) (1972) (1973).

12 山口益(1973a) 「世親の釈軌論について一かりそめな解題といるほどのもの」『山口益仏教学文集 下』春秋社 pp.151-188 (단, 논문의 初出은 1960), 같은 논문(1973b) 「大乗非仏説論に対する世親の論破-釈軌論第四章に対する一解題」같은 책, pp.299-320(마찬가지로 초판은 1962).

13 高崎直道(1985) 「総説 大乗仏教の〈周辺〉-補論 大乗非仏説論の第資料」『講座・大乗仏教』10『大乗仏教とその周辺』春秋社, pp.1-34 (高崎直道著作集第2巻『大乗仏教思想論 I』第4部 第1章, 春秋社, 2008).

14 本庄良文(1989) 「阿毘達磨仏説論と大乗仏説論-法性, 隱沒経, 密意」『印度学仏教学研究』38-1, pp.(59)-(64). 또한 같은 논문에는 해당 부분에 관한 자료로서 문헌 1, 4, 7에 대한 언급이 있다.

15 本庄 전게 논문(1990-92).

16 각주6) 참조.

17 최근까지의 연구를 정리한 것으로서 堀内의 전게(2009) pp.27-31 참조.

18　*MSA*, 3.5-6;『和訳と注解』, p.49 참조.

19　이 어구의 독해에 관해서는『和訳と注解』, pp.104-105(각주28)을 참조.

20　*MSA*, 3.7-19; *SAVBh*, D Mi 17b2-19a3, P Mi 18b4-20a7.

21　단적인 예로서『잡아함경』제254, 255, 261, 261, 351, 1144, 1165經(차례대로 대정 2, 61중-62 중, 63중-64중, 66상-중, 66중-65상, 98하-99상, 302하-303하, 311상-중) 등 '붓다가 등장하지 않는 경'을 지적해두겠다. 원시경전에서 실질적인 설법자가 불제자(성문)임은 결코 적지 않은데, 이들 제 경전에서는 모두의 '여시아문 일시불재 如是我聞 一時仏在'라는 붓다의 존재를 나타내는 기술조차도 '일시존우타이 一時尊者優陀夷'등 불제자의 존재를 나타내는 것으로 바뀌어 있 다. 그러나 인도불교에서 경전의 성격을 이해하기 위해서는 이러한 특례뿐 아니라, 결집전승 의 비판적인 검토를 포함하여 널리 경전 성립사가 고찰되어야 함은 말할 것도 없다. 이 점에 관한 근년의 논고로서 下田正弘(2004)「聖なる書物のかなたに─あらたなる仏教史へ」『岩波講 座・宗教 5 言語と身体─聖なるのものの場と媒介』岩波書店, pp.25-52 참조.

22　「(1) [이타를 설하는 것이] 결여되어 있기 때문에 (2) 다르기 때문에 (3) 방법이 아니기 때문 에 (4) 그대로 설해져 있지 않기 때문에」(제9송). *MSA*, 4.6-7;『和訳と注解』, p.57 참조. 이 하는 필요에 따라『장엄론』제1장 각 게송의 번역을 이렇게 주에서 표시하기로 한다.

23　*MSA*, 4.4.5: "etad eva śrāvakayānaṃ mahāyānam etenaiva mahābodhiprāptir" iti kasyacit syāt.『和訳 と注解』, p.55 참조.

24　「(1) 의욕과 (2) 교설과 (3) 수행과 (4) 기반과 (5) 시간이 다르다는 이유로 [성문승은] 열등 하고, 그것은 소[승] 그 자체이다」(제10송) *MSA*, 4.19-20;『和訳と注解』, p.59 참조.

25　「[대승은] 자기[의 경전]에 들어가 있기 때문에, 자신을 다스리는 것에서 보여지기 때문에, 또한 광대성과 심오함이 있기 때문에 법성에 반하지 않는다」(제11송) *MSA*, 5.3.4;『和訳と注 解』, p.61 참조.

26　'佛語의 정의'의 전거 및 그 전승의 다양성에 대해서는 전게 졸고(1998), pp.3-15 참조.

27　*SAVBh*, D Mi 22a5-b2; P Mi 23b4-24a2; 전게 졸고(1998), p.36.

28　「현자의 의지처인 이론적 사고는 (1) 의존하고 (2) 부정확하고 (3) 망라하지 않으며 (4) 세속 에 속하며 (5) 퇴굴하는 것이라고 생각된다. 그러므로 그것(대승)은 그것(이론)의 대상이 아니 다」(제12송) *MSA*, 5.10-11;『和訳と注解』p.63 참조.

29　「광대성 때문에 성숙함이 있고, 심원성 때문에 무분별이 있다. 그러므로 여기(대승)에서는 [광대성과 심원성] 두가지를 설하는 것이다. 그리고 그것(대승의 교법)은 위없는 [지혜]의 방 법인 것이다.」(제13송) *MSA*, 5.18-19;『和訳と注解』p.65 참조.

30　「問誰造此論。答佛世尊。所以者何。以一切種所知法性甚深微妙。非佛世尊一切智者。誰能究竟等 覺開示」『대비바사론』대정27, 1상6-8.

31　*Abhidharmakośabhāṣyaṃ of Vasubandhu*, Pradhan, Prahlad(ed), Patna, 1975(2nd. ed), 2.20-23;『구 사론』대정 29, 1중19-20. 櫻部建(1969)『倶舎論の研究』法藏館, p.140 참조.

32 *Aṅguttaranikāya*(PTS ed.) 8.8.6(iv, 164.7-9)： yaṃ kiñci subhāsitaṃ, sabban taṃ tassa bhagavato vacanaṃ arahato sammāsambuddhassa.

33 *Suttanipāta*(Sn으로 약칭), PTS ed., 3.3(78.6-79.15)；*Saṃyuttanikāya*(SN으로 약칭), PTS ed., 8.5(i, 188.26-189.25)；中村元 역(1958)『ブッダのことば』岩波文庫, pp.77-78, 村上真完·及川真介 역주 (1988)『仏のことば 註 (三)』春秋社, pp.84-102 참조.

34 *Sn*, 3.3(79.13-15)；*SN*, 8.5(I 189.24-25)；中村 역, p.78, 村上·及川 역주, p.95.

35 『사분율』대정22, 952중3-9：「佛言. 若得語者事必得解. 佛言. 有五法攝言. 得自申理不[5]被咎責. 令彼歡喜後無悔恨. 何等五. 善者便說. 不善者不說. 如法便說. 不如法不說. 愛言便說. 不愛[6]言不說. 以實而說. 不[7]為虛詐. 利益故說. 不以無利. 有如是五法攝言. 得自申理不被咎責. 令彼歡喜後無悔恨」村上·及川 역주, p.96 (주1) 참조.

36 『섭대승론』대정31, 133상18-27. 長尾雅人(1982)『攝大乘論 和訳と注解 上』講談社, pp.67-68 (序·四) 참조.

37 이하의 제4, 제5절의 상세한 내용에 대해서는 졸고(2006-08)「大乘の諸問題に見られる大乘仏説論の系譜 I」IChk9·10, 1-55；「같은 논문 II」『仏教学研究』60·61, pp.44-65,「같은 논문 III」IChk11, pp.1-30,「같은 논문 IV」IChk12,1-39를 참조하기 바람.

38 「그 근거가 아닌 것을 두려워하는 것은 장기간에 걸쳐 세상 사람들을 태워버린다. 큰 비복덕(죄과)의 무더기를 낳기 때문이다. (1) 종성 種姓이 없고 (2) 바른 스승을 갖지 못하고 (3) 지혜가 생기지 않고 (4) 과거에 선을 쌓지 않은 자는 이 교법을 두려워하고 있고, 그러므로 이 세상에서 큰 이익으로부터 물러난다.」(제14송) MSA, 6.3-6；『和訳と注解』, p.67 참조.

39 「(1) 그 외의 것도 다른 것도 없기 때문에 (2) 최고로 심오하기 때문에 (3) 같이 일어나기 때문에 (4) 다양한 것을 설하기 때문에 (5) 많은 관점에서 항상 설하고 있는 것이 도리이기 때문에 (6) 설해진 대로 의미하는 것은 아니기 때문에 (7) 또한 세존은 의도하는 바가 매우 깊기 때문[이라고 한다. 이렇게] 이치에 맞게 고찰함으로써 총명한 자들은 이 교법에 대해 두려워하는 바가 없는 것이다」(제15송) MSA, 6.15-18；『和訳と注解』, p.69 참조.

40 「문자대로 의미가 구상될 때, 스스로[의 견해]를 확신하는 자는 (1) 지혜로부터 후퇴한다. 또한 (2) 선설 善說을 부정하고 그리하여 파멸한다. 또한 (3) 교법에 대해 두려워하고 장해를 당한다.」(제20송) MSA, 8.6-7；『和訳と注解』, p.81 참조.

41 「마음의 분노는 본성적으로 과실이고, 도가 아닌 것에 대해서 [화내는 것 역시] 도리가 아니다. 하물며 의혹에 빠진 자가 교법에 대해 [화내는 것은] 말할 것도 없다. 그러므로 평정한 upekṣā이야말로 최상이다. 과실이 없기 때문이다.」(21송) MSA, 8.13-14；『和訳と注解』, p.83 참조.

42 AAĀ, 393.23ff.；『道行』대정8, 441상26이하, 梶山雄一·丹治昭義 역(1974)『八千頌般若経 I』(大乘仏典2) 中央公論社, p.214 이하.

43 하리바드라가 이 '어리석은 자들'이라는 경의 말을 주석하는 할 때『장엄론』제1장의 제11송과 제21송을 인용하면서 대승비불설론을 비판한다. 각주9) 참조.

44 *Pañcaviṃśatisāhasrikā Prajñāpāramitā II · III*, Kimura Takayasu(ed.) Tokyo (1986), pp. 149,31-154,8; 『대품반야경』 대정8, 304중14-305하3.

45 *AAĀ*, 501.25ff; 『도행』 대정8, 447상5이하, 梶山·丹治 역, p. 285 이하.

46 *Pañcaviṃśatisāhasrikā Prajñāpāramitā IV*, Kimura Takayasu(ed.), Tokyo (1990), pp. 37,28-38,5; 『대품반야경』 대정8, 319상13-20.

47 『대지도론』 대정25, 536상11-25

48 대정2, 316하23-317중16

49 *ADV*, 195.4-197.8. 三友(1989), pp. 19-20, 같은 논문(2007), pp. 217-221; 518-520, 전게 졸고 (1998), pp. 30-33 참조

50 *The Kāśyapaparivarta(KP*로 약칭)*, von Staël-Holstein, Baron A(ed.), Shanghai (1926), 10-15; 長尾雅人·櫻部建 역(1974) 『大乘仏典9 宝積部経典』 中央公論社, pp. 12-14.

51 *KP* 200-217; 長尾·櫻部 역, pp. 104-113.

52 *RĀ*, 124,9-127,16; 瓜生津 역, pp. 198-299.

53 *Bodhisattvabhūmi(BoBh*로 약칭)*, Wogihara Unrai(ed.), Tokyo (1930-1936), pp. 265. 3ff; 『유가론』 대정30, 541상12이하.

54 *BoBh* 108,3-109,7; 『유가론』 대정30, 503하8-504상4.

55 *Saṃdhinirmocanasūtra*, *L'explication des mystères*, Lamotte, Étienne(ed.), Louvain-Paris, 1935, VII. 17-23(75.1-79.26); 『해심밀경』 대정16, 695중9-696상29. 袴谷憲昭(1994) 『唯識の解釈学-『解沈密経』を読む』 春秋社, pp. 171-188.

56 실은 이러한 「해심밀]의 사상이야말로 『장엄론』에서 설한 8가지 '문자와 다른 것이기 때문' 이라는 대승불설의 주장에 내용이다. 이 점을 이해한다면 유가행파의 이 주장은 결코 대승의 교설을 자의적으로 해석하기를 허락하지 않고, 원시경전의 전통적 교설과 대승과의 관련성 내지 일치를 분명히 함으로써 후자가 불설임을 나타내려했다는 점이 인정될 것이다.

57 모두 대승불설론의 문맥에서 『석궤론』은 『장엄론』(제1장 제20송, 제11장 31송)을 인용하는 한편, 『사택염』은 불신론에 관해서 『석궤론』을 인용한다. 堀內(2009) 6, pp. 174-180 참조. 게다가 『대승장엄경론』과 『사택염』의 대승불설론에 여러 공통점이 있는 점에 대해서는 이미 野沢[1931]이 지적했다.

제5장

아프카니스탄 사본으로 본 대승불교
대승불교 자료론을 대신하여

마츠다 카츠노부(松田和信)

1.
시작하며

2001년 9월 11일 필자는 노르웨이의 오슬로에 머물고 있었다. 독일 뮌헨대학의 엔스 우베 하르트만 Jens-Uwe Hartmann 교수와 함께 지냈던 아파트 방에서 뉴욕 맨하탄의 스카이라인이 붕괴되어 가는 모습을 반복해서 전하는 미국 CNN 뉴스를 보면서 두 사람은 잠들 수 없는 밤을 보냈다. 다음날 12일 아침, 가까운 아메리카 대사관 앞길은 오슬로시민이 올린 무수한 꽃다발로 막혀 있었고, 동시에 건물 주위에는 방호용 테트라 포트를 산더미처럼 높이 쌓고 기관총을 가진 경관들이 서 있었다. 이 때 오슬로에는 세계 각지에서 온 10여 명의 불교연구자가 있었다. 오슬로 대학의 엔스 브라빅 Jens Braavig 교수에 의해 조직된 연구 프로젝트에 참가하기 위해서였다.

프로젝트의 목적은 노르웨이의 실업가인 마틴 스코엔 Martin Schøyen이 사들인, 아프가니스탄의 바미얀 계곡에서 출토되었다고 전해진 불교사본을 해독하고, 세계 불교학계를 향해 출판하는 것이었다. 브라빅 교수, 하르트만 교수, 베를린·인도 박물관의 로어 잔더 Lore Sander 박사 및 필자 네 명에 의해 1997년에 개인적으로 개시된 연구 프로젝트는 2001년 노르웨이 과학 아카데미 고등연구소의 공식 프로젝트로 채용되어 필자들은 막대한 양의 아프가니스탄 사본을 오슬로 교외의 스코엔 씨의 자택에서 연구소로 가져왔고, 세계각지에서 오슬로로 연구자를 초대하여 공동으로 해독연구를 개시했던 것이다. 2001년에 필자는 여러 차례 오슬로에 체재했지만 많은 연구자가 모인 이번에는 귀국을 며칠 뒤로 늦췄고, 예약했던 항공편이 많이 취소되었으며, 미국의 연구자들을 중심으로 한 필자들은 적지 않은 혼란에 빠졌다.

10년 전의 사건이 이 장과 무슨 관계인지 독자는 의아해할지 모른다. 그 전에 본 장의 주제인 대승불교를 연구하기 위한 자료가 무엇인지 확인해둘 필요가 있을 것이다. 대답은 간단하다. 애초에 불교학이라는 연구분야의 기본은 문헌연구이다. 문헌을 떠나서, 혹은 문헌을 무시한 불교연구는 있을 수 없다. 불교가 융성했던 고대 인도에서 불교문헌은 구전과 사본에 의해 전승되었다. 그러나 이미 불교의 전통이 사라진 현재 인도아대륙에서 남겨진 문헌자료는 사본과 얼마 안 되는 비문 밖에 없다. 게다가 그 사본도 서북인도나 중앙아시아라는 인도주변부에만 남겨져 있다. 본 서의 전신인 시리즈 강좌 대승불교의 제1권『대승불교란 무엇인가』가 간 행된 것은 쇼와 556년(1981년)이었다. 그로부터 현재에 이르는 30년간 대승불교연 구와 관련된 문헌자료의 현황은 크게 변화해가는 중이라고 본다. 특히 1990년대 중반부터 현재에 이르는, 산스크리트어(범어)와 간다라어에 의한 새로운 인도어 불 교사본의 발견, 특히 파키스탄과 아프가니스탄에 걸치는 간다라 및 아프가니스탄 바미얀 계곡의 막대한 양의 불교사본의 발견은 지금까지 많은 연구자들에 의해 집 적되어 온 대승불교연구에 더하여 인도 대승불교를 둘러싼, 더욱 정확하고 한층 중요한 정보를 우리들에게 계속해서 주고 있기 때문이다.

　그리고 이들 사본 발견은 구 소련의 아프가니스탄 개입에서 시작하는, 탈레반 의 대두, 게다가 동시다발적인 테러에서 아프간 전쟁에 이르는 현재의 세계정세와 결코 무관하지 않다. 즉, 새로운 사본류는 대부분 영국 런던의 고미술 시장을 거쳐 마지막으로 연구자들의 손에 들어가게 되는데, 이는 내란과 전쟁의 혼란을 겪고 있는 아프카니스탄과 그 이웃나라인 파키스탄 현지가 황폐화되었기 때문이다. 필 자에게 있어서 오슬로에서의 밤은 이 시대를 살아간다는 것의 의미를 다시 묻지 않을 수 없게 하는 밤이었고, 같은 시간을 지냈던 친구 우베 하르트만의 생각도 틀림없이 같았을 것이다.

이들 아프가니스탄과 파키스탄에서 발견된 불교 사본을 그 내용에 따라 기존 교단의 문헌과 새로운 대승불교문헌으로 나눈다면, 기존 교단문헌 쪽이 확실히 많다. 다만 양적으로 적다고 해서 발견된 대승불교문헌의 중요성이 내용적으로 결코 교단문헌에 뒤지지 않는다. 본 장에서는 거의 15년간 아프가니스탄과 파키스탄에서 새롭게 발견된 불교 사본 중에서 대승불교에 관련된 사본류를 소개하고, 그것들의 발견이 이후 대승불교연구에 무엇을 가져다줄 것인지 생각해보고자 한다.[1]

2.
아프가니스탄과 파키스탄에서 새롭게 출토된 사본

사본의 발견

정확한 발견 연도와 지점은 지금까지도 불분명한 점이 많지만, 1990년대 중반이었다고 전해진다. 아프가니스탄의 바미얀 계곡 동부에 위치한 자르가란Zargaran 지역의 붕괴된 석굴 유적지에서 그 지역에 살고 있는 사람들에 의해 다량의 사본이 발견되었다. 자르가란 지역은 탈레반에 의해 파괴된 두 개의 대불大佛 중에서 다소 작은 동대불東大佛에서 다시 동쪽으로 약 1~2킬로미터 떨어진 곳에 위치한다. 발견된 사본류는 카로슈티 문자 및 브라흐미 문자로 조개껍질, 나무껍질, 동물가죽에 서사된 간다라어 및 산스크리트어(범어)의 불교문헌인데, 총 숫자는 작은 파편을 포함하여 전체 1만점 이상으로서, 불교연구에 기여한다고 보이는 여러 행 이상의

문장을 담은 단간斷簡만도 약 2000점에 이른다. 더욱 이들 사본류의 내용은 복수의
불교교단에서 유래한 경·율·논 삼장 이외에도 삼장에 대한 주석문헌과 삼장 외의
아비달마 문헌에 이르는 온갖 교단문헌에 걸쳐있으며, 게다가 복수의 대승경전의
단간으로 보이는 것도 다수 포함되어 있었다.

또한 바미얀에서의 발견을 전후로 하여 아프가니스탄과 파키스탄에 걸쳐 있는
간다라의 복수의 지역에서도 카로슈티 문자로 나무껍질 두루마리에 서사된 간다라
어의 불교사본이 다수 발견되었고, 현재 파키스탄의 길기트에서도 [근본] 설일체
유부교단 [Mūla]Sarvāstivādin이 전승하는 율장의 여러 단간 및『장아함경 Dīrgha-āgama』
나무껍질 사본이 발견되었다.

이렇게 1990년대 중반부터 현재에 이르는 약 15년 동안 아프가니스탄과 파키스
탄에서 새롭게 발견된 불교사본은 발견지로 나누면 세 지역으로 나눌 수 있고, 사본
에 쓰인 문자, 용지, 사서연대, 사용된 언어로 그것을 분류하면 다음과 같이 정리할
수 있다.

　　1. 바미얀(아프가니스탄)
　　(1) 브라흐미 문자 사본(패엽·패엽형 나무껍질·패엽형 동물가죽, 2-8세기, 산스크리트어)
　　(2) 카로슈티 문자 사본(전부 패엽, 2-4세기, 간다라어)
　　2. 간다라(아프가니스탄·파키스탄간의 국경지역)
　　카로슈티 문자 사본(전부 나무껍질 두루마리, 기원전 1세기-기원후 1세기, 간다라어)
　　3. 길기트(파키스탄)
　　브라흐미 문자 사본(전부 패엽형 나무껍질, 8세기, 산스크리트어)

남은 분석 진행

이들 출토본의 문제점은 그 대부분이 전문가에 의해 고고학적 조사를 통해 발견된 것이 아니라 현지인들에 의해 우발적으로 발견되고 중개업자의 손을 거쳐 갑자기 런던을 중심으로 한 세계 고미술 시장에 모습을 드러내어, 최종적으로 세계 각지의 개인수집가나 연구기관, 예를 들어 영국 대영박물관 British Library, 노르웨이의 스코엔 컬렉션, 일본의 히라야마 이쿠오 平山郁夫 컬렉션 등에 인수되었다는 점이다. 따라서 정확한 출토지와 상세한 출토현황은 분명하지 않다. 바미얀 계곡 출토라고 간주되는 사본들에 대해서는 계곡 동부의 자르가란 지역이라는 신뢰할 수 있는 정보가 주어져 있지만[2], 그 이외 우리에게 전해진 것들은 그다지 신뢰할 수 없는 중개업자가 전하는 정보일 뿐이다. 위조품의 뒤섞임을 완전히 부정할 수 없는 간다라 출토의 불상이나 부조 등과 달리, 문자 자료는 그 진위 판별이 쉽고, 그 출토지에 대해서도 현재 전해지는 정보가 설사 부정확하다고 해도 고대에 불교가 융성했던 파키스탄에서 아프가니스탄에 이르는 넓은 의미에서의 간다라 지역에서 가져온 것임은 틀림없다.

세 가지 연구 프로젝트

이들 신출토사본에 대한 해독연구와 출판을 위해 바로 세계의 세 군데에서 세 가지 연구 프로젝트가 추진되어 현재도 연구가 지속되고 있다. 여기에서 세 가지 프로젝트가 연구대상으로 하고 있는 신출토 컬렉션을 소개하면 다음과 같다.

1. 오슬로(스코엔, 히라야마 이쿠오, 하야시데라 곤슈 컬렉션 외)

2. 시애틀(대영도서관, Senior 컬렉션, 미국의회도서관 외)

3. 베를린(폐샤와르 대학 및 익명의 컬렉션)

오슬로의 프로젝트는 앞에서 언급했듯이 필자를 포함한 4인에 의해 시작되었고 그 후에 스탠포드 대학의 폴 해리슨 Paul Harrison 교수가 합류했다.[3] 다루는 사본은 바미안에서 발견된 사본들 대부분을 인수한 스코엔 컬렉션 및 그것과 같은 종류의 사본을 입수한 일본의 고 히라야마 이쿠오 平山郁夫 컬렉션, 진종 본원사파의 승려였던 고 하야시데라 곤슈 林寺嚴州의 컬렉션에 포함된 사본들이었다. 이 중에서 일본의 두 컬렉션은 양적으로는 스코엔 컬렉션의 백분의 일에도 미치지 못하지만 스코엔 컬렉션과 동일한 사본의 단편이 다수 포함되어 있어 같은 출토지에서 유래한 사본임이 분명하다. 또한 오슬로 프로젝트는 길기트에서 발견된 [근본] 설일체유부 교단에서 전승했던 거대한 『장아함경』 사본도 다루고 있다.[4] 그 대부분을 미국의 아담스 컬렉션 Adams Collection과 히라야마 이쿠오 컬렉션이 입수하고 있다.

다음으로 시애틀 프로젝트는 미국 워싱턴 주립대학의 리차드 살로몬 Richard Salomon 교수를 중심으로 한 그룹에 의한 것으로 당초 런던 대영도서관이 입수했던 아프가니스탄의 핫다 출토로 전해지는 카로슈티 문자에 의한 간다라어의 나무껍질 두루마리 29점을 연구하기 위해 조직되었고[5], 그 후에 영국의 시니어 컬렉션 Senior Collection이 입수했던 24권의 나무껍질 두루마리[6]와 미의회도서관이나 워싱턴 대학 자신이 사들인 같은 두루마리도 다루고 있다.

세 번째의 베를린 프로젝트는 베를린 자유대학 Freie Universität Berlin의 해리 활크

Harry Falk 교수와 잉고 스트라우흐 Ingo Strauch 박사에 의해 행해진 것이다. 활크 교수
는 익명의 수집가가 입수한 카로슈티 문자에 의한 간다라어 나무껍질 두루마리 단
편 5점을 담당하고 있고, 스트라우흐 박사는 아프가니스탄 국경과 가까운 파키스탄
의 바자우르 Bajaur에서 발견되었으며, 현재는 페샤와르 대학에 보존되어 있는 같은
간다라어 나무껍질 두루마리들에 대해서 출판을 목적으로 해독연구를 진행하고
있다. 따라서 베를린 연구 프로젝트는 2인 연구자에 의한 동일 자료에 대한 공동연
구가 아니라 개별 자료에 대해 각자 독자적으로 이뤄지는 것이다.

연구프로젝트의 성과

스코엔 컬렉션을 중심으로 오슬로에서 연구되고 있는 사본들 중에서 주요 부분
은 브라흐미 문자 사본이지만, 약 250점 정도의 카로슈티 문자에 의한 간다라어
패엽 사본의 단간도 포함되어 있고 그중에는 여러 점의 대승경전도 발견되고 있다.
한편 주로 간다라어 나무껍질 두루마리를 다루는 것이 시애틀과 베를린의 프로젝
트이지만 양자 사이에는 큰 차이가 있다. 시애틀에서 연구되는 간다라어 자료는
법장부교단 Dharmaguptaka이 전승했다고 생각되는 교단문헌으로서, 직접적 의미에
서 대승문헌은 포함되어 있지 않다.

이에 반해 베를린에서 연구되는 사본류에는 활크 교수가 취급하는 나무껍질
두루마리와 스트라우흐 박사가 다루는 두루마리에는 모두 초기 대승경전이 포함되
어 있을 뿐 아니라, 후자에는 다라니를 설하는 밀교경전의 맹아로 보이는 경전까지
발견되고 있다. 더욱 이 서사 연대에 대해서 탄소14에 의한 연대추정 결과 스코엔
컬렉션의 간다라어 사본은 CE. 3세기경으로 추정되는데, 시애틀과 베를린의 두루

마리들은 더 오래된 것으로 BCE. 1세기 후대나 CE. 1세기까지 소급되는 현존 최고
最古의 불교 사본임이 확실하다. 시애틀의 프로젝트는 1996년, 오슬로의 프로젝트
는 1997년에 개시되어 양자 모두 이미 10년 이상을 해독과 출판에 힘쓰고 있다.
그 결과 다음과 같이 오슬로에서는 큰 분량의 연구보고서 3권, 시애틀에서는 간다
라어의 텍스트 6권이 이미 출판되었다.

오슬로 : Jens Braarvig, Paul Harriosn, Jens-Uwe Hartmann, Kazunobu Matsuda,
Lore Sander (eds.), *Buddhist Manuscripts : Manuscripts in the Schøyen Collection*,
Hermes Publishing, Oslo, Vol.1, 2000 [＝BMSC-1], Vol.2, 2002 [＝BMSC-2],
Vol.3, 2006 [＝BMSC-3].

시애틀 : *Gandhāran Buddhist Texts*, University of Washington Press :

(1) Richard Salomon, *A Gāndhārī Version of the Rhinoceros Sūtra: British Library
  Kharoṣṭhī Fragment 5B*, 2000.

(2) Mark Allon, *Three Gāndhārī Ekottarikāgama-Type Sūtras: Britishi Library
  Koharoṣṭhī Fragments 12 and 14*, 2001.

(3) Timothy Lenz, *A New Version of the Gāndhārī Dharmapada, and a Collection of
  Previous-Brith Stories: British Library Kharoṣṭhī Fragments 16 +25*, 2003.

(4) Andrew Glass, *Four Gāndhārī Saṃyuktāgama Sūtras: Senior Kharoṣṭhī Fragment
  5*, 2007.

(5) Richard Salomon, *Two Gāndhārī Manuscripts of the Songs of Lake Anavatapta*

(Aanavatapta-gāthā): British Library Kharoṣṭhī Fragment 1 and Senior Scroll 14,
2008.

(6) Timothy Lenz, *Gandhāran Avadānas: British Library Kharoṣṭhī Fragments 1-3,
21 and Supplementary Fragments A-C*, 2010.

이렇게 이미 많은 사본이 출판되었지만 다만 필자가 직접 관련된 오슬로에 한정
해서 말하자면 이미 출판된 3권에 더하여 현재 출판준비중인 제4권(BMSC-4)을 더해
도 해독을 끝내고 출간된 사본은 전체의 30퍼센트 정도에 지나지 않는다. 그 정도로
많은 사본이 발견된 것이다. 한편 베를린의 연구 성과에 대해서는 프로젝트가 개시
된 지 오래되지 않아 후술하듯이 현 지점에서는 개설적인 논문 몇 편이 발표되어
있을 뿐이다.[7]

3.
새로운 대승경전 사본

신출 사본들은 교단문헌과 대승문헌 양쪽에 포함되지만 본 시리즈의 주제인
대승불교에 관련된 문헌, 구체적으로 소위 대승경전의 사본은 브라흐미 문자 사본
과 카로슈티 문자 사본 양쪽에서 발견되고 있다. 또한 이것들도 특징적인 점이지만
불교혼성범어 Buddhist Hybrid Sanskrit를 포함하는 산스크리트어의 사본은 예외 없이
브라흐미 문자 사본에 한정되고 간다라어의 사본은 카로슈티 문자 사본에 한정된

다. 전술했듯이 시애틀 프로젝트에는 대승경전 사본은 포함되지 않기 때문에 여기에서 문제되는 것은 오슬로와 베를린의 프로젝트이다. 오슬로 프로젝트에는 브라흐미 문자 사본과 카로슈티 문자 사본 양자가 포함되지만 베를린 프로젝트가 다루는 것은 오로지 카로슈티 문자에 의한 나무껍질 두루마리이므로 필연적으로 포함되는 대승경전사본은 간다라어 문헌뿐이다.

이하에서 이것들을 언어별로 나눠서 순차적으로 소개할 것이다. 그런데 필사에 사용된 문자에서 카로슈티 문자는 서체에 의한 편년이 확정되지 않지만 브라흐미 문자에 대해서는 서체에 의해 거의 서사연대를 확정할 수 있다. 쿠샨 왕조기의 브라흐미 문자(2-4세기, 약호 K), 굽타왕조기의 북서형 브라흐미 문자(4-6세기, 약호 WG), 길기트 바미얀 제1형 문자(6-7세기, 약호 GB) 중의 어떤 서체가 쓰여 있는지 명시하고, 다시 브라흐미 문자사본에 대해서는 연구보고서 BMSC의 수록 권수도 적어둔다.

대승경전의 산스크리트어 사본(오슬로)

1. 팔천송반야경 八千頌般若經 *Aṣṭasāhasrikā Prajñāpāramitā* (K) BMSC-1, BMSC-2

2. 승만경 勝鬘經 *Śrīmālādevīsiṃhanādanirdeśa-sūtra* (WG) BMSC-1

3. 신세경 新歲經 *Pravāraṇā-sūtra* (WG) BMSC-1

4. 제법무아경 諸法無我經 *Sarvadharmāpravṛttinirdeśa-sūtra* (WG) BMSC-1

5. 아사세왕경 阿闍世王經 *Ajātaśatrukaukṛtyavinodanā-sūtra* (WG) BMSC-1, (WG) BMSC-2

6. 보살장경 菩薩藏經 *Bodhisattvapiṭaka-sūtra* (WG) BMSC-3

7. 월상녀경 月上女經 *Candrottarādārikāvyākaraṇa* (WG) BMSC-2

8. 법화경 法華經 *Saddharmapuṇḍarīka-sūtra* (GB) BMSC-2

9. 월등삼매경 月燈三昧經 *Samādhirāja-sūtra* (GB) BMSC-2

10. 무량수경 無量壽經 *Larger Sukhāvatīvyūha* (GB) BMSC-2

11. 금강반야경 金剛般若經 *Vajracchedikā Prajñāpāramitā* (GB) BMSC-3

브라흐미 문자에 의한 사본 중에서 이미 출판된 3권의 보고서에 포함된 산스크리트어 대승경전은 이들 11종인데, 그밖에 미출판된 사본으로서『약사왕경 藥師王經 *Bhaiṣajyaguru-sūtra*』과『보성다라니경 寶星陀羅尼經 *Ratnaketu-parivarta*』이 있다. 또한 쿠샨왕조기의 브라흐미 문자로 서사된『팔천송반야경』과 별도로 길기트·바미얀 제1형 문자에 의한『팔천송반야경』및『이만오천송반야경』으로 보이는 많은 사본 단간들이 있으며, 내용으로 판정할 때 대승경전이라 생각되는 단간도 그 다수가 해독에 착수되지 않은 채 남겨져 있다.

따라서 이미 정체가 판명된 사본에 한정된 이야기지만 그중에서도 가장 주목할 만한 점은 쿠샨왕조기의 브라흐미 문자로 쓰인 패엽사본 중에『팔천송반야경』의 단간 약 40점이 발견된 것이다. 서체로 판명할 때 CE. 2세기에서 3세기로 소급되는 사본이라 생각되며 대중부고단 Mahāsāṃghika이 전승한『대사 大事 *Mahāvastu*』에 나타나는 것과 같은 불교범어가 사용되어 있다. 특히 동사어형의 붕괴형태가 심하다. 다만 이 사본에서 보이는 '반야바라밀'이란 단어는 prajñāpāramitā였고, 후대 어형과 다른 것이 아니다. 이에 의해서 당시『반야경』이 최초부터 산스크리트어로 성립된 것이 아니라 그에 앞서 상당히 붕괴된 불교혼성범어로 전승된『반야경』이 인도에 존재했다는 직접적 증거가 발견된 것이 된다. 오슬로의 연구팀이 이들 40점의 사본 단간의 존재를 안 것은 연구가 개시된 직후인 1997년인데 이것은 쿠샨왕조기의 브라흐미 문자로 서사된 대승경전사본 발견의 첫 번째였다. 이렇게 오랜 연대의 대승경전 사본 등은 지금까지 전혀 발견되지 않았다. 다만 이 발견의 영예도 그로부터 10년 후, 오랜 연대의 카로슈티 문자로 서사된 간다라어에 의한『반야경』사본의 발견(후술)에 물려주게 되었다.

다음으로 주목해야 할 사본은 완전한 몇 장의 껍질을 포함하는 약 50점의 동일한 사본에 속한다고 생각되는 일련의 단간이다. 굽타왕조기의 뛰어난 북서형 브라흐미 문자로 서사된 패엽 사본으로, 그 서사연대는 적어도 5세기까지 소급된다고 생각된다. 흥미롭게도 이것은 단일 문헌의 사본이 아니라 복수의 경전을 이어서 서사한 사본이었다. 해독 결과 판명된 경전은 2번에서 5번에 나타나듯이 일본에서도 유명한 여래장·불성사상을 설한『승만경』과 우기가 시작하는 새로운 시즌에 대해 기술하는『신세경』의 대승 버전, 그리고 한역에서 구마라집 역으로 알려진『제법무행경』과『아사세왕경』이라는, 타 문헌에서 인용을 빼고는 원전이 알려져 있지 않았던 네 개의 대승 경전이었는데, 네 개의 경전이 순서대로 연사된 사본이었다.

또한 패엽의 쪽수는 최초의 폴리오가 회수되지 못했지만, 회수된 폴리오의 문장 분량으로 계산할 때『승만경』의 최초 폴리오 페이지 번호는 319였다고 추정되고, 4번『아자세왕경』의 회수된 최초의 폴리오 번호는 549로 추정되었다. 즉, 완전한 형태로 남아 있었다면 500장 이상으로 이뤄진 거대한 사본이었을 것이다. 또한 페이지 번호로 판단해도 이들 4점의 대승경전 이외에 다른 복수의 대승경전이 연사된 사본이었을 가능성이 높다. 게다가 기이한 점은 이들 네 경전에 무엇인가 내용적인 관련성이 있다고도 생각되지 않는다. 만약 당시 인도에서 대승경전을 하나의 사본으로 맥락 없이 연사하는 것이 보통이었다면, 예를 들어 한역에 남겨진 대승경전 집성인 『대보적경』이나 『대집경』의 성립사정도 이로부터 유추될 수 있을지 모른다. 『대보적경』은 49개의 대승경전, 『대집경』은 17개의 대승경전 모음집으로 49 내지 17개의 대승경전에는 그것들을 관통하는 공통된 사상이나 사정은 전혀 존재하지 않는 듯 보인다. 5세기로 소급되는 이들 사본도 이들의 또 다른 복사複寫가 당시 중국에 전해졌다면 제2의 『대보적경』이나 제2의 『대집경』이 후대 불교사에 나타났을지도 모른다.

또한 『무량수경』이나 『금강반야경』 등에 대해서는 이미 다른 사본에 기초한 산스크리트 텍스트가 출판되어 있으므로 새로운 사본발견의 의미가 있을까 하는 의문이 늘지도 모른다. 그러나 바미얀에서 발견된 『무량수경』 단간은 종래에 알려진 한역, 산스크리트어 사본, 티벳어역 등의 어떤 것과도 전혀 다른 버전으로서, 문장의 분량도 종래 산스크리트어 버전의 반밖에 안 되고, 말미의 유통게도 『불명경佛名經』의 게송으로 바뀌어져 있다. 또한 『금강반야경』에 대해서는 하나의 사본에 『약사경』(미출간)에 이어서 사서된 것으로서 경전 전체의 약 반의 문장이 회수되었다. 이미 알려진 이른바 길기트·바미얀 제1형 문자로 서사된 『금강반야경』은 거의 전체가 회수되었다.[8] 그리고 제6 『보살장경』은 한역 『대보적경』 제12회 〈보살장회菩薩藏會〉(현장역)로 알려진 대승경전인데 다음 항의 간다라어 사본 중에서도 이 경전의 단간이 발견되어 있다. 어쨌든 이들 11점의 새롭게 발견된 대승경전사본의 상세한 사항에 대해서는 이미 오슬로에서 출간된 3권의 연구보고서 BMSC를 참조하기 바란다.

대승경전의 간다라어 사본(오슬로)

1. 현겁경 賢劫經 *Bhadrakalpika-sūtra*
2. 집일체복덕삼매경 集一切福德三昧經 *Sarvapuṇyasamuccayasamādhi-sūtra*
3. 보살장경 菩薩藏經 *Bodhisattvapiṭaka-sūtra*

지난 15년간 발견된 카로슈티 문자에 의한 간다라어 불교사본은 그 이전에 발견된 간다라어 사본의 총량보다 훨씬 많다. 다만 새롭게 발견된 사본이라고 해도 대영 도서관의 사례가 보여주듯이 그 대부분은 어떤 교단의 문헌이었다. 오슬로 프로젝트에서 취급하는 스코엔 컬렉션, 히라야마 이쿠오 컬렉션, 하야시데라 곤슈 컬렉션에 포함된 카로슈티 문자로 패엽에 서사된 간다라어 사본의 단간 약 250점에 대해서도 당초 그 대부분이 교단문헌으로 추정되며, 사실 수점의 단간이 소승 『대반열반경 *Mahāparinirvāṇa-sūtra*』으로 동정 同定되어, 연구보고서 제1권으로 출판되어 있다. 그러나 그로부터 현재에 이르는 동안 상황이 변했다. 세 가지 대승경전이 발견된 것이다. 다만 아쉽지만, 이들 모두 현재는 미출판된 상태이다. 연구보고서의 제4권 이후에 공개될 것이다. 이들은 모두 작은 단간에 지나지 않지만, 최초에 발견된 『현겁경』의 단간은 세 컬렉션 모두에 포함되고, 작은 파편까지 포함하면 전부 30점을 넘는다.[9] 육바라밀의 상세한 설명과 현겁천불 賢劫千佛의 나열로부터 『현겁경』으로 동정되는 것이다. 이들 단간은 같은 경전의 한역과는 완전히 일치하지 않지만 티벳역과는 놀라울 정도로 일치한다. 아마 이는 역사상 처음으로 현물 現物이 발견된 간다라어에 의한 대승경전 사본이라 할 것이다.

『현겁경』의 존재가 분명해지자 그 후에 또 다른 대승경전의 존재도 밝혀졌다.

『집일체복덕삼매경』과『보살장경』의 단간이 그것이다(그림 1).『현겁경』의 경우와
는 달리 이들 두 경전의 단간은 한역과 티벳어역 모두와 깔끔하게 일치한다. 다만
이들 삼매경의 사본은 서사연대의 오래됨에 있어서는 적어도 기원 1세기에 소급되
는 베를린 간다라어 사본에는 미치지 못한다. 필자가 볼 때, 그 내용으로 판단컨대
컬렉션 중에는 모종의 대승경전이라 생각되는 사본 단간이 미동정 未同定인 채로
많이 남겨져 있다고 생각된다. 의외로 장래에 오슬로에서 연구되고 있는 약 250점
의 간다라어 사본 단간의 반수 이상은 실로 대승경전이 될지도 모른다. 19세기 말부
터 인도북부와 중앙아시아 각지에서 대승경전사본의 발견은 지속되어 왔는데 애초
에 카로슈티 문자에 의한 간다라어의 대승경전 사본은 지금까지 전혀 발견사례가
보이지 않았었다.

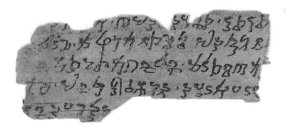

그림 1 보살장경의 간다라어 패엽사본 단간(스코엔 컬렉션)

대승경전의 간다라어 사본(베를린)

1. 아촉불 阿閦佛과 동방묘희세계 東方妙喜世界를 설하는 미지의 대승경전

2. [팔천송] 반야경

3. 다라니를 설하는 경전

4. 그 외 복수의 대승문헌으로 생각되는 단편

　　오슬로 프로젝트에서 간다라어 대승경전이 발견된 지 수 년 후에 간다라어 사본
를 둘러싼 상황이 크게 전개되었다. 지난 5년 정도의 일이다. 그것은 런던의 시장이
아니라 파키스탄 현지에서 수집가에게 직접 건네졌다고 생각되는 두 개의 나무껍
질 두루마리 컬렉션의 존재가 밝혀짐에 의해서이다. 두 개 중에서 하나는 아프가니
스탄 국경과 가까운 파키스탄의 바자우르Bajaur에서 발견되었다고 전해지는 나무
껍질 두루마리들로서 현재는 페샤와르 대학에 보존되어 있다. 또 하나는 익명 수집
가의 컬렉션으로 소재는 공개되지 않는다. 모두 그 형태는 대영박물관의 컬렉션과
마찬가지로 나무껍질 두루마리에 카로슈티 문자로 서사된 간다라어 사본이었다.
많은 단편을 포함하는 것으로 보아 두루마리의 본래 숫자는 정확하게 말하기 어렵
지만 전자는 19점으로 나뉘고, 후자는 5점의 단간으로 나뉘어 보존되어 있다. 앞에
서 말했듯이 페샤와르 대학의 컬렉션에 대해서는 베를린자유대학의 잉고 스트라우
흐 박사가, 익명 컬렉션에 대해서는 같은 대학의 하리 활크 교수가 출판을 목적으로
각각 별개의 연구를 수행하고 있다. 공식으로 간행된 형식의 보고는 현재 스트라우
흐 박사에 의한 논문 2편[10]과 활크 교수에 의한 학회 보고가 있을 뿐이다. 텍스트의
출판은 아직 이뤄지지 않고 있다.

　　페샤와르 대학의 컬렉션(바자우르 컬렉션)에서 가장 주목해야 할 것은 아촉불
Akṣobhya과 묘희세계 Abhirati를 언급하는 장문의 대승경전이 발견된 것이다. 두루마
리를 펼치면 길이가 2미터 이상에 이른다. 서사된 경전의 내용은 한역과 티벳어역
으로 알려진 『아촉불국경』과 유사하기는 하지만 완전히 일치하지 않는, 그것과 다

른 미지의 대승경전이다. 한역 대응문헌은 존재하지 않는다. 컬렉션에는 이밖에 대승문헌으로 보이는 것 수 점, 나아가 다라니를 설하는 밀교적 경전까지 발견되었다. 물론 교단문헌도 여러 편 존재한다. 이들은 모두 늦어도 CE. 1세기까지 소급하는 사본이라고 간주된다. 그리고 2008년에 페샤와르 대학의 나심 칸Nasim Khan 교수에 의해 모든 두루마리의 사진과 로마자 전사가 페샤와르에서 출판되었는데[11], 로마자 전사는 스트라우흐 박사에 의한 초기단계의 로마자 전사를 무단으로 사용한 것이라고 박사로부터 들었다. 아촉불을 언급하는 대승경전도 그 출판물에서는 단간의 순서가 혼란스럽고, 로마자 전사를 따라가도 전체 스토리를 파악하기 어렵다. 스트라우흐 박사에 의한 출판을 기대한다.

또 하나의 익명 컬렉션은 불과 5점의 같은 종류의 나무껍질 두루마리 단간에 지나지 않지만 그 내용은 매우 놀랄 만한 것이다. 이들 5점을 연구하고 있는 하리활크 교수는 인쇄된 논문을 현시점에서는 아직 공식 출간하지 않고 있지만 2009년 6월 미국 스탠포드대학의 학회에서 배부된 보고에 의거하여 내용을 소개하자면[12], 그중에는 팔리어 『숫타니파타Suttanipāta』 제4장 「앗타카 박가(한역으로 『義足經』)에 대응하는 간다라어의 작은 단간, 새로운 『법구경Dharmapada』 단간도 포함되어 있다. 그러나 가장 주목할 것은 『반야경』의 간다라어 사본이 포함되어 있다는 점이다. 회수된 것은 나무껍질 두루마리 1권의 5분의 1에서 6분의 1정도 단간인데, 두루마리 말미의 필사기 부분이 남아 있고, 거기에 '반야바라밀의 최초의 권paḍhamge postage prañaparamidae'이라는 간다라어가 기록되어 있다. 이 필사기는 두루마리에 제2권 이후가 존재하고 있음을 암시하는 것이다. 게다가 서사된 경전의 내용을 보면, 이 한 권만으로 현행 『팔천송반야경』의 제1장에서 제5장까지를 커버하고 있으며,

그 문장은 매우 짧고 단순하다. 『팔천송반야경』의 가장 오래된 한역은 서력 179년에 번역된 『도행반야경』인데 활크 박사가 보고 중에 소개한 샘플을 보면 두루마리에서 나타나는 문장은 『도행반야경』에 가깝지만 그보다 더 짧은 듯이 보인다. 또한 필사기에 보이는 단어의 어형으로부터 '반야바라밀'이라는 간다라어의 철자가 prañaparamida임을 알 수 있다. 다만 한역어 '般若'가 간다라어 praña인지 아닌지에 대해 연구자의 의견이 갈릴 것이다. 과연 이 두루마리에 서사된 간다라어 텍스트가 반야경의 원형으로 인정될 수 있는가, 혹은 그 배후에 더 오래된 버전이 존재하는가가 끝없이 흥미롭다. 이 익명 컬렉션은 동시에 발견된 모든 두루마리를 포함하는 것은 아닌 것 같다. 다른 부분은 아직 고미술 시장에 있다고 생각된다. 앞으로 이 두루마리의 제2권 이후 부분이 발견될 가능성이 있다.

그런데 대영박물관 컬렉션을 포함하여 최근 발견된 간다라어 나무껍질 두루마리 사본은 모두 CE. 1세기를 중심으로 서사된 사본으로 보인다. 다만 탄소14에 의한 연대측정 결과, BCE. 1세기까지 소급되는 수치를 보여주는 두루마리도 몇 점 있다고 한다. 과연 이 중의 어떤 것이 현존 최고의 불교사본이 될 것인지 현재로서는 아직 확실히 이야기 할 수는 없지만, 이제까지 상상하지 못했던 압도적으로 오래된 사본, 더욱이 대승불교가 세상에 나타난 시대와 동시대, 혹은 그다지 멀지 않은 시대에 필사된 사본의 실물이 모습을 드러낸 것만은 틀림없는 것 같다.[13]

4.
사본에서 볼 수 있는 대승불교의 탄생 시기

간다라나 바미얀에서 발견된 새로운 대승경전 사본으로 무엇을 말할 수 있을까. 물론 한역이나 티벳역으로 밖에 전해지지 않았던 대승경전의 발견은 설혹 그것이 단간에 지나지 않다고 해도, 자료상으로는 커다란 공헌임이 확실할 것이다. 게다가 한역도 티벳역도 존재하지 않는 지금까지 전혀 알려지지 않았던 초기대승경전까지 발견되고 있다. 예를 들어 잉고 스트라우흐 박사에 의해 연구되고 있는 아촉불과 동방묘희세계에 대해 설하는 장문의 간다라어 대승경전의 발견은 기원1세기의 간다라지역에서 아촉불 신앙, 나아가서는 다불신앙이 행해졌음을 추측하게 하며, 그러한 중에서 이윽고 아미타신앙이 유력해졌을지도 모른다는 것을 상상하게 한다.

다만 여기에서 약간 각도를 달리해서 사본이라는 것을 다시 보면, 또 다른 새로운 사태가 보일듯도 하다. 예를 들어 이들 간다라어 대승경전 사본은 그 외관으로 판단할 때 필자에게는 모두 전문 필사자가 조직적으로 베껴 쓴 것으로 보인다. 조금 시대가 내려가는 스코엔 컬렉션 등의 간다라어 패엽사본 단간에 이르러서는 두말할 것 없이 전문 필사자가 베껴 쓴 것이다. 원래 구전으로 전해졌던 불교성전이 언제부터 사본에 의해 전승되기 시작했는가 하는 문제에 대면하여 이들 사본을 보며 필자가 상상해본 바에 따르면 불교성전을 조직적으로 서사하여 전하는 일은 교단문헌에서부터가 아니라 대승경전에서 시작된 것이 아닐까 싶다. 교단문헌에는 그다지 보이지 않지만 대승경전 속에는 열렬하게 경전의 필사를 권하는 문장이 많은 곳에서 보이는 것도 분명하다.

중앙아시아 각지에서 출토된 불교 사본을 개관해보면 다음과 같은 흥미로운 점을 볼 수 있다. 즉, 교단문헌 중에서도 경이나 율 전체를 전문 필사자가 조직적으로 베껴 쓴 것으로 보이는 사본의 단간에는 2세기 또는 3세기까지 소급되는 쿠샨왕조기의 브라흐미 문자로 필사된, 연대가 오래된 사본은 존재하지 않는다는 점이다.

그것이 나타난 것은 기껏해야 5-6세기 이후의 굽타왕조기 이후의 브라흐미 문자에 의한 사본이다. 출토된 쿠샨왕조기의 사본은 모두 삼장 외의 아비달마 문헌이나 아슈바고샤 馬鳴의 작품과 같은 문학적 문헌이 대부분이다. 대영도서관의 컬렉션을 대표사례로 할 수 있는 CE. 1세기로 소급되는 카로슈티 문자에 의한 간다라어 교단문헌에 대해서도 경이나 율을 조직적으로 서사한 것이 아니라, 삼장에서 발췌한 선집이나 주석문헌, 혹은 승려의 비망록 같은 사본들이다. 아마 이 시대에 불교 성전을 조직적으로 서사하여 전승하는 일은 기성 교단 측에서는 아직 시작되지 않았다고 생각된다.

그리고 예를 들어 오슬로에서 연구되고 있는 스코엔 컬렉션 등의 사본들은 모두 바미얀 계곡 동부의 자르가란 지역 한곳에서 발견되었다고 전해지는데, 압도적으로 많은 교단문헌에 대해서는 설일체유부 교단 계통의 문헌에 더하여, 현재 판명된 한에서 대중부교단 계통으로 보이는 문헌이 다수를 차지한다. 이것을 어떻게 평가하면 좋을까. 동일한 석굴 유적에서 대중부 문헌과 대승경전이 동시에 출토된 것이다. 게다가 그중에는 쿠샨왕조기의 브라흐미 문자로 서사된 불교범어로 된『팔천송반야경』까지 확인되었다. 대승불교의 흥기와 그다지 멀지 않은 시대의 사본이다.

또한 오슬로의 산스크리트어 사본 항목에서 소개한『무량수경』나무껍질 사본 단간도 사용된 문자는 길기트·바미얀 제1형 서체이므로, 사본 자체는 그리 오랜 연대의 사본이라 말할 수 없지만, 이 사본도 실은 복수의 경전을 연사한 사본이었다. 『무량수경』의 단간이 오슬로의 연구보고서 제2권(BMSC-2)으로 발표된 후에 『무량수경』에 이어 서사되었던 경전이 『조상공덕경 造像功德經 Tathāgatapratibimbapratiṣṭhānuśaṃsā-sūtra』의 알려지지 않은 버전임도 판명되었는데[14], 이는 단순히 대승경전이라고는 말할 수 없는 경전이다. 또한 서체와 사본의 구성방식으로 판단할 때 이것과 동일한 사본에 속할 가능성이 높은 많은 단간도 발견되고 있다. 이것들은 모두 교단문헌적인 내용을 가진 것이라 해도 설일체유부 계통의 문헌과는 분명히 다르다. 아쉽게도 이들 단간에 대해서는 현시점에서는 정리와 해독이 끝나지 않았고 아직 미출판 상태이지만, 필자에게는 이것들이 교단문헌과 대승불교를 연결하는 일군의 텍스트처럼 생각된다. 어쩌면 한번 학계에서 폐기된 대승불교와 대중부 교단을 연결하는 학설을 부흥시킬 것 같은 예감을 일으키지 않는가? 사본을 살펴보면 그렇게 생각할 수밖에 없다.

그런데 기존 불교교단 측과 새로운 대승불교와의 관계에 대해서도 흥미 깊은 사실이 사본에서 밝혀지고 있다. 그것은 대영도서관의 컬렉션에 포함된 장문의 나무껍질 두루마리로서, 팔리문헌에서 말하자면 『숫타니파타』 게송을 주석한 『마하니데사 Mahāniddesa』나 『네티빠까라나 Nettipakaraṇa』 등에 해당하는 간다라어 주석문헌으로, 이 나무껍질 문헌에 대해서는 미국 캘리포니아 버클리 대학교의 스테판 바움즈 Stefan Baums 박사가 학위청구논문으로 해독연구하고 있다. 그의 학위 논문은 가까운 장래에 앞에서 말한 시애틀에서 간행 중인 간다라어 텍스트 시리즈의 다음 권 혹은 그 다음 권으로 출판된다고 한다. 그 간다라어 나무껍질 두루마리 속에서 견지(見地 daśaṇabhumi)·수지(修地 bhavaṇabhumi)·무간지(無間地 aṇatariabhumi)

라는 수행개념이 언급되는 한편, 다른 이들의 설로서 대승불교 특유의 '보살지 bosisatvabhumi' '불지(佛地 budhabhumi)'라는 말이 언급된 부분도 보인다(철자는 모두 사본에 나타난 간다라어[15]). 대영도서관의 나무껍질 두루마리들은 모두 법장부 교단에 관련된 것이라고 한다. 이는 1세기의 간다라에서 대승불교가 기성 교단 불교와 나란히 성립해 있었다는 하나의 증거가 될지 모른다. 혹은 더 상상을 가하면 이들 개념을 사용한 '다른 이들'이란 새로운 대승 불교 쪽이 아니라 기존의 다른 교단 예를 들어 대중부 주변으로서, 그들로부터 대승불교가 전개해나갔음을 시사해준다고 생각하지 못할 것도 없다.

또한 대승불교의 성립 후에 그것이 어떻게 사람들에게 침투해갔는지, 그 후의 흥미깊은 전개를 엿볼 수 있는 사본 단간도 발견되어 있다. 오슬로의 연구 보고서 제2권에 리차드 살로몬 교수에 의해 공표된, 삼장에는 없는 어떤 대승문헌의 단간으로 보이는 한 패엽이 그것이다. 이것은 굽타 왕조기의 서북형 브라흐미 문자로 패엽에 서사된, 아마도 4세기로 소급되는 사본이다. 그 속에 '대승을 향해 나아가는 samprasthita 후비시카 Huveṣka라는 이름의 왕(철자는 사본 그대로)'이라는 주목할 만한 구절이 나타난다(356항). 2세기 중반 경에 활약했다고 보이는 쿠샨왕조의 왕이 이러한 형태로 언급된 것이다. 이 시대에는 대승불교가 승려나 민중을 넘어서 이미 위정자에까지 침투했음을 말해주는 것일까?

덧붙이면 필자가 생각할 때 이 단간과 동일 사본에 속한다고 보이는 패엽사본 단간이 일본의 히라야마 이쿠오 컬렉션에 존재한다(그림 2). 작은 단간이지만 주목할 점은 마침 텍스트 말미의 필사기의 일부를 포함하는 것으로서 그것에 의하면 이는 아차르야 붓다미트라 Buddhamitra의 저작이라고 한다. 저작의 이름은 일부밖에 남아 있지 않지만 『해탈······ [論?] (Mokṣa-u...)』라는 작품으로 필사기 직전에 '왕의 장 Rāja-varga'라고 쓰여 있고, 그 후에 17이라는 숫자가 보인다. 즉, 이 장이 최종 제17장이 되는 것이다. 붓다미트라라는 인물은 인도불교사상 3인 정도 알려져 있는데 이 사본에 쓰인 작품이 그 3인중 누군가의 소실된 저작인지 아니면 제4의 붓다미트라의 저작인지가 흥미진진하다.

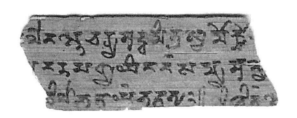

그림 2 첫 번째 행에 붓다미트라의 이름을 기록한 패엽사본 조각(히라야마 이쿠오 컬렉션)

상상을 더하는 것은 이 정도로 하고 이야기를 원래 방향으로 돌리는 것이 좋겠다. 한역 경전의 분석을 통해서 연구자는 지금까지 초기에 한역되었던 대승경전의 언어를 간다라어라고 추정하고 있었다. 그 직접적 증거가 몇 년간 점차로 나타나게 되었다. 다만 신발견 사본을 가지고서도 최초에 간다라어로 대승경전이 성립되었는지 아닌지까지는 유감스럽게도 알 수 없다. 단지 말할 수 있는 것은 초기 한역에 쓰였던 대승경전의 원전이 간다라어였을 가능성이 매우 높다는 것뿐이다. 이는 대승불교의 고향이 어디인지의 문제와 관련된다. 간다라 지역이 대승불교의 고향인가 아니면 역시 붓다가 활약했던 갠지스 강 중류 지역인가. 후자라면 그 원류는 간다라어가 될 수는 없을 것이다. 간다라어의 배후에 이러한 성립역사가 있는 것이 될 것이다. 다만 현시점에서는 이들 신발견 사본에 대한 연구는 이제 막 시작된 것이다. 앞으로 이들 사본류는 대승불교와 대승경전성립의 경위를 해명하기 위한 중요한 자료를 학계에 제공하게 될 것은 틀림없다고 생각한다.[16]

[부록] 중국 티벳 자치구의 산스크리트어 사본

아프가니스탄 사본과 함께, 이후의 대승불교연구에 있어서 중요한 의미를 가지는 자료가 중국 티벳 자치구에 보존되어 있는 산스크리트어 사본들이라는 것은 이론의 여지가 없을 것이다. 지금까지 고집스럽게 문호를 열지 않았던 중국으로부터 최근에 산스크리트어 사본에 관한 정보가 전해지고, 일부에서 중국 외의 연구기관과 공동연구가 개시된 것도 중국과 티벳을 둘러싼 현재 세계정세와 결코 무관하지 않을 것이라 생각한다. 필자는 티벳어 사본에 대해서 특별히 상세한 정보를 갖고 있지는 않지만 아직 일반에 알려지지 않은 것도 있으므로, 필자가 아는 한의 정보에 대해 부가적으로 말해두고 싶다.

티벳 자치구에 대량으로 보존되어 있다고 전해지는 산스크리트어 불교 사본에 대해서는 도대체 어느 정도의 사본이 남겨져 있고, 어떤 미지의 문헌이 포함되어 있는지 그 상세한 내용은 베일에 쌓여 있어 특히 일본 연구자는 지금까지 안타까운 생각을 품고 있었다고 생각한다. 그것이 최근 수 년간에 한 개를 제외하고 일반에게는 아직 공개되지 않았지만, 복사를 거듭하여 내외의 연구자에게 전해진 다음의 3종 사본 목록을 통해서 어느 정도 정보를 얻을 수 있게 되었다.

『민족도서관장범문패엽경목록 民族圖書館藏梵文貝葉經目錄』 1985, 통칭 「왕선王

森목록 Wang Sen Catalogue』

『서장자치구현존범문사본목록 西藏自治區現存梵文寫本目錄』1985, 통칭『루어짜오 罗炤목록 Luo Zhao Catalogue』

『중국티벳학연구센터수장범문패엽경목록 中國藏學硏究中心收藏的梵文貝葉經目錄』1987, 통칭『상더 桑德목록 Sang De Catalogue』

3종의 목록은 편찬자의 이름을 따서 통칭으로 부르는데 왕선목록은 북경의 민족문화궁(민족도서관)에 1960년대부터 일시적으로 옮겨졌던 티벳 살루사 ㅕ의 구 장본을 중심으로 한 약 250점 정도의 사본에 대한 목록이다. 최근에 하이얀 후 폰 힌위버 Haiyan Hu-von Hinüber 박사에 의해 영인판 형태로 공개되었다.[17]

다음 루어짜오 목록은 중국사회과학원의 루어짜오 Luo Zhao 교수에 의해 현지조사에 의거하여 작성된 목록으로, 1985년 시점에 라사 포탈라궁 및 노르부링카궁을 중심으로 한 티벳 각지에 보존되어 있던 산스크리트어 사본을 망라한 목록이다. 2008년 가을 티벳의 산스크리트어 사본을 주제로 하는 국제회의가 북경에서 개최되었는데 그곳에서 루어짜오 교수 자신에 의해 발표된 목록작성의 경위는 필자를 포함하여 회의에 참가했던 청중에게 경이적이고 파란만장한 이야기였다. 그후에 출판된 회의의 보고서 중에 이때 발표되었던 원고의 중국어판과 영어판 모두 게제되어 있는데,[18] 그에 앞서 필자는 루어짜오 교수의 허가를 받고 그 일본역을 출판했다.[19] 루어짜오목록에는 패엽뿐 아니라 종이사본도 수록되어 있었는데, 사본을 1급에서 3급으로 나누어 각사본의 매수, 크기, 제목, 필사기 등을 기재했다. 아쉽게도 루어짜오 교수가 손수 집필한 총 500매를 넘는 원고가 아직 출간되지 못하

고 남아 있다. 게재된 사본에는 일련번호가 붙어 있지 않기 때문에 몇 점의 사본이
등록되어 있는지 간단히 말할 수 없지만, 다 합해서 2000점이 넘을 것으로 생각된
다. 그런데 루어짜오목록 중에는 완선목록에 게재된 사본은 언급되어 있지 않다.
그것들은 당시 북경에 옮겨져 있었기 때문이다.

　　중국 티벳학연구센터(중국장학연구중심)에서 편찬된 세 번째 상더목록은 라사에
서 1987년에 마이크로필름으로 촬영된 사본(주로 패엽본) 목록이다. 약 700점의 사본
에 대해 제목, 매수, 현물의 보존 장소 등이 기록되어 있다. 컴퓨터로 입력된 것인데,
이것도 현재 미출판된 상태이다. 상더목록에 게재되어 있는 사본에 대해서는 중국
티벳학연구센터에 사진과 필름이 있다. 루어짜오 목록을 보면, 종이사본들에도 중
요한 사본이 포함되어 있지만, 그것들은 대부분 촬영되어 있지 않다. 그런데 왕선목
록에 기재된 사본들에 대해서는 마이크로필름이 북경대학에 보존되어 있다. 원본
은 1993년에 티벳으로 귀환하여, 현재는 라사의 티벳 박물관에 보존되어 있다고
한다. 마이크로필름을 조사한 북경대학의 예샤오용(葉小勇 Ye Shaoyong) 박사에 의해
7세기로 소급되는 용수의 『중론』 사본 단간과 그것에 대한 붓다팔리타의 주석서
단간이 최근 발견되어 화제가 되었다.[20]

　　이들 3종 목록에 등록된 사본 중에 라사에 보존된 사본의 오리지널에 접근하는
것은 이미 다이쇼대학의 공동 프로젝트에서 나타나듯이 예외도 있었지만[21], 지금
은 불가능에 가깝다. 이는 중국 국내의 연구자들에게도 사정은 마찬가지라고 한다.
다만 상더목록 소재의 사본에 대해서는 마이크로필름과 인화사진이 북경의 중국
티벳학연구센터에 보존되어 있으므로, 그 사진을 이용한 공동연구가 빈 Wien 대학
의 슈타인켈너 Ernst Steinkellner 교수의 노력에 의해[22], 오스트리아 과학아카데미와

의 사이에 시작되어, STTAR 시리즈 Sanskrit Texts from the Tibetan Autonomous Region로서
다음과 같은 7권의 교정텍스트가 이미 출판되었다.

[STTAR 1, 2005] *Jinendrabuddhi's Viśālāmalavatī Pramāṇasamuccayaṭīkā*,
Chapter 1, 2 Parts, by E. Steinkellner, H. Krasser and H. Lasic,
Part 1, x xi +209 pp., Part2, x x x viii +161 pp.

[STTAR 2, 2007] *Dharmakīrti's Pramāṇaviniścaya, Chapter 1 and 2*, by E.
Steinkellner, x lviii +142.

[STTAR 3, 2006] *Palm-leaf Manuscripts of the Sanskrit Saddharmapuṇḍarīkasūtram*,
3 Parts, by Jiang Zhongxin, Part 1, 284 pp., Part 3, 278 pp.

[STTAR 4, 2008] *Vasubandhu's Pañcaskandhaka*, by Li Xuezhu and E.
Steinkellner, x x v +107 pp.

[STTAR 5, 2009] *Adhyardhaśatikā Prajñāpāramitā*, by Toru Tomabechi, l x viii +
100 pp.

[STTAR 6, 2009] *Candrakīrti's Vajrasattvaniṣpādanasūtra (Vajrasattvasādhana)*,
by Luo Hong and Toru Tomabechi, x x x iv +98 pp.

[STTAR 7, 2010] *A Unique Collection of Twenty Sūtras in a Sanskrit Manuscript
from the Potala*, by Bhikṣuṇī Vinītā (Vinita Tseng), Vol.1,2
Parts, 846 pp.

이미 출판된 이들 사본 중에는 불교인식론과 논리학과 관련된 것 이외에도 제4권 세친의 『오온론』이나 제5권 『반야이취경』[23]이라는 대승불교연구에 있어서 중요한 텍스트도 포함되어 있다. 2010년 가을에 간행된 최신 제7권은 20종의 짧은 경전을 연사한 사본의 출판인데, 그 다수가 대승경전이고 중관사상이나 유식사상의 연구자들에게는 친숙한 『전유경(轉有經 Bhavasaṃkrānti-sūtra)』도 포함되어 있다. 물론 이 경전의 최초의 산스크리트어 텍스트 출판이다. 그리고 제3권의 『법화경』은 공동프로젝트 성과가 아니라 고 장종신(蔣忠新 Jiang Zhongxin) 교수에 의한, 지금까지는 공표되지 않았던 『법화경』 사본 3권의 로마자 전사이다. 또한 출판준비 중인 사본으로 찬드라키르티의 자주가 붙은 『입중론』, 『오백송반야』, 세친의 『오온론』 및 『구사론』에 대한 스티라마티의 주석서[24], 라트나카라샨티의 『반야바라밀론』, 그리고 본장에서 언급했듯이 바미얀에서도 단간이 발견된 『보살장경』(이것도 8세기로 소급되는 고사본) 등, 주목할 만한 사본이 즐비하다.

또한 티벳자치구에 보존되었던 사본 일부는 이미 티벳을 방문한 인도 라훌라 상크리티야나 Rāhula Sāṅkrityāyana와 이탈리아의 투치 Giuseppe Tucci 교수에 의해 사진 촬영되어, 그들 사진 자료에 의거하여 무작위의 연구가 긴 시간동안 쌓여왔지만, 투치 교수의 수집 자료에 대한 조직적 연구가 나폴리대학의 프란체스코 스페라 Francesco Sferra 교수에 의해 몇 년 전부터 시작되어, 그 연구성과의 제1권이 최근 출판되었다.[25] 또한 라훌라 상크리티야나가 촬영한 사본자료에 대해서는 그 복사본을 소장한 독일 괴팅겐대학을 통해 현재 사진의 입수도 쉬워졌다.[26] 게다가 함부르크대학의 하루나가 아이작슨 Harunaga Isaacson 교수도 밀교계 사본을 중심으로 중국 티벳학연구센터와 공동연구를 개시했다고 전해진다. 또한 이러한 공동연구는 카츠라 쇼류 교수를 중심으로 일본의 류코쿠대학에서도 시작되었다.

마지막으로 필자가 개인적으로 관심을 가지고 있는 한 가지를 보고해두고자한다. 이미 필자는 러시아의 상 페터스부르크에 보존되어 있는 일련의 네팔 계통사본들 중에서『유가사지론』「섭결택분」의 산스크리트어 사본 단간을 발견했다.[27]단간은 페이지 번호가 13에서 24에 이르는 종이 사본 12엽이었는데, 그것들은 달라이라마 13세의 외교관으로 일했던 브리야트 출신의 불교승 도르제프에 의해 당시러시아 황제 니콜라이2세에게 선물로 헌상된 것이었다. 루어짜오목록을 살펴보면포탈라궁의 경전 섹션 1급품 중 제1호의 4번으로 등록되어 있는 내용불명의 종이사본 98엽은 페이지 수, 페이지 번호, 형식, 그리고 목록 중에 소개되어 있는 각장의필사기으로 판단할 때, 러시아에 보내지 않고 포탈라궁에 남아 있던 「섭결택분」제25엽 이후의 사본임이 확실하다. 다만 제1엽에서 제12엽까지의 알라야식에 대해기술하는 「섭결택분」 앞부분의 사본이 존재하는지 여부는 목록을 통해서는 확실히알 수 없다. 아쉽지만 이 사본은 상더목록에는 게재되어 있지 않았기 때문에 사진촬영되지 않았다. 원본은 포탈라궁에 보관되어 있다. 또한『유가사지론』「본지분」의「성문지」에 선행하는 부분의 사본은 2008년의 회의에서 발표되었던 루아짜오 교수의 보고서 언급된 샤카사寺에 현재도 보관되어 있다고 한다.[28] 이들 사본을 전 세계불교연구자가 자유롭게 볼 수 있을 날이 빨리 오기를 기대해 마지않는다.

1 본장의 주제상 주로 대승불교 문헌만을 다루지만 아프가니스탄과 파키스탄을 포함하는 최근 중앙아시아에서 발견된 불교사본의 전체상에 대해서는 졸고「中央アジアの仏教写本」『文明・文化の交差点』(新アジア仏教史第五券「中央アジア」) 佼成出版社 (2010), pp.119-158 참조.

2 동경문화재연구소의 山內和也에 의한 자르가란 지역의 2003년의 청취조사에 의거한 정보. 山內 씨가 촬영한 붕괴한 석굴 유적의 사진이 후술 BMSC-3(plate 1-2)에 기재되어 있다. 동경문화재연구소에서 행하고 있는 보존수복 修復연구에 대해서는『バーミヤーン仏教石窟土樺皮写本保存修復』동경문화재연구소 (2008, 비매품) 참조.

3 사본발견과 연구의 경위에 대해서는 졸고「ノルウェーに現れたアフガニスタン出土仏教写本」『月刊しにか』 1998년 7월호, pp.83-88, 「アフガニスタンの仏教写本」『駒沢大学仏教学部年報』 37, (2006), pp.27-42 참조.

4 『장아함경』사본에 대해서는 주로 하르트만 교수와 필자, 그리고 제자들이 분담하여 해독 중이다. 내용의 개략에 대해서는 주(1)의 졸고 pp.155-156, 또한 졸고「梵文長阿含のTridaṇḍi-sūtraについて」『印度学仏教学研究』 54-2, (2006), (pp.129-136), 게다가 Jeans-Uwe Hartmann "Contents and Structure of the Dīghāgama of the (Mūla-)Sarvāstivādins", *Annual Report of the International Research Institute for Advanced Buddhology at Soka University*, No. 7, (2004), pp.119-137 참조. 이 사본을 분석한 결과, [근본] 설일체유부 교단의『장아함경』이 3편 47경으로 구성되었음이 판명되었는데, 하르트만 교수의 제자들에 의해 그중 14경이 이미 박사논문 혹은 석사논문 중에 해독되어 교정 텍스트가 작성되어 있다. 다만 현재까지 출판된 것은 뮌헨대학에 독일어로 제출된 상해의 류진(劉震, Liu Zhen)에 의한 제20경(Kāyabhāvanā-sūtra)에 대한 박사논문의 중국어 판뿐이다(『禪定与苦修』上海古籍出版社, 2010.12 출판). 그리고 동시에 발견된 근본유부율의 다수 단간에 대해서는 독일 괴팅겐대학의 클라우스 빌레 Klaus Wille 박사가 해독 중이다.

5 대영도서관이 입수한 나무껍질 사본의 개요에 대해서는 Richard Salomon, *Ancient Buddhist Scrolls from Gandhāra: The British Library Kharoṣṭhī Fragments*, British Library and University of Washington Press (1999), p.273 이하 참조.

6 24권은 법장부교단의『잡아함경』에서 뺀 24경을 1경씩 24권의 두루마리로 서사한 선집이다. Richard Salomon, "The Senior Manuscripts: Another Collection of Gandhāran Buddhsist Scrolls", *Journal of the American Oriental Society*, Vol. 123-1, (2003), pp.73-92.

7 시애틀과 베를린의 프로젝트에 대해서는 각각 대학에 웹상에 전용 페이지가 있고, 최신정보가 갱신되고 있다. 웹 주소에 대해서는 갱신 가능성이 있으므로 여기에는 기재하지 않는다. 구글 등에서 검색하기 바란다.

8 길기트 사본에 포함된『금강반야경』에 대해서는 Gregory Schopen, "The Manuscript of the Vajracchedikā Found at Gilgit", *The Great Vehicle: Three Mahāyāna Buddhist Texts*, Luis O. Gómez and Jonathan A. Silk eds., Ann Arbor (1989), pp.89-139 참조.

9 『현겁경』의 단간 1점은 이미 NHK의 조직에서 소개되었고, 그것을 서류화한『文明の道』第 二券「ヘレニズムと仏教」NHK出版 (2003), p.35에 단면의 사진이 게재되어 있다. 다만 이 시 점에서는 어떤 대승경전이라고 하였고, 『현겁경』으로 결정하지는 않았다.

10 Ingo Strauch, "The Bajaur Collection of Kharoṣṭhī Manuscripts — A Preliminary Survey", *Studien zur Indologie und Iranisstik*, Band 25, (2008), pp.203-136, "More Missing Pieces of Early Pure Land Buddhism: New Evidence for Akṣobhya and Abhirati in an Early Mahāyana Sutra from Gandhāra", *Eastern Buddhist*, Vol.41-1, (2010), pp.23-66.

11 M. Nasim Khan, *Kharoṣṭhī Manuscripts from Gandhāra*, British Council, Pakistan (2008), p.163 이하.

12 Harry Falk, "The 'Split' Collection fo Kharoṣṭhī Texts", in Stanford University (June 2009). 그런데 극 히 최근 辛嶋靜志 교수의 손에 의해, 이 보고는 그대로의 형태로『倉価大学国際仏教学高等研 究所年報』14(平成22) 2011. 03, pp.13-23에 게재되었으므로, 독자는 쉽게 읽을 수 있다.

13 최근의 간다라어 사본을 망라하여 개설한 것으로서, 마이크로소프트 사의 앤드류 그라스 박 사와 시드니대학의 마크 아론 교수에 의한 2점의 논고를 마지막으로 소개한다. Andrew Glass, "Kharoṣṭhī Manuscripts: A Window on Gandhāran Buddhism", *Nagoya Studies in Indian Culture and Buddhism*, Vol. 24, (2004), pp.129-152,; Mark Allon, "Recent Discoveries of Buddhist Manuscripts from Afganistan and Pakistan and their Significance", *Art, Architecture and Religion Along the Silk Roads, Silk Road Studies* 12, Brepols (2008), pp.153-178.

14 한역『불설대승조상공덕경』하권(T No.694)과 어느 정도 일치하는 경전 같지만, 현시점에서 는 정체불명. 불상 佛像 조성에 대해서 기술하는 같은 경전이 당시 많이 성립했을 것이다. BMSC의 제4권 이후에 출판 예정이다.

15 Stefan Baums, *A Gāndhārī Commentary on Early Buddhist Verses: British Library Kharoṣṭhī fragments 7, 9, 13 and 18*, Seattle (2009, Dissertation), pp.400-401.

16 간다라의 대승불교에 관한 새로운 정보를 망라한 논고로서, 살로몬 교수와 아론 교수에 의한 "New Evidence for Mahyana in Early Gandhāra", *Eastern Buddhist*, Vol. 41-1, (2010), pp.1-22를 꼭 참조하기 바란다.

17 Haiyan Hu-von Hinüber, "Some Remarks on the Sanskrit Manuscript of the Mūlasarvāstivāda-Prātimokṣasūtra found in Tibet", *Indica et Tibetica*, 47, (2006), pp.283-337.

18 *Sanskrit Manuscirpts in China, Proceedings of a Panel at the 2008 Beijing Seminar on Tibetan Studies, October 13 to 17*, E. Steinkellner ed. in Cooperation with Duan Qing and H. Krasser, China Tibetology Publishing House, Beijing (2009), pp.225-240.

19 「チベット自治区に保存された梵本写本の目録編纂－その二十有余年の迂余曲折」『仏教学セミ ナー』88, (2008), pp.25-36.

20 Ye Shaoyong, A Paleographical Study of the Manuscripts of the Mūlamadhyamakakārikā and Buddhapālita's Commentary, *Annual Report of the International Research Institute for Advanced Buddhology at Soka University*, No. 10, (2007), pp.117-147, No.11, (2008), pp.105-151, 齊藤明,

「新出『中論頌』の系譜をめぐって」『印度学仏教学研究』59-2, (2011), pp. 111-119.

21 연구성과로서 지금까지 『유마경 Vimalakīrtinirdeśa-sūtra』이나 『유가론』 「성문지 Śrāvakabhūmi」 등의 5점이 원판 크기의 영인판으로 출판되었고, 텍스트나 일역의 출판도 계속되고 있다. 다만 티벳쪽과의 공동연구 프로젝트 현황은 필자에게는 알려져 있지 않다. 대정대학 종합불교연구소의 웹상에 현재까지의 출판물 정보와 텍스트 등이 게재되어 있으므로 참조하기 바란다.

22 경위에 대해서는 Ernst Steinkellner, *A Tale of Leaves —On Sanskrit Manuscripts in Tibet, their Past and their Future*, Amsterdam (2004), p. 39 이하에 상세하게 나와 있다.

23 저자 苫米地等流 씨에 의한 「『理趣経(百五十頌般若経)』の新出サンスクリット写本」『高野山大学密教文化研究所紀要』22, (2009), pp. 1-17 참조. 또한 본서에 대해서는 『密教学研究』43 (2011. 03)에 加納和雄 씨에 의한 서평도 이미 발표되어 있다.

24 『오온론』과 『구사론』의 주석서에 대해서는 졸고 「五蘊論スティラマティ疏に見られるアーラヤ識の存在論証」『インド論理学研究』1, (2010), pp. 195-211 참조 바람. 특히 『구사론』에 대해서는 p. 198 각주 14 참조.

25 Francesco Sferra ed., *Sanskrit Text from Giuseppe Tucci's Collection*, Part I(*Series Orientale Roma*, C IV), Rome (2008), p. 486.

26 F. Bandurski, "Übersicht über die Göttinger Sammulungen der von Rāhula Sāṅkṛtyāyana in Tibet aufgefundenen buddhistischen Sanskrit-Texte", (Funde buddhistischer Sanskrit-Handschriften, III), *Untersuchungen zur buddhistischen Literatur, Sanskrit-Wörterbuch der buddhistischen Texte aus den Turfan-Funden*, Beiheft 5, Göttingen (1994), pp. 9-126.

27 졸고 「ダライラマ十三世寄贈の一連のネパール系写本について−『瑜伽論』「攝決沢分」梵文写本発見記」, 『日本西藏学会年報』34, (1988), pp. 16-20.

28 북경에서 예 샤오용 葉小勇 박사에게 들은 정보에 의한 것이다. 그는 몇 년 전에 샤카사를 방문하여 사본의 존재를 직접 확인했다고 한다.

제6장

한어(漢語) 세계로 비춰진 불교

시모다 마사히로(下田正弘)

잔 나티에 Jan Nattier(마야쟈키 텐쇼 宮崎展昌 역)

본장의 구성에 대하여

본 시리즈의 한 가지 특징은 해외의 제1선의 연구자들이 각각의 분야에서 최신 성과를 기고하고 있다는 점이다. 그중에서 본 장은 한어자료를 사용한 연구 현황과 의의를 소개한다.

한어불전을 대상으로 하는 대승불교의 연구가 일본 연구자의 독무대라고 생각하는 경향이 아직 일본학계에 남아 있다면, 그 잘못된 생각은 시정되어야 한다. 이 영역의 연구가 해외 성과에 입각하지 않고는 성립할 수 없음을 아는 것은 향후 일본 불교 연구를 적절하게 진행하기 위해서 빼놓을 수 없는 인식일 것이다. 그 위에 지금까지 일본에서 축적된 연구 성과를 원점으로 돌아가 검토하여 되살린다면 불교학에 대한 일본 연구자의 공헌은 더욱 분명한 것이 될 것임에 틀림없다.

본장은 두 명의 저자에 의해서 I과 II로 나누어 집필되었고, 이를 통해 본장이 구성되어 있다. 우선 I에서 시모다 마사히로 下田正弘가 한어 불전을 소재로 하는 과거 불교연구의 경위와 의의를 개관하고, 이어서 잔 나티에가 II에서 〈원시화엄경〉의 복원을 주제로 하는 연구 성과를 한어불전연구의 사례로 보여준다(번역은 미야자키 텐쇼 宮崎展昌에 의한 것이다). 이에 의해 무엇 때문에 '인도' 대승불교의 존재가 '한어'불전을 통해서 알려질 수 있는지가 매우 구체적으로 드러날 것이다.

I.
대승불교 연구에 있어서 한어불전 연구의 의의

1. 한어 불전의 자료적 가치-'원전' 개념을 재고하다.

중국이나 티벳, 한국, 일본 등의 한어문화권에서 불교를 연구하는 데 있어서 한어불전이 가지는 결정적인 의미에 대해서는 새삼스레 말할 것도 없다. 동아시아의 사상과 문화의 기반을 만들어낸 한어불전의 이해는, 기원을 연구함에 있어 인도에 편중되는 경향이 강한 근대불교학의 학문 풍토에서는 자칫 경시되기 쉽지만, 이 문화권의 과거 역사를 해명해줄 뿐 아니라 현대의 여러 문제를 고찰하기 위해서도 빼놓을 수 없는 노력이다.

이에 더하여 한어불전의 출현이 중국에서 번역문체를 결정하고 동시에 위진남북조시대의 한문문체 형성에 큰 영향을 미쳤으며, 또한 불전에 숨겨진 정보가 당시 중고음 中古音의 부활에 중요한 역할을 담당했음을 고려한다면 한어불전의 해명은 불교학뿐 아니라 중국학의 진전에 있어서 더없이 중요하다(카와노 사토시 河野訓 2006, pp. 2-25). 특히 근대 청말에서 신해혁명 전야에 이르는 중국의 정치, 사상, 문학 운동에 있어서 양계초 梁啓超와 같은 불교연구자가 행한 역할은 대단한 것이다(사이토 마레시 斎藤希史 2005).

이들 두 가지 과제는 모두 그에 상응하는 지면을 써서 논해야 할 중요한 테마이다. 다만 본 장에서는 시리즈의 취지에 따라 이들 요소는 고찰대상에서 빼고, 인도불교의 해명에 한어불전이 담당하는 의의에 한정하여 논하기로 한다.

구체적 과제에 들어가기 전에 본 절에서는 현재 대체로 상식화된 하나의 '속단' 을 시정하는 것으로 시작하고자 한다. 그것은 고대 인도불교의 역사적 혹은 사상적 현황을 해명하는 자료로서 팔리 불전이나 산스크리트 불전이야말로 중요하고 한역 불전은 이차적인 것에 지나지 않다는 견해이다.

예를 들어 현존하는 팔리어 불전 중에서 니까야를 그대로 원시(혹은 초기) 불교의 자료로 사용하고 한역자료를 고찰대상에서 제외하려는 경향은 팔리성전협회 PTS 에 속한 영국의 연구자뿐 아니라 일본의 연구자들에게도 뿌리깊이 남아 있다. 그러 나 이러한 판단에 정당한 학문적 근거는 없다. 언제부터인지는 모르겠지만 일본학 계에 침투한 '원시불교'라는 일본어의 안이한 사용이 특히 이 문제의 소재를 불투명 하게 하고 있다.

현재 우리가 손에 넣은 인도 여러 언어로 쓰인 불전 대부분이 한역불전 출현의 시대보다 훨씬 늦게 나타난 것으로서, 고대 인도불교를 재구성한다는 목적에서 본 다면 그 자료적 가치는 한계가 있다. 인도에서 많은 불전이 산스크리트어가 아니라, 넓은 의미의 프라크리트에 의해 전승되었음은 거듭되는 지적을 기다릴 필요도 없 이 현존하는 불전을 보면 자명할 것이다. 에저튼Edgerton의 『불교혼성범어』는 인도 쪽의 자료를 망라적으로 회수하여 정리분석하여, 이 과제를 전체적으로 밝혀낸 위업 이었다.

팔리어는 이러한 속어 중의 하나이고 그 역시 인위적 개조를 겪은 언어이다(von Hinüber 1982). 더욱 이 언어에 의해 설해진 불전은 후대에 상좌부 대사파大寺派에 의해 크게 개편되기 때문에 그 취급에는 충분한 주의를 요한다. 고전 산스크리트어 의 사용에 대해서는 본래 속어에 의한 전승이 시대가 내려옴에 따라 바라문화되었다는 시간의 추이를 이야기하거나, 혹은 특정한 소속부파를 나타나는 징표일 뿐이다(von Hinüber 1989). 따라서 팔리불전이든 산스크리트불전이든 그것들에 대해 '원전'이라는 말을 쓰는 것은 오해를 부르기 쉽다. 그것은 어디까지나 인도계 언어로 기록된 불전이라는 의미에 머무는 것이고, 역사적으로 기원이 되는 텍스트로서 이해되어서는 안 된다.

한편 한역불전은 인도 대승불전이 편집되었던 시대와 번역시기가 겹치기 때문에 시기적으로는 더 오래된 내용을 직접적으로 반영했을 가능성이 높다. 게다가 한 시대를 중심으로 편찬된 팔리불전과도 다르고, 산발적으로 발견되는 산스크리트 문헌과도 달라서, 인도대륙에서 형성된 불전이 끊임없이 수입되었기 때문에 인도에서 일어난 불전형성운동을 연속적인 것으로 복원할 수 있는 소재가 된다.

이러한 의미에서 한역불전은 대승불교 해명의 보고임에도 연구자들은 한역불전에 충분한 주의를 기울이지 않았다. 그 원인은 서양 근대 불교학이 인도학에 속하는 분과학문의 하나로 성립되었다고 하는 분명한 사실에서 찾을 수 있다. 동아시아 불교를 부당하게 낮게 평가해왔다는 역사적 경위도 영향을 미쳤다(下田正弘 2010). 그래도 무엇보다 큰 원인은 고대 한역불전의 해독이 매우 곤란하다는 점에 있다. 물론 이는 연구자 쪽에 있는 문제이고, 자료에 내재하는 가치의 한계를 나타내는 것은 아니다.

그리고 바로 고대 한역불전의 해독이라는 점에서 최근에 연구가 본격적으로 심화되어 해명이 급속하게 진행되기 시작했다. 이 배경에는 해외 연구자와 일본 연구자간의 정보의 벽이 사라지고, 인도학과 중국학 간의 학문적 장벽이 옅어지면서 신출자료의 등장에 의해 한어자료의 가치가 재인식되기 시작했다는 일련의 사태가 있다. 그 연구 내용을 분석할 때 그것은 첫째로 불전 원어의 상정과 구문의 해명에 관련된 문제, 둘째로 불전 편찬 과정과 경록의 평가에 관련된 문제, 그리고 셋째로 다른 불전의 전승과 관련된 문제라는 세 가지 과제로 나눌 수 있다. 이하에서 이들 문제를 순서대로 개관한다.

2. 인도와 중국의 가교 – 원어와 구문의 해명

무엇보다 첫 번째로 주목해야 할 것은 고대 번역한어불전의 원문 해독에 이바지 하는 연구의 진전이다. 이는 고전중국어와 거리가 있는 불전의 한문을 대상으로 인도와 중국이라는 두 이질적인 언어세계 간에 행해졌던 번역이라는 작업을 파악 하는 곤란한 작업이며, 이를 일관되게 수행하기 위해서는 인도와 중국, 두 세계의 적어도 기원후에서 몇 세기에 이르는 언어현상 전체에 정통할 필요가 있다. 이 연구 는 음의 복원에서 원어의 복원에 이르는 성과와 구문의 해독에 이바지하는 성과의 두 가지로 나뉠 수 있다.

전자에 대해서는 간다라어에 대한 주목과 해명이 큰 연구의 흐름을 이루어 왔 다. 현재 이 분야에서 발군의 연구 성과를 쌓고 있는 카라시마 세이시 辛嶋静志는 이미 『장아함경』의 역어연구를 진행하는 중에 해당 분야의 연구를 개관하였다(辛嶋 静志 1994 pp. 3-12). 그에 의하면 현존하는 한역불전이 고전 산스크리트어가 아니라 속어의 특징을 반영하고 있음은 이미 20세기 초에 알려져 있었다(Pelliot 1914).

그 이후에 대부분 손대지지 않은 영역이었던 이 분야의 연구를 크게 진전하여, 게다가 한어불전의 존재의의에 연구자들을 주목시켰던 위업의 하나를 특필한다면, 존 브라후흐「간다라어 담마파다」연구가 있다(Brough 1962). 그는 해롤드 월터 베일리의 문제제기(Bailey 1946)를 계승하여 카로슈티 문자에 의한 정서법의 제약, 불명확한 한어의 음운 복원이라는 두 가지 곤란한 조건 하에서 오리무중의 간다라어 음운체계와 각 문장의 특징을 재현하는 어려운 일을 수행했다. 이 연구의 출현에 의해 한역불전이 인도불교연구에서 가지는 의의가 일변하여, 초기 인도불전의 존재상황을 재현하기 위한 불가결한 자료임이 확인되기에 이르렀다.

중기 인도아리아어의 지식과 중국어의 지식을 필요로 하는 이 영역의 해명을 브라흐 이후에 본격적으로 진행한 학자는 앞에 말했던 카라시마 세이시 辛嶋静志이고, 그 성과는『정법화경사전』(2001),『도행반야경사전』(2010),『도행반야경교주 校注』(2011) 등 일련의 사전과 텍스트 출판, 게다가 다수의 논고로서 결실을 맺고 있다. 포괄적인 불교사전의 작성이라는 그의 장기적인 구상(辛嶋静志 2004)은 착실하게 완성을 향해가고 있으며, 학계는 이를 통해 매우 커다란 지적 재산을 얻어가고 있다.

한편으로 중국학에 입각하여 번역불전 특유의 어법을 분석하고, 전적마다 해독을 진행하는 착실한 노력은 다양한 방면에서 이뤄지고 있다. 위진남북조 시대의 어법을 정리한 모리노 시게오(森野繁夫 1976), 구역 시대 경전의 구어적 중국어 특징에 주목한 나가오 미츠유키(長尾光之 1972), 그리고 인도 쪽 자료와 연구사를 망라하여 진행한 오카야마 하지메 丘山新, 카미즈카 요시코 神塚淑子, 카라시마 세이시 辛嶋静志, 간노 히로시 菅野博史, 스에키 후미히코 末木文美士, 히키타 히로미치 引田弘道, 마츠무라 타쿠미 松村攷 등에 의한 공동 역『장아함경』시리즈 등, 각각에 중요한 성과가 나왔다.

구미에서는 어떠한가. 이른바 프랑스·벨기에 학파의 연구자들인 잔 푸슈르스키, 루이 드 라 발레 뿌쌩, 에티엔 라모트, 잔 단티누, 유벨 듀르트 등에 머물지 않고, 에리히 프라우발너, 에른스트 발트슈미트, 람버트 슈미트하우젠 등과 같은 독일학계의 연구자들도 스스로 한역자료를 구사할 수 있는 환경을 갖추면서, 많은 귀중한 성과를 산출했다. 인도 불교의 연구에서 한어자료가 가지는 중요성은 20세기 전부터 분명하게 인식되어 왔음을 알 수 있다. 오히려 일본 학계에서 보이는 인도어 텍스트 편중 경향이 특이한 현상으로 생각된다.

최근 구미의 경전연구가 진화해왔던 배경에는 라이덴 대학의 에리히 쮜르허와 그 영향을 받은 연구자들의 두드러진 공헌이 있다. 폴 해리슨, 잔 나티에, 조나단 실크 등 현재 학계의 일선에서 활동하는 연구자는 모두 그들의 안세고 安世高를 중심으로 하는 고역 古譯 해독 작업을 발판 삼아 연구를 진행하고 있고, 나아가 이들 연구에 뒤이어, 다니엘 부쉐, 스테파노 자케티, 쉔 크라크 등으로 이어지고 있다.

이에 더하여 본 서 제2장 및 제5장에서 말한, 카로슈티 사본의 발견과 해독의 진전에 의해 한역자료와의 대조연구가 불가결한 것이라는 인식이 구미에서 강해지고 있다. 앞서 말했으니 반복하지는 않겠지만 앞으로 한역자료해독의 중요성은 한층 높아질 것임에 틀림없다.

3. 역경과 편찬의 사정

제1절에서 말했듯이 한역불전은 인도 혹은 그 주변에서 진행된 경전의 제작운동과 시대적으로 거의 병행하여 중국에 전해졌다. 따라서 중국의 경전번역 사정이

나 그 편찬과정을 밝히는 것은 인도의 경전 편찬이나 전승과정의 해명에 이바지할
가능성이 있다. 불전의 편찬이나 전승의 사정을 통시적으로 정확하게 위치시키고
상세하게 상술하려는 인식은 고대 인도에는 없었던 역사인식이지만, 여기서 산출
된 다양한 정보는 고대 인도의 경전 유포상황에 대한 정보가 전혀 입수 불가능한
상황에서 더할 나위 없이 중요하다.

　이 상황에 입각하여 중국에 있어서 불전의 번역사정을 밝히는 것에는 두 가지
방법이 있다. 하나는 경전의 번역사정을 기록한 기록, 이른바 '경록 經錄'을 세밀하
게 조사하는 것이고, 또 하나는 불전, 특히 소위이역 異譯 문헌을 상호비교하면서
개별적으로 내용을 조사하는 방법이다.

　경록은 불전의 편찬과정이나 보존의 사정을 기술한 기록으로, 경록의 검토는
불전을 밖에서 서술함으로써 이해하는 시도이다. 반면 개별적 불전의 연구는 문헌
을 내부에서 분석 서술하려는 것이다. 상호 정반대의 방향에서 이들 두 방식의 접근
을 보완적으로 행함으로써 불전의 역사적 위치가 더욱 확실해지게 된다.

　반복하지만 인도에서는 불전의 존재양태를 외부적 시각에서 서술했던 기록이
존재하지 않는다. 그 때문에 전자의 방법은 취할 수 없다. 불전은 단지 내부에서
읽어내는 수밖에 없고 그곳에는 객관적인 시점은 보존될 수 없기 때문에 인도 쪽의
자료에서 보자면 불전의 역사적 위치는 밝힐 수가 없다. 실제 인도불교의 불전연구
에서 '역사적'이라는 말은 꽤 무작위로 사용되고 있는데, 중국 쪽의 정보 제공 없이
는 불전의 역사성은 용이하게 담보할 수 없다.

　그런데 바로 이 두 가지 방향에서 불전을 해명하는 방법은 20세기 전반, 중화민
국의 양계초 梁啓超에 의해 눈부시게 전개되었다(梁啓超 1925). 고역·구역·신역의

시대구분에 해당하는 번역환경의 정비와 발전 과정, 대규모 번역팀의 구성에 의한 분담조직(역주 譯主, 필수 筆受, 도어 度語, 증범본 証梵本, 윤문 潤文, 증의 証義, 교감 校勘, 감호대사 監護大使)의 확립, 번역문체의 수용과 발전의 추이, 이역불전에 있어서 역경의 진전 상황, 번역문학의 일반문학에 대한 영향의 의의(어휘의 확대, 어법과 문체의 변화, 문학정취의 발전) 등, 이 분야에서 오늘날 연구 과제가 될 만한 내용은 거기에 거의 망라되어 있다. 인도불교의 해명에 힘을 쏟았던 일본학계에서는 이 시기에 누구도 할 수 없었던 위업이다. 그의 연구를 상세하게 더듬었던 카와노 사토시 河野訓에 의하면 그 후의 일본 연구도 대부분은 양계초의 작업으로 귀착한다고 한다(카와노 사토시 河野訓 2006, pp.6-28).

일본에서는 양계초의 작업보다 10년 정도 늦게, 토키와 다이죠우 常盤大定의『후한에서 송제까지의 역경총록 後漢より宋齊い至る訳経總錄』(1935)이 나타났고, 그로부터 6년 늦게 하야시야 토모지로 林屋友次郎의『경록연구 経錄研究』(1941)가 출판되었다. 전자는『출삼장기집 出三藏記集』,『역대삼보기 歷代三宝紀』,『개원석교록 開元釈教錄』에 의거하여 역경에 관련된 기술을 정리분석하고, 불전의 편집과 존재 형태를 판별하여 제시한 자료집이다. 오늘날에도 연구자에게 더없는 편의를 제공하고 있다. 한편 후자는 토키와 다이죠우 常盤大定의 연구를 비판적으로 계승하면서도, 양계초의 내용과 어깨를 나란히 하는 분석을 통해 연구방법을 논한 본격적인 경록연구로서, 그 후에 이를 뛰어넘는 연구는 나타나지 않고 있다.

본 절의 마지막에 본 장의 II에서 쟌 나티에가 논할 〈원시화엄경〉 복원 연구의 한역연구방법 사상의 위치에 대해서 이야기해본다. 이 연구는 바로 이 제3절에서 논한 내용전체를 구체화한 것에 다름 아니다. 지면관계상 주석을 모두 생략했기 때문에 문헌학적 과정의 엄밀함이 드러나기 어려운 감이 있겠지만, 여기 3절에서 논한 연구방법과 그 성과에 얼마나 착실하게 입각하여 수행되고 있는지는 충분히 전달될 것이다.

4. 부록−다른 계통 불전의 전승

그런데 적어도 10년 전까지라면 한역 불전연구의 개관은 이상 제3절까지 논한 내용으로 족하였다. 그런데 최근 몇 년간 연구현황이 급전하면서 부록을 덧붙이지 않으면 안 되는 과제가 생겼다. 그것은 국제불교대학원대학이 진행하는 〈나라 헤이안 고사경 프로젝트〉이다. 전체 수만 권에 달한다고 예상되는 세계 최고 最古의 사본이 일본 사찰에 소장되어 있는데, 그것을 철저히 조사하여 9세기 초엽 쿠카이 空海에 의해 전래되었던 『정원록 貞元錄』에 의해 복원하는 장대한 프로젝트이다. 여기에 전하는 불전은 대정장의 저본(으로 전해지는) 고려장과는 그 내용이 종종 크게 다르다. 예를 들어 고려장에서는 나타나지 않는 내용의 『안반수의경』이 존재하는데, 그것은 팔리 장외문헌인 Peṭakopadesa와 일치를 보이는 등 역사적으로 매우 중요한 내용을 담고 있다(델레아누 플로린 2007, pp.7-8; Zacchetti 2003).

게다가 편찬의 기반이 되는 『정원록』 자체가 여러 판본마다 큰 차이가 있어서 우선 그 기초 텍스트를 확정하는 것에서 작업을 시작해야 한다. 이 프로젝트에서는 고본 『정원록』에서도 가장 선본 善本이라고 하는 나나츠데라본 七寺本을 가지고 『일본현존칠종일체경대조목록』(잠정판)을 정리하고 그 후에 돈황본과의 대조도 포함하고, 새롭게 이시야마데라일체경 石山寺一切經을 추가하여 『일본현존 팔종 일체경

대조목록』을 발표했다.

이 프로젝트에는 또 하나의 주목할 만한 특징이 있다. 그것은 디지털 기술, 더욱 깊이 들어가면 인문정보학의 탄생과 발전에 의해서 인쇄물의 시대에는 해낼 수 없었던 전혀 새로운 형태로도 성과의 축적과 공개가 가능해진 것이다. 불교학이 현재, 인문정보학을 선도하고 있는 사실은 전에 없었던 인문학에 대한 공헌으로서 주목할 가치가 있다(下田正弘, 2009).

일체경의 새로운 편찬을 세밀한 교정에 따르면서 기초부터 구축하려는 이 장대한 프로젝트의 성과가 이 새로운 전자 매체에 의해 착실하게 축적되어 공개되면 한어 불전을 둘러싼 환경, 아니 불전 전체를 둘러싼 환경은 이 21세기에 크게 변화될 것이다.

참고문헌

나가오 미츠유키(長尾光之)
    1972   「鳩摩羅什訳 『妙法蓮華経』にみられる六朝期中国の口語」『福島大学教育学部論集 人文科学』 24-2, pp.109-120.
델레아누 플로린(Deleanu, Florin)
    2007   「金剛寺一切経と安世高の漢訳仏典」『いとくら』2, pp.7-8.
양계초(梁啓超)
    1936   「翻訳文学与仏典」「仏典之翻訳」「仏家経錄在中国目錄学之位置」『仏学研究十八篇』, 中華書局.
모리노 시게오(森野繁夫)
    1976   「六朝訳経の語彙」『広島大学文学部紀要』36, pp.215-236.
사이토 마레시(齊藤希史)
    2005   『漢文脈の近代－清末＝明治の文学圏』, 名古屋大学出版会.

시모다 마사히로(下田正弘)

2009　「媒体の展開としての仏教史－経典研究と人文学の一将来像」，市川裕，松村一男，渡辺和子編『宗教史とは何か』下巻，リトン pp.451-476.

2010　「近代仏教学の形成と展開」『仏教の形成と展開』新アジア仏教史二巻，校成出版社, pp.14-55.

카라시마 세이시(辛嶋静志)

1994　『長阿含經』の原典研究 音写語分析を中心として』，平河出版社.

1998　『正法華経詞典』，創価大学・国際仏教学高等研究所.

2001　『妙法蓮華経詞典』，創価大学・国際仏教学高等研究所.

2004　「仏典漢語詞典の構想」『中国宗教文献研究国際シンポジウム報告書』，京都大学人文科学研究所.

2010　『道行般若経詞典』，創価大学・国際仏教学高等研究所.

2011　『道行般若経典校注』，創価大学・国際仏教学高等研究所.

카와노 사토시(河野訓)

2006　『初期漢訳仏典の研究－竺法護を中心として』，皇学館大学出版部.

국제불교학대학원대학 학술프론티어 실행위원회

2006　『日本現存八種一切経対照目録』.

토키와 다이죠우(常盤大定)

1938　『後漢より宋齊に至る訳経総録』東方文化学院東京研究所.

하야시야 토모지로(林室友次郎)

1941　『経録研究』，岩波書店.

Bailey, H. W.

1946　"Gāndhārī," *Bulletin of School of Oriental and African Studies*, 11, pp.764-797.

Brough. J.

1962　*The Gāndhārī Dharmapada*, London.

von Hinüber, O.

1982　"Pali as an Artificial Language," *Indologica Taurinensia* 10, pp.133-140.

1989　"Origin and Varieties of Buddhist Sanskrit," *Dialectes dans les littératures indo-aryennes*, pp.341-367.

Pelliot, P.

1914　"Les noms propres dans les traductions chinoises du Milindapañha," *Journal Asiatique onzième série*, tome IV, pp.377-419.

Zacchetti, S.

2003　"The Rediscovery of Three Early Buddhist Scriptures on Meditation: A Preliminary Analysis of the *Fo shuo shi'er men jing, the Fo shuo jie shi'er men jing* Translated by An Shigao and Their Commentary Preserved in the Newly Found Kongō-ji Manuscript, *Annual Report of the International Research Institute for Advanced Buddhology at Soka University* 6, pp.251-299.

II.
〈원시화엄경〉의 편찬과정 – 한역연구의 현재로부터

1. 시작하며

　　『화엄경』(*Buddhāvataṃsaka라는 표기에 대해서는 사쿠라베 하지메 櫻部建(1969) 참조)
의 내력을 탐구하려고 할 때 연구자가 사용해야 할 자료는 광범위하다. 즉, 이 경전
에는 2종의 한역 완본이 현존하는데 하나는 5세기 초 인도 출신의 불타발타라
*Buddhabhadra에 의해 역출된 『대방광불화엄경』(60권본)이고, 또 하나는 7세기 말에
코탄 출신의 실차난다 Śikṣānanda에 의해 역출된 『대방광불화엄경』(80권본)이다. 티
벳역의 형태로도 일종의 완본이 현존한다. 즉, 지나미트라 Jinamitra, 수렌드라보디
Surendrabodhi, 예셰 데 Ye shes sde에 의해 800년 이후 역출된 *Sangs rgyas phal po che
zhes bya ba shin tu rgyas pa chen po'i mdo*(大谷 북경판, 제761번)이다. 또한 후한대에서
송대에 이르기까지의 10여 종의 단편 한역경전이 역출되었는데 그것들은 각각 대
경 大經(=『화엄경』)의 각 부분에 상당한다(대정장 280-297번 참조). 또한 이 경전 중에서
도 중요한 2품, 『십지경 Daśabhūmikasūtra』과 『입법계품 Gaṇḍavyūha』은 산스크리트어
본으로도 현존하지만, 『화엄경』 전체는 인도어의 형태로는 전해지지 않고, 실제로
『화엄경』이 가장 큰 역할을 한 것은 인도가 아니라 동아시아에서였다. 따라서 그
당연한 귀결로 지금까지 이 경전에 관한 연구의 압도적 다수는 동아시아의 『화엄경』
을 둘러싼 해석을 다룬 것이었다.

　　그러나 이 대부 大部의 경전이 인도에서 형성되었다는 사실에 대해서는 탐구할

과제가 많이 남아 있다. 현존하는『화엄경』은 분명히 집성된 전적 集成典籍이고, 일찍이 단독 전적으로 유포되어 있었음이 틀림없는 여러 경전(특히 상술한『십지경』과『입법계품』)을 포괄한 것이다. 그런데『팔천송반야경』 *Aṣṭasāhasrikā Prajñāpāramitā* 동아시아에서는 『소품』이라 통칭함)이 『이만오천송반야경』(*Pañcaviṃśatisāhasrikā Prajñāpāramitā* 동아시아에서는『대품』으로 통칭함)에 선행하는 원초적인 형태로서 꽤 명확하게 확인되고 있는 것과는 대조적으로〈원시화엄경〉 *proto-Buddhāvataṃsaka*이 어떠한 것인가에 대해서는 필자가 아는 한 연구자간에도 그 견해가 일치하지 않는다. 그러므로 이 경전의 발전과정에 관심을 가진 연구자들은 대개 상당부분 후기의(게다가 상당히 분량이 많은) 2종의 한역과 더 후대의 티벳역을 통해 이 문제를 탐구하는 출발점으로서 삼아왔다.

한편 2세기 후반에서 4세기 초반에 걸쳐 역출된 초기의 한역경전에서『화엄경』대본 大本에 보이는 소재 몇 가지를 포함하는 경전 몇 개가 현존한다. 즉, 지루가참 Lokakṣema의『도사경 兜沙經』(T280)이나 지겸 支謙의『보살본업경 菩薩本業經』(T281), 섭도진 聶道真의『제보살구불존업경 諸菩薩求佛本業經』(T292), 축법호 竺法護의『보살십주행도품 菩薩十住行道品』(T283)처럼 다양한 역자에게 귀속되는 이들 한역경전은『화엄경』의 해당부분 내용에 관한 가장 오래된 자료일 것이다. 이들 초기 한역경전은 화엄사상의 발달에 관심을 가진 선학들에 의해 때때로 다뤄져왔다고 해도, 문헌 자체의 해명을 위해 자체적으로 연구된 일은 드물었다(예외로서 고바야시 小林 (1958)과 마노 真野(1992), 그리고 특히 사카모토 坂本(1933). 상기의 초기한역경전과『화엄경』의 관계에 관한 연구자들의 견해를 개설한 것은 키무라 木村(1984) 참조). 본고에서는 상술한 초기한역 경전의 형성과 내용을 중점적으로 다루고자 하는데, 이에 의해 중국에서『화엄경』의 최초기의 수용뿐 아니라 인도에 있어서 이 경전의 발달과정에 대해서도 새로운 견해를 얻기를 기대한다.

2. 각 경전의 개요

가) 『보살본업경』(T281)

『화엄경』의 일부에 해당하는 초기 한역경전은 모두 단편인데, 『보살본업경』은 그중에서 가장 길고, 『대정신수대장경』(이하 T)에서는 5쪽 분량의 1권본이다. 이 한역은 많은 전적을 역출한 재가 번역자인 지겸에 의해 3세기 중엽에 역출되어 중국에서 널리 유포되었다. 이 한역이 유포되어 있었음을 나타내는 것으로서 중국 고유 성전의 편찬자들에게 도용될 정도였음이 알려져 있다. 즉, 위경인 『보살영락본업경』(T1485)에서는 『보살본업경』의 주요한 소재가 축어적으로 포함되어 있고, 마찬가지로 도교의 집성경전인 『영보靈寶』에도 방대한 차용이 확인된다. 즉, 이 경전은 중국에서 영향이 널리 퍼진 전적의 하나로서, 불교계와 도교계 양쪽에 알려져 있었다. 게다가 지겸에 의해 역출된 이 경전의 영향력은 후세의 불타발타라와 실차난다 역 『화엄경』 각각에서도 발견되는데, 지겸의 표현방식이나 문체가 빈번히 반영되어 있다. 이 경전은 길이는 다르지만 이하와 같이 편의적으로 10절로 구분할 수 있다.

> 제1절. 도입부. 경이 설해진 장소는 마가다국의 보리좌菩提座이고, 회중인 보살들이나 부처 자신에 관한 형용구가 열거된다. (T10: 446중29-61하)

제2절. 시방 각각에 거하는 부처와 보살, 그리고 각 불국토의 명칭 열거 (T10: 446하17-447상8)

제3절. 문수(제2절에서 동방불국토를 담당하는 보살로서 등장)에 의한 다양한 형용구를 사용한 상기 제불국토의 제불에 관한 서술 (T10: 447상8-19)

제4절. 붓다의 발에서 나온 광명이 천계 전체를 비추는 것에 대한 기술 (T10: 447상20-중4)

제5절. 즈냐나슈리 보살(제2절에서 하방불국토를 담당하는 보살로 언급)의 문수에 대한 보살도에 관한 질문 (T10: 447중6-17)

제6절. 보살도의 실천과 일상생활을 어떻게 결부할 것인가에 관해 문수에 의한 장대한 설시가 이뤄진다. 그 대부분은 출가자로서 구족계를 받은 후의 보살 행위에 할애된다. (T10: 447중18-449중24)

제7절. 사바세계의 여러 천신에 의한 상찬과 시방세계의 여러 보살의 도착 (T10: 449중26-하4)

제8절. 다르마마티보살(제7절에서 다른 세계에서 도착한지 얼마 안 되는 여러 보살의 한 사람으로서 언급)이 삼매에 들어간다. 그곳에서 다르마마티 보살은 시방의 제불을 만나게 되어, 그 보살을 위해 보살의 단계에 대해 제불이 설시할 것이라는 것을 제불에게 듣는다는 내용 (T10: 449하4-12)

제9절. 삼매에서 나온 다르마마티 보살은 보살도의 10단계에 관해서 그가 배운 것을 장대하게 설시함으로써 상세하게 밝힌다. (T10: 449하12-450하26)

제10절. 청중은 환희하여 붓다에게 예배하고 간결하게 마친다. (T10: 450하26-27)

『보살본업경』의 내용과 『화엄경』 완본 2종의 한역을 비교하면 흥미진진한 대응을 확인할 수 있다. 즉, 지겸역 『보살본업경』은 『화엄경』에서는 서로 멀리 떨어진 몇 부분에서 나타나는 제재를 내용으로 한다. 바꿔 말하면 이 경전은 단지 『화엄경』 1장이나 1절에 해당하는 것이 아니다. 개요에서의 대응은 다음과 같다.

제1절~제3절 『육십화엄』에서는 제3품 「여래명호품」의 모두 부분(『팔십화엄』에서는 제7품의 최초 부분)에 해당

제4절 『육십화엄』에서는 제5품 「여래광명각품」의 서두 부분(『팔십화엄』에서는 제9품 모두)에 해당

제5절~제6절 『육십화엄』에서는 제7품 「정행품」(『팔십화엄』에서는 제11품)에 해당

제7절 『육십화엄』에서는 제9품 「불승수미정품」과 제10품 「보살영집묘승전상설게품」의 서두(『팔십화엄』에서는 제13품 「승수미정품」과 제14품 「수미정상계찬품」의 서두)에 해당

제8절~제9절 『육십화엄』에서는 제11품 「보살십주품」의 최초 부분(『팔십화엄』에서는 제15품 「십주품」)에 해당

제10절 (해당 부분 없음)

더 말하자면 (적어도 첫인상으로는) 『보살본업경』은 『화엄경』의 다양한 구절에서 발췌하여 구성된 것으로 보이고, 그것들 몇몇 구절에 대해서는 현존하는 『화엄경』 완본의 어떤 번역에서도 적지 않은 소재가 삽입되어 서로 분리되어 있다. 그렇지만 뒤에서 다시 다루겠지만 이러한 애초의 인상은 오해를 초래하기 십상이다.

나)『도사경』(T281)

상술한『보살본업경』은 본고에서 다루는『화엄경』의 초기 전적군 중에서도 가장 길지만, 가장 오래된 것은 아니다. 가장 오래된 것은『도사경』인데, 이 경의 제목은 난해하고 *Daśakasūtra?*, 대정장에서는 2페이지도 안 되는 단편이다(대정장 제10권 445상-446중). 현존하는 가장 오래된 경록인 승우僧祐찬『출삼장기집』(515년)에서는 역자를 지루가참(Lokakṣema 이하 '지참')이라고 한다. 경전의 내용면에서도 지참에 의한 번역임이 강하게 지지된다. 즉, 이 경전에 보이는 인도 고유명사나 술어에 관한 음절에 따른 음사어, 또는 긴 하나의 문장이나 반복되는 문체, 그리고 '문여시 聞如是'라는 정형적인 서두구절의 결여 등은 모두 지참의 역경에서 특징적인 점이다.

그러나『도사경』은『보살본업경』보다 꽤 짧고 내용에서는 앞서 정리한『보살본업경』제1절~4절에 해당된다. 즉,『육십화엄』에서의 제3품과 제5품(『팔십화엄』에서의 제7품과 제9품)의 대응 부분의 제재로 구성되어 있다. 이 경전의 말미에는 그보다 앞부분에서 제시되었던 시방에 계신 붓다와 보살들의 명칭이 (때마다 다르게 읽어가면서) 반복된다.

다)『제보살구불본업경』(T282)

『제보살구불본업경』(이하『구불본업경』)도 또한 대정장에서 3쪽도 안 되는 단편이고(T10: 451상-454상), 지겸역『보살본업경』보다도 조금 뒤에 역출되었다. 이 경전은 중국 재가자, 섭도진(3세기 후반에서 4세기 전반)에 의해 번역되었다고 한다.『육십화엄』에서는 제7품과 제9품·제10품의 앞부분, 이어서『팔십화엄』에서는 제11품과 제13품·제14품의 앞부분에 해당하며, 상기 『보살본업경』의 개요에서는 제5절~제7절에 대응한다. 그래도 본경의 역자를 섭도진으로 하는 것은 꽤 의심스럽다. 즉, 승우는 섭도진을 축법호의 필수자로 알고는 있었지만, 어떤 전적도 그 자신의 번역이라고는 하지 않았다. 그런데 『역대삼보기』(597년)에서 (그의 아버지인 섭승원 聶承遠과 함께) 갑자기 54권 이상의 전적이 그의 역경으로 귀속된다(하야시야 林室 (1941) pp.285-290 참조). 따라서 다른 많은 경우처럼 본경의 역자가 의심스러운 점에 관해서는, 비장방의 손에 의해 역자의 특정이 광범위하게 진행되었던 것까지 거슬러 올라가게 된다.

그러나 승우는 『출삼장기집』에서 (최초의 諸는 없지만) 본경과 같은 이름의 전적을 기재하고 있는데, 그것은 실역 失譯, 즉 역자명이 이미 불명 不明임을 기록하는 한 구절을 포함하고 있다. 594년에 법경 法經에 의해 편찬된 『중경목록』(T2146)에서는 같은 이름의 경전이 『육십화엄』의 일부에 해당된다는 사실이 명확하게 확인되어 있다.

따라서 경록류에 포함된 기술의 분석에서 알 수 있는 점은 승우의 때에는 『보살구불본업경』이라는 명칭의 전적 1점이 알려져 있었지만 그 역자를 특정할 수 있는 정보는 없었다는 것이다. 그러나 이 경전의 내용을 보면 이에 더하여 새로운 문제가 있다. 즉, 이 경전은 통상 경전의 서두에 있어야 할 도입부('여시아문'의 자구나 설법 장소, 부처나 그 對告衆에 관한 기술)도 없이 갑자기 시작한다. 그 대신 즈냐냐슈리 (*Jñānaśrī '禪那師利')보살이 그 대상인 문수에게 질문하는 것에서 경전이 시작된다. 또한 결말도 마찬가지로 갑자기 다양한 보살의 이름이 열거된 후에 (청중의 반응에 관한 간결한 기술도 없이) 종결한다. 즉, 전적 전체로 볼 때 발췌라기보다 오히려 그 모체가 되었던 전적에서 (아마도 우발적으로) 분리된 단순한 단편이라는 인상을 받는다.

라)『보살십주행도품』(T283)

많은 역경을 다룬 월지국 출신의 번역승인 축법호(Dharmarakṣa 265-309년, 축법호와 그 번역 특징에 대해서는 Boucher(1996)(1998) 참조)에 의한 번역이라고 하는『보살십주행도품』(이하『십주행도품』)은 대정장에서 겨우 2쪽 정도의 단편이지만,『육십화엄』제 11품 및『팔십화엄』제15품 각각의 첫 부분, 즉 상기『보살본업경』의 제8절~제10 절에 해당한다. 승우는「보살십주경」이라는 비슷한 이름의 경전을 축법호에게 귀속시키고 있어서, 적어도 표면적으로 그 기술에 신뢰성의 문제는 없어 보인다. 그래도 승우가 편찬한 '실역' 목록 중에 더 엄밀하게 대응되는 것이 보이는데, 그곳에는「보살십주행도품」은 다른 전적에서의 초록 및 발췌抄로 기술되어 있다. 또한『중경목록』에서는 본경과 같은 이름의 전적에 관해서도『육십화엄』의 한 품에 해당한다는 기술이 부가되어 있다. 게다가 그 경록에서는 상게의 경제목(최초에 '보살'의 자구를 포함한 것)이 붙은 전적을 축법호의 역경이라고 하는 가장 오래된 용례가 확인된다.

덧붙이면 축법호에게는 보살도의 10지에 관한 전적이 또 하나 귀속되고 있다. 즉,『점비일체지덕경 漸備一切智德經』(T286)으로 Daśabhūmikasūtra의 한역 중 하나로서『중경목록』이후에 이 경전은『화엄경』「십지품」에 해당한다는 취지가 명기되어 있다.

그래도 본경『십주행도품』의 내용을 음미해보면 앞의『구불본업경』과 같은 특징이 확인된다. 즉,『십주행도품』역시 통상 보이는 도입부를 빼고 다르마마티 *Dharmamati라는 이름의 보살이 붓다의 눈앞에서 삼매에 들어간다는 묘사로부터 갑자기 시작하는 것이다. 한편『구불본업경』과는 달리 적어도 최소한의 결말 문장을 확인할 수 있다.

3. 고경 孤經 『도사경』의 재구축

앞에서 보아온 자료에 의거하면 상기 네 문헌 간에는 지금까지 밝혀지지 않은 상호관계가 있음이 명백하다. 즉, 『도사경』과 『구불본업경』, 『십주행도품』을 합치면 딱 『보살본업경』에 포함되는 내용에 해당되기 때문이다. 불타발타라역과 실차난다역 각각의 『화엄경』에 있어서 해당 부분과 함께, 대응관계를 표로 정리하면 이하의 표와 같다.

즉, 『도사경』과 『구불본업경』, 『십주행도품』, 즉 『도사경』 그룹이라고 칭해도 지장이 없을 정도의 경을 결합했을 때, 지겸역의 『보살본업경』에 해당하는 또 하나의 완전한 형태를 갖춘 경전이 구성된다.

『보살본업경』	『도사경』	『육십화엄』	『팔십화엄』
10.446b29-447a18	10.445a5-446a15	9.418a26-419a15	10.57c23-58c18
447a19-b4	446a15-b9	422b18-27	62b16-25
—	446b10-22	—	—
	『구불본업경』		
447b6-449b23	451a6-454a7	430a23-432c14	69b20-72a17
449b25-29	454a8-20	441b6-22	80c8-25
449b29-c4	454a20-26	441a22-23. 441c-29-	81a23-28, 81b6-7
		442a3, 442a5-7	
	『십주행도품』		
449c4-450c25	454b6-456c4	444c7-446b23	84a1-85c11

이 관점에서 보면 『도사경』과 『구불본업경』, 『십주행도품』에서 나타나는 변칙적인 특징 몇 가지는 다른 의미를 가진다. 즉, 『도사경』에서는 통상의 도입부(여기에서 '통상'이란 지참역에 있어서의 의미이다. 대체로 그의 역경에서는 여시아문(如是我聞, evaṃ mayā śrūtam)에 해당하는 번역문이 없다)가 나타나지만, 최후는 통상의 결문이 없이 갑자기 마무리된다. 『구불본업경』은 도입부와 결말부 양쪽이 없으며, 『십주행도품』은 통상의 모두 부분이 없다. 그런데 이상의 세 전적을 하나의 경전이 되도록 연결하여 합치면 이상의 문제점이 해소된다.

즉, 그 구성과 내용에 관해서는 『도사경』 그룹을 구성하는 세 문헌은 지겸이 사용한 것(동일하지는 않지만)과 유사한 인도성립의 경전에서 번역된, 원래는 단일한 한역경전이었던 것의 일부인 것 같다. 한때 아마 우발적으로 본래의 『도사경』이 세 개로 분할되어 경록류에서는 다른 전적으로 취급되어 왔다. 그 결과로서 필자는 뒤의 두 경전인 『구불본업경』과 『십주행도품』을 '고경 孤經'으로 부를 것을 제안한다. 〈고경〉이란 경전의 일부가 모체가 되는 전적에서 분리되어, 그 후에 독립하여 유포된 것이다. 그 경우 통상적인 앞부분이나 (중세 초기의 중국에서 종교와 국가의 조류 속에서는 아마도 더 중요했을 것이다) 역자명에 대한 기술이 빠지고 말았다. 『구불본업경』과 『십주행도품』은 둘 다 분명히 단편적임에도 불구하고 그것들은 단지 그 내용에 의거한 제명이 붙어 있고, 게다가 역자명도 똑같이 부가되어 있다.

바꿔 말하면 『도사경』 그룹의 세 경전에서 보이는 변칙적인 구조는 원래 통합되어 있던 하나의 전적이 3분되었음을 나타내는 징후로 보이고, 이들 세 문헌이 하나의 경전으로 다시 결합된다면 그 특이점은 해소된다.

4. 『도사경』, 『구불본업경』, 『십주행도품』 – 상호 관련성

『도사경』 그룹에 속하는 세 문헌이 원래 단일한 한역경전이었음을 가정하면 내용과 형식에 관해서 이들 간에 엄밀한 상호관계가 있음을 나타내는 몇 가지 특징을 발견할 수 있다. 먼저 눈에 띄는 한 가지는 등장인물의 연관성이다. 이미 언급했듯이 『구불본업경』에서는 그다지 알려지지 않은 즈냐나슈리 Jñānaśrī라는 이름의 보살에 의한 발문으로 갑자기 시작하는데, 그 보살은 『도사경』에서는 하방세계에 주하는 보살로 이미 언급되어 있다. 즉, 재구축된 『도사경』 전체의 문맥에서 볼 때 그 보살은 홀연히 나타난 등장인물이 아니라 전적의 선행 부분에서 이미 등장했던 것이다. 게다가 『구불본업경』에서 그 보살의 음사형 '선나사리 禪那師利'는 『도사경』에서 확인할 수 있는 것과 완전히 같다(한편으로 지겸역 『보살본업경』에서는 그 이름은 '智首'으로 의역된다).

마찬가지로 등장인물에 관한 연속성은 『십주행도품』에서도 보인다. 즉, 이 경전은 다르마마티 曇昧摩提라는 이름의 보살이 삼매에 드는 장면에서 시작하는데 같은 이름의 보살이 『구불본업경』의 말미에서도 시방의 불국토에서 석가모니불의 눈앞에 모인 보살들의 일원으로 등장한다. 이쪽도 상정되는 인도어 형태의 명칭뿐 아니라, 한문 역어에 대해서도 『구불본업경』과 『십주행도품』 간에 일치한다(지겸역의 『보살본업경』에서는 그 이름은 '法意'라고 역출됨).

상기 세 문헌의 관련성을 시사하는 것은 등장인물만이 아니다. 즉, 『도사경』의 모두 부분에서는 회중의 제 보살이 붓다에게 묻고 싶은 것으로 마음속에 생각했던 사항이 길게 열거되어 있다. 그것들 항목 전부가 상기 세 문헌의 후속부분에서 확인

되는 사항과 관련되어 있는 것은 아니지만 그들 중 두 항목인 〈십거처소원 十居處所
願〉과 〈보살십법주 菩薩十法住〉는 분명히 『구불본업경』과 『십주행도품』 각각의 내
용과 대응된다.

　　정리하면 대정장에서 『도사경』이라고 되어 있는 것을 제1부로 하고, 『구불본업
경』과 『십주행도품』 각각을 원래 제2부, 제3부로 하는 단일한 전적이 존재하고 있
었음을 시사하는 특징은 충분하다고 보인다. 이들 세 문헌을 결합하면, 지겸이 『보
살본업경』으로 역출한 인도찬술 경전의 또 하나의 완전한 한역경전이 될 것이다.

5. 『도사경』 그룹—새로운 지참에 의한 역경인가

　　상술한 가설에서는 말할 것도 없이 『도사경』과 『구불본업경』 『십주행도품』,
재구축되었던 『도사경』은 모두 동일한 역자에 의한 번역이 될 것이다. 『도사경』의
역자를 지참으로 하는 것은 무리 없이 인정되겠지만, 그럴 경우 『구불본업경』과
『십주행도품』도 마찬가지로 지참의 역경이 되는데 이러한 가설은 적절할까? 이러
한 제안을 하기 전에 다음 두 가지의 근본적인 문제를 고려할 필요가 있다. 즉, (1)
『구불본업경』과 『십주행도품』의 역자와 문체는 다른 지참역의 여러 전적과 부합하
는가? (2) 『구불본업경』과 『십주행도품』 각각에 대해 지참과는 다른 기존의 번역자
를 그렇게 쉽게 배제할 수 있는가 라는 문제이다.

번역어와 문체

　　다른 지참역의 문헌들에 친숙한 사람에게는 『구불본업경』과 『십주행도품』에

서 쓰이는 표현들이 지참의 역어를 강하게 연상시킬 것은 분명하다. 즉, 지겸역 『보살본업경』에서는 전적의 대부분이 규칙적인 4자로 구성되어 있는 데 비해(때로는 3자나 5자, 6자의 단락을 포함하는 다른 형식으로 이행한다), 『구불본업경』과 『십주행도품』에서는 음운상의 규칙성에는 전혀 관심을 쏟지 않는다. 이는 지참역에 나타나는 특징이다. 게다가 상기 두 경전에는 고유명사나 술어의 장대한 음사어가 많이 보이고, 술어를 의역한 것은 매우 희박하게 보인다. 이러한 현상도 바로 지참의 역경에서 예상되는 바이다.

또한 술어가 아닌 어구에 대해서도 상기 두 경전에서는 지참역의 특징인 익숙치 않은 번역어나 잘 쓰지 않는 번역어를 확인 할 수 있다. 예를 들어 (『구불본업경』에서는 3회, 『십주행도품』에서는 4회 보이고, 마찬가지로 『도사경』에서도 2회 보이는) '과거당래금현재 過去当來今現在'라는 어색한 표현은 지참역에서 특징적인 것으로서 그의 역경 전반에서 보이지만, 다른 한역경전에서는 매우 드물게 나타난다. 마찬가지로 sattva를 '사람 人'으로 번역하거나, 더 긴 표현인 '시방천하인 十方天下人'은 지참의 역경에서만 눈에 띈다. 이들 표현은 결코 지참역의 모든 경전에 특유한 것이 아니지만, 그의 역경의 특색이다. 대체로 상기의 두 전적은 (도안 道安이 다른 문맥에서 사용한 언설을 인용한다면) 지참의 역어와 유사하다(似支讖出也).

더욱 설득력을 가진 증거를 들 수 있다. 구체적으로는 (buddhānubhāvena의 역어로 사용되는) '지불위신 持佛威神'이라는 표현은 『도사경』에서는 두 번, 『십주행도품』에서도 두 번 확인되는데 그 표현은 오로지 지참역에서만 확인된다. 더 설득력 있는 것으로서 보살의 단계에서 제2단계의 명칭을 『십주행도품』에서는 '아사부 阿闍浮'라고 하는데 이는 난해한 음역어로서 그것의 인도어 원어는 상정 곤란하다. 그러나

이 역어와 지참 역경의 관련성은 꽤 명백하여, 대정장 전체에서도 그 역어는 15회밖에 확인되지 않는다. 즉, 『도행경』에서 4회, 지겸이 『도행경』의 역어를 차용하고 있음이 분명한 『대명도경』에서 4회, 『십주행도품』에서 3회 확인된다. 다른 용례(『보살십주경』에서 2번, 『보살내계경』에서 2번)는 모두 『십주행도품』에서 차용한 것이다.

　　『구불본업경』에서도 지참역임을 나타내는 현저한 특징이라고 말해지는, 희귀한 역어가 확인된다. 즉, 인드라Indra를 음사한 '인지因坁'는 CBETA 검색에 의해 23용례가 확인되지만, 지참역에서는 9용례가 확인되고(『도행경』에서는 1용례, 『반주삼매경』 3권본에서는 8용례), 다시 지참역으로부터의 차용이라고 이미 알려진 것(『광찬경』, 『대명도경』, 『마하반야소경』 및 『반주삼매경』 1권본)에서 5용례가 확인된다. 그중에서 인드라의 이름으로서 용례가 몇 개 포함되지만, 다른 보살명인 인드라닷타(Indradatta, 因坁達)의 일부로서 인지因坁가 사용되고 있다. 인드라와 인드라달타 어디에 사용되건 이 인지因坁라는 음역어는 지참역임을 강하게 시사한다.

　　정리하자면 『구불본업경』과 『십주행도품』에서는 다른 지참의 역경에 보이는, 일반적인 역경이나 형식을 공유할 뿐 아니라, 그 용례가 지참의 역경에 한정되는 특정한 역어도 확인된다. 상술한 내용만으로는 상기의 두 문헌이 – 왜냐하면 역자가 다른 역자의 역어를 차용하는 일은 항상 있을 수 있기 때문에 – 지참에 의한 번역임을 증명하기에 충분치 않을지 모르지만, 상기의 단편적인 두 문헌이 원래는 단일한 지참역의 일부였다는 가설에 반하는 사실은 현시점에서는 전혀 발견되지 않고 있다.

경록류의 검증

　　다음으로 중국의 여러 경록에서 『구불본업경』과 『십주행도품』의 역자가 지참

이외의 인물이로 나타나는 문제로 잠시 되돌아가겠다. 앞에서 보았듯이『구불본업경』의 역자를 섭도진으로 하는 것에는 중대한 난점이 있다. 이 경전은 경록류에서는 원래 단순히 '실역'으로 되어 있었다. 따라서 이 경전의 역자를 섭도진으로 추정하는 근거는 (최초에 추정한 것은 費長房) 분명히 의심스러우며 이 점에 구애될 필요는 없다. 한편『십주행도품』을 축법호역으로 하는 것은 승우의『출장삼장기』에서 (더욱 짧은『보살십주경』이라는 제명의 형식으로) 이미 확인되는 것이므로 신중하게 검토해야 할 것이다. 확실히 앞에서 봤듯이 이 경전에 지참역의 징후가 없다면 틀림없이 축법호 역으로서 승우가 인정하는 이 경전에 관해서 어떤 의심도 품지 않았을 것이다.

그런데 돌이켜보면『십주행도품』에 관해서 주의를 요하는 특이한 점이 몇 가지 발견된다. 먼저 형식적 면에서 이 경전은 축법호역의 전적으로 상정되는 것들과 합치하지 않는다. 축법호의 형식적 특징을 파악하는 것은 확실히 어려운데, 그는 종종 음사와 음역 양쪽을 사용하고 규칙적인 4자구성과 (적어도 어느 조건하에서는) 더욱 불규칙한 음운의 구성 양쪽을 사용한다. 실제로 축법호의 역어에 관한 가장 특징적인 특색의 하나로서 바로 그 일관성의 부재를 들 수 있다. 그래도 일반적으로 축법호역에서는 음역어보다도 의역어가 선호되고 그의 '정형'에서는 장행은 4자구성으로 되어 있다. 따라서『십주행도품』에는 상기의 두 특징이 보이지 않으므로 – 즉, (보살의 10지의 명칭을 포함하는) 난삽한 음사어로 넘치고, 4자구성의 장행을 선호하는 흔적도 없다 – 어쨌든 이 경전은 축법호 역을 대표하는 것은 아니다.

『출삼장기집』의 검토로 다시 돌아가서 다음 사항을 특히 중시하고 싶다. 즉, 이 경록에서는『보살십주경』이라는 명칭의 1권본의 전적이 확실하게 축법호에게 귀속되는 한편『십주행도품』이라는 경제목과 대략이 아니라 바로 동일한 경명(즉,

「보살십주행도품」)이 승우가 편집했던 '실역' 목록 속에 있고, 그곳에는 다른 전적으로 부터의 초록 혹은 발췌抄로 되어 있다. 즉, 『구불본업경』의 경우처럼 『십주행도품』의 이름은 『출삼장기집』에서는 실역으로 되어 있고, 「보살십주행도품」이 처음으로 명확하게 축법호역으로 된 것은 『중경목록』에서이다. 흥미로운 것은 법경이 이와 별도로 「담매마제보살설경 曇昧摩提菩薩說經」이라는 경명을 기재하고, '보살십주행도품」의 발췌라고 한 점이다. 말할 것도 없이 다르마마티는 『십주행도품』의 주요 등장인물 중의 한 사람인데 실로 그 명칭은 이 경전 이외에서는 거의 언급되지 않고, 다르마마티의 음사어 '曇昧摩提'도 한역경전에서는 겨우 세 문헌인 『구불본업경』과 『십주행도품』, 『대아미타경 大阿彌陀經』(마지막 『대아미타경』은 근년에 폴 해리슨(Palu Harrison)에 의해 지참의 번역이라고 주장되고 있다. Harrison et al. (2002) 참조)에서 확인될 뿐이다.

　한편으로 승우에 의해 축법호역으로 된 것과 같은 경명, 즉, 「보살십주경」도 역시 『출삼장기집』의 다른 곳에서는 「천축선사 불타발타」(대정장 제10권, 11하23)로 귀속되는 10여 편의 전적 중의 하나로 기록된다. 말할 것도 없이 『육십화엄』의 역자로 알려진 불타발타라와 같은 이름이다.

　이상의 자료들에서 다음과 같은 배경 사정을 그릴 수 있을 것이다. 즉, 분명히 축법호는 Daśabhūmikasūtra의 한역중 하나(대정장에서는 『점비일체지덕경』를 역출했지만, 보살의 10지와 관련된 경전의 역자로서의 명성 때문에 (그 내용은 어떤 것이든 간에) 「보살십주경」이란 명칭의 전적과, 그것과 함께 「보살십주행도품」(즉, 현재 『십주행도품』이라고 이름된 것)의 역출도 그에게 귀속되었다. 바꿔 말하면 『십주행도품』이 축법호역이 된 것은 함께 『화엄경』과 관련되고, 함께 보살도의 10지를 다루고 있지만 내용이 상당히 다른 두 개의 전적이 두찬의 형태로 연결되었던 결과일 것이다.

6. 결론

요약하면 경전 자체의 내용에서 보이는 내적인 증거와 승우의『출삼장기집』에 나타나는 외적인 증거에 의해『구불본업경』과『십주행도품』은, 위에서 '고경 孤經' 으로 불렀듯이, 어느 시점에서 모체가 된 전적 (즉, 본래의『도사경』)에서 분리되어 그 후에 독립적으로 유포된 것이라고 하는 추정을 할 수 있다. 그것들에 역자에 관한 기록이 결여되어 있었기 때문에 후대의 경록 편찬자들은 사태를 '시정'하려고 시도하여, 이 두 개의 '고경'을 각각 섭도진과 축법호에게 귀속시켰다. 그런데 이들 두 경전의 본래 역자는 본래의『도사경』(즉, 완전한 형태의)의 역자로서 그것은 월지 국 출신의 저명한 역자 지참이다.

지참의 번역경전에 가장 관심을 기울인 연구자에게 있어서는 상기의 결론이 매우 흥미로울 것이므로 지참의 역경에 새롭게 두 가지가 더해지는 것이 된다. 인도 대승불교의 역사, 특히『화엄경』그 자체의 발전과정에 가장 관심을 기울인 연구자 에게는 상기의 결론은 이하의 점을 의미할 것이다. 즉, 대부 大部의『화엄경』에 포함 되는 것의 일부에 해당하는 근원적인 전적이 적어도 2세기의 인도에 현존하고 있었 음을 시사하는 경전이 1점도 아닌 2점이나 –『보살본업경』과 재구성된『도사경』– 있다는 것을 의미한다.

이 경전에 한 개뿐 아니라 두 개의 서로 다른 한역, 즉 인도 유래의 상이한 별본에 의거한 한역이 현존하는 것으로 볼 때,『보살본업경』과 본래의 (완전한)『도사경』은 기존에 있던 좀 더 긴 전적에서 발췌하여 구성되었다고 보기가 상당히 어렵게 된다. 반대로 그 차이가 뚜렷한 이 경전의 두 이본이 상당히 이른 시기에 이미 인도에서 유포되어 있었다는 점에서 현존하는 것 − 2종 한역으로 남아 있는 것 − 은 최종적으로 대부의 화엄경을 만들어낸 모체, 즉 〈원시화엄경〉이 존재했던 흔적이라고 충분히 생각해볼 수 있다. 이들 전적에 대해서 비교 검토해야 할 점은 많이 남아 있지만 우선은 다음과 같은 점이 승인될 수 있을 것이다. 즉, 60권본과 80권본 『화엄경』이 『보살본업경』이나 『도사경』과 유사한 전적에서 나온 것이라는 문헌 발전과정의 유형은 다른 불교 문헌들의 발전과정에서도 충분히 검증되고 있다.

즉, 상기 2종의 한역경전은 최종적으로 『화엄경』을 이루는 경전으로 발전하는 과정의 최초 단계를 알기 위한 수단을 제공하는 것이다. 위에서 제시했던 사항으로부터 『보살본업경』과 『도사경』 그룹의 전적들은 '소小화엄경' − 더 큰 전적 때문에 존재가 희미해지기 전에 인도·중국 양쪽에서 명확하게 독자성을 가지고 있던 경전 − 의 번역으로 보는 것이 현시점에서는 타당할 것이다.

참고문헌

나카무라 하지메(中村元)

　1981　　『仏教語大辞典』, 東京書籍.

마노 류카이(眞野龍海)

　1992　　「華厳経の経題について(1)」『印度学仏教学研究』 41-1, pp.411-403.

사카모토 유키오(板本幸男)

　1933　　「菩薩本業經と華厳経との交渉に関する一考察」『常盤博士還甲記念仏教論叢』弘文堂, pp.135-149.

사쿠라베 하지메(櫻部建)

　1969　　「華厳と言う語について」『大谷学報』 181 (49-1), pp.26-31.

코바야시 지쯔겐(小林実玄)

　1958　　「菩薩本業経の意図－華厳大経典の編纂に関して」『印度学仏教学研究』 7-1, pp.168-169.

키무라 키요타카(木村清孝)

　1984　　「華厳経典の成立」『東洋学術研究』 23, pp.212-231.

하야시야 토모지로(林屋友次郎)

　1941　　『経録研究』, 岩波書店.

Bokenkamp, Stephen R.,

　1983　　"Sources of the Ling-Pao Scriptures", *Tantric and Taoist Studies in Honour of R. A. Stein*, Michel Strickmann ed. (*Mélanges chinois et bouddhiques* 21), Institut belge des hautes études chinoises, Brussels, pp.434-486.

　1990　　"Stages of Transcendence: The *Bhūmi* Concept in Taoist Scripture", *Chinese Budhdist Apocrypha*, Robert E. Buswell, Jr. ed., University of Hawaii Press, Honolulu, pp.119-147.

Boucher, Daniel J.,

　1996　　"Buddhist Translation Procedures in Third-Century China: A Study of Dharmarakṣa and His Translation Idiom", Ph.D. diss., University of Pennsylvania.

　1998　　"Gāndhārī and the Early Chinese Buddhist Translations Reconsidered: The Case of the *Saddharmapuṇḍarīkasūtra*", *Journal of the American Oriental Society*, 118-4, pp.471-506.

Coblin, W. South,

　1983　　*A Handbook of Eastern Han Sound Book Glosses,* Chinese University Press, Hong Kong.

Harrison, Paul M.,

　2002　　"Another Addition to An Shigao Corpus? Preliminary Notes on an Early Chinese *Saṃyuktāgama* Translation", 『櫻部建博士喜壽記念論集－初期仏教からアビダルマへ』, 平樂社書店, pp.1-32.

Harrison, Paul, Jens-Uwe Hartmann, and Kazunobu Matsuda

　　2002　　"Larger Sukhāvatīvyūha", *Manuscript in the Schøyen Collection, III: Buddhist Manuscripts*, Vol. 2, Hermes Publishing, Oslo, pp.179-214.

Nakamura, Hajime

　　1980　　*Indian Buddhism: A Survey with Bibliographical Notes*, Motilal Banarsidass, Tokyo, Reprint: Delhi.

Nattier, Jan.

　　2003　　*A Few Good Men: The Bodhisattva Path according to the Inquiry of Ugra (Ugraparipṛddhā-sūtra)*, University of Hawaii Press, Honolulu.

　　2007　　"Indian Antecedents of Huayan Thought: New Light from Chinese Sources", *Reflecting Mirrors: Perspectives on Huayan Buddhism*, Hamar Imre ed., Harrassowitz, Wiesbaden, pp.109-138.

제7장

중국에서의 교판 형성과 전개

후지이 준(藤井淳)

1.
교판이란 무엇인가

원칙론 – 학문체계로서의 교판

 '교판'이란 중국에 전해진 불교의 경전·교리가 지닌 가치의 고하를 판정하려는, 중국 및 한자문화권에서 특징적으로 나타나는 사고방법이다(더 상세한 정의에 대해서는 후술). 인도불교나 티벳불교에서도 불교교리를 구분하여 가치 고하를 정하는 사고방식은 존재했지만[1], 인도·서역에서는 불교교리는 지리적·역사적으로 연속하여 전개되었던 반면, 중국에서는 불교가 지리적·역사적 맥락이 끊어진 상태에서 역경승에 의해 우발적으로 전해졌다.[2] 역경승에 의해 전해진 경전은 그 자체로 성전으로서의 권위를 가지고, 중국 불교도들은 현재 우리들이 아는 경전성립사에 대한 지식 없이 '여시아문'으로 시작하는 (僞經·疑經을 포함하는) 번역경전을 석존이 80년 생애 동안 설하신 '불설'로서 받아들였다. 시대가 흘러 이들 번역 경전의 수가 방대해지자 교리를 일관적으로 이해하기 어려워지면서 내용을 보다 간결하게 정리하여 제시하는 지적인 노력이 필요하게 되었다. 이것이 인도·서역의 불교와 다른 중국·한자불교문화권의 특징이며 이를 교판이라고 부른다. 교판이란 교상판석 敎相判釋의 약어로 수당시기에는 '판교 判敎', '석교 釋敎', '입교 立敎' 등으로 다양하게 불렸지만, '교판'이라는 말이 실제로 용어로 정착된 것은 메이지 明治 이후라고 한다.[3] '교판'이라는 말은 확실히 일본에서 새롭게 만들어진 용어이지만, 특정한 학파 宗의 용례에 치우치지 않고 그것이 의미하는 내용에 근거하여 분석을 진행하는 것은 타당하다고 인정되기에 본고에서도 교판이라는 말을 사용하겠다. 연구자에 따라서 교판이라는 말이 넓게 인도·티벳의 불교사상 및 철학학파의 가치 서열을 정하는 것을 가리킨다고도 보겠지만, 본 장에서는 상기의 특색에 주목하여 중국·한자문화권에서의 불교교리의 종합적 해석에 한정하여 교판이라는 용어를 사용할 것이다. 또한 본 장에서는 에도江戸시기 이후의 종파宗 관념에 주의를 환기하는 의미에서 '학파'라는 명칭을 병기하고, 또한 천태종·화엄종에서 '종'을 빼고 표기하겠다.

교판은 광대한 양의 정보를 간소화하는 고도의 지적 작업을 요구하기 때문에, 일정 정도 이상의 지식을 가진 사람들에 의해 형성된 것이다. 우선 교판을 학문체계 일반에서의 전개원칙과 대조해본 다음, 교판의 문화적 측면을 검토할 것이며, 마지막으로 교판의 종교적 특징을 검토하고자 한다.

어떠한 학문체계에서도 시대마다 지지되는 이론이 교체되어 감을 확인할 수 있다. 상세한 관찰·연구가 쌓여감에 의거하여 많은 사상事象을 추상화하고 귀납하여 통일적으로 해석할 수 있는 간결한 이론이 제시되며, 다시 그 이론에 기초하여 다른 여러 사태들에 응용하고 해석해간다. 그러나 기술의 발달이나 신지식의 도입에 의해 그 이론으로는 설명하기 곤란한 사상이 많이 나타나고, 지금까지의 이론을 대신하는 새로운 이론이 필요해진다. 이렇게 이론이 교체하는 현상은 물리학을 시작으로 자연과학·인문과학을 불문하고 모든 학문체계에서 발견된다고 말할 수 있을 것이다.

상기의 원칙을 교판에 적용시켜 말하면, 불교의 경전이나 논서가 시대마다 새롭게 중국에 전해지고, 상세한 연구가 진행됨과 동시에 불교의 여러 교리를 통일적으로 해석하려는 중국·한자문화권의 교판도 그 구조의 변화가 요구되면서 이론이 전개된다. 그 전개는 학문체계 일반의 이론이 교체해가는 원칙에 따르고 있다. 또한 교판은 방대한 정보를 간략화하여 분류·정리하는 것으로, 중국불교에서의 교리해석학의 최고 원리를 이루는 것이다. 따라서 응용이라는 면에서도 다른 학문체계와 같은 형태를 취하여, 거기에서 일단 만들어진 분류항목·범주는 다른 제 교리에도 적용되어 해석된다. 응용의 구체적 예는 뒤에서 다루기로 하자.

또한 교판은 문화적·역사적인 사상을 다루기 때문에 자연과학과는 다른 특징도 보인다. 그 특징은 역사상 초기에 나타난 테마는 일단 표면에서 사라져도 후기까지 존속한다는 점이다. 교판은 각 시대에서 모든 교리를 평등하게 다루는 것은 아니다. 해결이 다 되었다고 여겨지는 문제는 뒤로 물려놓고, 새롭게 생겨난 문제에 초점을 모아서 집중한다. 그러나 배후에 놓인 문제가 시대를 거쳐 다시 각광을 받는 경우가 있다. 예를 들어 중국불교에서 말하면, 삼승·일승의 문제는 원래 석존의 생애 중에 차례로 얕은 가르침(삼승)에서부터 깊은 가르침(일승)이 설해진다는 소박한 생각이 받아들여진 것이다. 그 후에 대승과 소승의 차이에 주목한 시대에는 이 문제는 일단 배경으로 물러나지만 최종국면에서 다시 전면에 부상하게 된다. 또한 한 문화는 다른 문화의 유입으로 인해 일정한 변화를 겪지만 그럼에도 쉽사리 바뀌지 않는 성격이 존재한다. 특히 불교 유입기에 이미 문명을 고도로 발달시켰던 중국에서는 중국불교와 중국고유의 사상이 대립했던 초기부터, 상즉相卽의 사고방식이나 현세주의가 중국사상의 특징으로 보이지만, 그것이 교판 전개의 최종단계에 있어서는 불교의 핵심으로서 거론되게 된다.

마지막으로 교판의 성격을 순수한 지적활동과는 다른, 종교라는 성격 속에서 고찰하겠다. 어떤 교판이 각각의 시대를 지도하는 객관적 진리로 생각된다고 해도, 그것을 지적으로 바라보는 것만으로는 종교적 열정에 부응할 수 없다는 것도 사실이다. 화엄의 교판은 교판으로서 시기적으로 가장 최후에 나타나고, 이론적으로 가장 순수화된 것이지만, 화엄 이전 시기에 형성되었던 천태의 교판을 전면적으로 대체하지는 않았다. 이것은 천태의 교판이 종교적 교화나 실천성을 그 안에 품고 있었기 때문이라 생각된다. 또한 중당기 中唐期 이후 교판의 전개가 정지한 후에 실천불교로서 선과 정토교가 출현하는데, 이들 실천적 불교운동은 그때까지의 교판의 전개와 밀접하게 관련된 성불론·계위설 階位說을 주체적으로 재편한 것이었다. 이에 대해서는 뒤에서 다루도록 하자.

　여기에서는 이하의 구체적 기술에 앞서 방대한 양의 정보를 이론화하는 학문체계 일반과 교판의 관계를 보았다. 교판은 고도의 지적 활동이므로 학문체계 일반과 공통점이 많지만, 다른 한편으로는 문화적이고 종교적인 실천과 관련된 성격을 지니기도 한다. 현재 우리들은 개개의 경전·불교교리의 성립에 대해서 과거에 교판을 형성·전개시켰던 사람들과는 다른 지식·관점을 갖고 있기 때문에 교판이 중국·한자문화권이라는 틀에 갇힌 한정된 지식 안에서의 이론의 형성과 전개임을 알고 있다. 그러나 거기에서 보이는 이론의 사상사적 전망과 그것이 가지는 의의를 이해하는 것은 불법의 전개를 생각할 때 과거에 입각하여 미래를 전망하는 현재에 있어서 필수불가결한 것이라고 생각된다. 본 장은 이하에서 교판의 형성·전개에 대해 구체적 문제를 거론하면서 사상사적으로 살펴보고자 한다.

한자 문화권의 불교

　여기에서는 중국불교의 원류가 된 인도·서역 불교와 중국불교 간의 차이를 구체적으로 논할 것이다. 인도에서는 불교의 교주인 세존께서 열반하신 후에 곧 제자들에 의해 석존의 교설에 기초한 성전이 편찬되고, 교단의 규칙이 제정되었으며 게다가 교설에 대한 정리·주석적 연구가 수행되어 경·율·논 삼장이 성립되었다. 이 삼장은 일시에 성립한 것이 아니라 이를 전승하고 보존했던 그룹마다 소·중 규모의 개작이 이뤄지고 교리도 천천히 변화되었다. 인도에서 대승불교의 발생은 지금도 불명확한 점이 많지만 전통·보수적인 교단이나 그 교리를 의식하면서 그것을 비판하는 형태로 발생했다는 점에서 인도의 역사·사회 속에서의 연속성이 승인된다. 지리적으로 인접한 서역에 전승된 불교도 마찬가지이다. 인도에서 불교의 여러 교단들은 다른 불교교단 사이에서 보존하는 성전의 차이에 대해서도 지식을 가지고 있었고, 후대의 대승불설론에서 보이듯이 대승과 소승의 차이에 관한 논의나 인식론에 기반을 둔 분류에 관해서도 역사적으로 연속적인 전개과정 위에서 성립되어 갔다.

　그러나 인도·서역의 전법승이 중국에 불교를 전하는 단계에서 무시하지 못할 단절이 생겨났다. 특히 대승경전은 소승의 교리를 의식하면서 비판·극복한 것이고, 대승경전 자체도 나중에 나온 대승경전이 앞선 대승경전의 교리를 비판·극복하고 있으므로 대승의 교리가 통일된 모습을 보이고 있었던 것은 아니었다. 하지만 중국으로 대소승의 경전·논서가 전승된 형태는 인도·서역에서의 연속성이 그대로 전해졌다기보다는 연속성이 단절된 형태로 중국에 전해졌다. 더욱이 시대가 경과하면서 다른 부파교단의 전법승에 의해 전해진 불교문헌의 양은 방대해져갔다. 그래서 불교문헌에 보이는 다양한 교리의 연구와 그 정리가 중국에서 요구되게 된 것이다. 이것이 인도의 불교와 결정적으로 다른 중국불교의 특색이 되었다.[4]

　중국불교의 역사를 기록했던 고승전류의 문헌에서 〈역경〉이 첫 번째 항목에 위치해 있듯이 산스크리트어·서역어에서 중국어로 번역되지 않고서는 중국에 불교가 본격적으로 도입될 수 없었다. 번역과 교판의 관계는 다음과 같다. 즉, 불교문헌의 번역이 새롭게 전해질 때마다 새로운 지식에 기초하여 불교를 종합적으로 재해석하는 틀을 다시 구성할 필요성이 대두되었다. 이에 새로운 교판의 형성이 촉구되었던 것이다.

교판의 전개를 촉구한 계기로서 크게 나눠 세 시기의 번역을 들 수 있다. 첫 번째는 구마라집(350-409, 일설에 344-413)에 의한 『법화경』, 『유마경』, 『대지도론』, 『중론』 등의 번역과, 그와 거의 동시에 행해진 『화엄경』(420년, 불타발타라 역)과 『열반경』(421년, 담무참역), 『승만경』(436년, 구나발타라 역)의 번역이다. 이들 번역에 입각하여 남북조시대의 돈점이교頓漸二教·오시교판五時教判이 형성되어 갔다.

두 번째로 보리유지(?-527)·늑나마제에 의한 세친의 『십지경론』과 진제(499-569)에 의한 『섭대승론』이라는 유식논서의 번역이다. 이들에 보이는 유식설이나 수행계위설에 의해 지론학파의 교판과 그것을 계승한 지의나 화엄계의 교판 형성이 촉진되었다.

세 번째로 현장(600/602-664)에 의한 대소승 경론의 조직적인 번역이다. 유식학파가 수지했던 『해심밀경』에 기초하여 법상종의 삼시교판이 형성되고, 또한 소승 제학파의 풍부한 지식이 전해졌다. 또한 현장에 의해 전해졌던 신역 유식설은 후에 화엄계의 교판에 포섭되게 되었다.

그리고 중국불교의 특색으로서 위경·의경의 제작을 들 수 있다. 위경·의경은 그 저자의 대다수가 알려지지 않고, 산스크리트어·티벳어로서 존재하는 원전을 중시하는 근대 이후의 연구경향에서도 경시되고 있지만, 위경·의경에서 나타나는 교리는 방대한 수의 번역불전을 앞에 둔 중국인이 주체적으로 소화하고 해석하여 제시한 것이었다. 그렇기 때문에 위경·의경은 중국에서 불교교리의 이해를 용이하게 하는 매개로서 기능했다. 한자문화권에 있어서『제위파리경 提謂波利經』,『영락본업경 瓔珞本業經』등은 교판의 전개에서 중요한 국면에 사용되었으며, 여래장사상에 의거한『능엄경』과 『원각경』은 중당기 교판의 전개에 큰 영향을 미쳤다.

이렇게 (광의에서 위경·의경의 제작도 포함하는) 번역과 그것에 기초한 해석은 중국불교의 특징적인 성격이고, 이 특색을 기축으로 하여 교판이 전개되어 간다. 이하에는 시대를 따라 구체적으로 살펴보도록 하자.

2.
남북조 시대의 교판 – 학적 탐구로서의 교판

교판전사(敎判前史)

불교는 중국에 전해진 시기인 한대에 인도·서역에서 중국으로 온 승려나 상인들에 의해 개인적으로 신앙되고, 때로는 중국고유의 신격과 함께 초인적 존재로서 한인漢人 지배계급에게도 숭배되었지만 그 수용은 부분적으로 머물러 있었다. 그러나 시대를 거치면서 점차 중국의 불교 신도수가 증가하게 되자 문자화된 방식으로 전도될 것이 요구되었고, 불교경전도 인도·서역의 언어에서 중국어로 번역되게 되었다.

역사적 사실로 인정되는 최초의 역경승으로 후한 말 2세기의 안세고와 지루가참을 들 수 있다. 안세고는 오직 선관禪觀이나 아비다르마 등의 초기불교계통 경전을, 지루가참은『도행반야경』등의 대승경전을 번역한 데서 보이듯이 이 시대는 중국 쪽이 경전을 지정하여 번역하도록 요구하는 일은 없었기 때문에 이 번역들은 역경승의 교단이 지닌 경전에 의거한 것이라고 생각된다. 이렇게 불교경전과 교리의 중국 유입은 최초기부터 우발적인 것이었다.

중국에서는 한대 이후에 이미 유교가 지배계급의 사고·행동의 기층으로서 기능하고 있었지만, 후한 이후의 사회적 혼란기에 지식인들은 정신적 위안을 구하여 노장사상에 대해 높은 관심을 보였다. 그렇기 때문에 불교를 이해하기 위해 처음에는 반야경의 '공'을 노장사상의 '무'로 이해하고, 불교의 5戒를 중국 윤리에서 설하는 5상常으로 이해하려는 등, 불교의 용어를 중국사상 내의 유사한 용어로 이해하려 했다. 이러한 이해의 방식을 '격의格義'라고 하는데, 다른 문화권의 사상을 도입할 때 피할 수 없는 과정으로서, 반야경의 사상이 그 시대의 지식인에게 선호되면서 불교가 침투하는 매개가 되었다. 그러나 불교교리에 대한 연구가 점차 진전되면서 유사했던 중국사상의 개념으로 이해하는 것이 아니라 불교교리 그 자체에 의거하여 이해할 필요성이 높아지게 되었다. 또한 오랜 문자문화의 전통 속에서 많은 문헌이 저술되었던 중국에서는 일찍부터 문헌의 목록을 제작하는 문헌정리의 전통이 있었다. 불교 역시 번역된 문헌 수가 많아짐에 따라 불교문헌을 정리하여 목록을 제작할 필요성이 있었다.

영험한 능력을 인정받아 군사정권에 중용되었던 불도징佛図澄(?-348)에게 사사받은 석도안釋道安(314-385)은 그 이전의 격의적인 해석을 비판하고, 또한 각지에 산재된 600부의 번역경전을 수집하여, 경전 목록을 제작했다. 목록은 방대한 정보를 정리·분류하여 제작자나 독자에게 경전에 설해진 교리의 차이나 중요한 경전의 존재를 깨닫게 하는 계기를 만들어주었다. 이러한 작업은 중국에 있어서 불교 교리의 이해를 크게 진전시켜 이어지는 시대에 보이는 교판 성립의 토대가 되었다.

교판의 시작

구마라집은 석도안의 건의에 의해 그의 사후, 우여곡절 끝에 중국 서북부로 초빙되었다. 구마라집의 번역은 국가의 보호 아래 진행되었으며, 석도안이 지도, 육성한 인재가 활용되었고, 그때까지의 번역과 교리 연구에 바탕을 둔 것이었다. 구마라집에 의해 중국불교의 교판 전개에 중요한 역할을 수행한 『법화경』, 『유마경』, 『대지도론』이 유려한 문장으로 번역되었다. 또한 번역시에 교리의 해설도 함께 행해졌다고 생각되는데, 구마라집의 제자(축도생 竺道生·승조 僧肇·승예 僧叡·혜관 慧觀) 시대부터 중국불교에서 교판이 형성되게 된다.

축도생(355-434)은 『법화경소』 속에서 『법화경』에 의거하여 석존의 교화가 그 생애 중에 얕은 가르침(人天敎나 三乘)에서 깊은 가르침(一乘·常住)으로 점차 설해졌다고 생각하는 〈설시론 說時論〉의 기본을 제시하고, 선정법륜 禪定法輪·방편법륜 方便法輪·진실법륜 眞實法輪·무여법륜 無余法輪이라는 4종 법륜설을 설했다.

승조(384-414?)는 『유마경』의 주석 중에 『유마경』의 교설이 소승을 물리치고 대승을 찬양하는 것으로서 '억양 抑揚'이라는 말을 사용했다. 이것은 남북조시대에 널리 사용된 오시교판에서 『유마경』이 〈억양교〉로 정의된 원형이 되었다.

승예는 「유의 喩疑」에서 아비다르마·『반야경』·『법화경』·『열반경』의 순서대로 각각의 주요한 교설을 들었다.[5] 경전마다 주요한 교설을 들어서 이해하려는 방법은 남북조 시대에 주류가 되었다.

혜관(원가 元嘉년간 (424-453) 몰)은 구마라집에게 배우고, 『화엄경』 번역에 관여
하고, 남본 南本 『열반경』의 수치 修治에 가담하는 등 이후의 교판에서 가장 중시된
모든 경전을 정리된 형태로 최초로 알고 있었던 승려였다. 『법화경』의 주요한 교리
를 '일승'으로 나타낸 「법화종요서 法華宗要序」 등이 전한다. 또한 혜관은 남조에서
돈점이교·오시교판의 창시자라고 한다.[6] 오시교판이란 『열반경』 「성행품 聖行品」
에서 설한 비유, 즉 우유 乳味에서 점점 성숙하여 제호 醍醐味에 이른다는 오미상생
五味相生의 비유를 이용하여 석존의 설법 시기를 구분하는 교판이다. 구체적으로는
소승 → 『반야경』 → 방등경전 方等經典 『유마경』 → 『법화경』 → 『열반경』이라는
순서로 얕은 설법에서 깊은 설법으로 나아갔다는 설시론 說時論을 기반으로 하는
교판이다. 그러나 이러한 생각만으로는 석존의 성도 후에 최초에 설했다는, 석존의
깨달음 그 자체를 보살에게 직접 설한 『화엄경』에 적절한 자리를 부여해줄 수가
없었기 때문에, 『화엄경』을 돈교로 하고, 그 후에 순차로 설해진 가르침을 점교로
하였다. 이를 돈점이교 頓漸二敎·오시교판 五時敎判이라고 한다.[7]

축도생의 돈오설의 지지자였던 남제 南齊의 유규 劉虯(479-502)는 「무량의경서
無量義經序」에서 인천승 人天乘, 성문승, 연각승, 대승, 무량의경, 법화경, 상주교의
7단계가 있다고 하였는데, 수대 이후의 기록에서 유규 劉虯는 녹야원에서 다섯 제자
에게 설하기 전에 『제위파리경 提謂波利經』에서 상인에게 5계가 설해진 것으로서
人天敎를 설정하는 독자적인 오시교판을 세웠다고 한다. 『무량의경』과 『제위파리
경』은 모두 중국에서 제작되었던 위경·의경으로, 위경과 의경이 교판의 형성에서
중요한 역할을 하고 있음을 알 수 있다.

남북조시대의 교판이 실제로 형성된 장으로서 〈강경회 講經會〉를 들 수 있다.[8] 강경회에서 황제에 의해 선택된 고승이 황제를 위시한 많은 청중 앞에서 먼저 경전의 주제를 이야기하고, 그 경전이 설해진 장소나 시기에 대해 논한다. 경전의 주제를 하나로 한정하는 이해는 후에 비판되지만, 이러한 강경회의 강연에는 주제를 단순화할 필요도 있었을 것이고, 특히 '석존의 생애 중 그 경전이 언제 설해졌는가' 하는 주제가 오시교판의 형성과 관련이 있었을 것이라고 생각된다. 이 주제를 다루고, 문자화한 것이 구마라집의 제자들이 지은 〈서序〉로 불리는 것인데, 나중에 〈현의 玄義〉, 〈현담 玄談〉 등으로 변하여 경전을 해석할 때 요점을 나타내는 것으로서, 경전 주석의 서두에서 교판이 논해진다.

돈점이교·오시교판은 『법화경』 『열반경』 『화엄경』이라는 주요경전의 주제에 입각하여 설시론을 기조로 얕은 것에서 깊은 것으로 나아간다는, 삼승·일승, 소승·대승 문제에 관한 소박하면서도 통일적인 이해이다. 이러한 이해는 남북조 시대에 널리 유행했지만 시간이 지남에 따라 대승과 소승에 확연한 가치의 높낮이를 두는 해석은 뒤로 물러나게 된다. 이후 경전의 개별적 연구를 통해 경전의 주제를 하나로 한정하는 문제 그리고 설시론이 가지는 모순을 점차적으로 지적하게 된다.[9] 이는 문제를 개별적인 것으로 해체하는 것이며, 결국에는 수당시대의 교판으로 교체된다.

여기에서 남북조 시대의 불교이해의 큰 틀로 형성되었던 교판이 개별 경전 해석에 적용된 예를 보도록 하자. 『성실론』과 『열반경』을 연구하여 양대 梁代를 대표하는 학승이었던 광택사 법운 光宅寺 法雲(467-529)은 『법화의기』에서 『법화경』의 붓다의 수명에 대한 「수량품」의 '복배상수 復倍上數'라는 말을 주석하면서 이것은 유한 한 길이를 가리키며 상주에 대해 설한 것이 아니라고 해석했다. 법운의 이 해석은 오시교판에 기반을 두어 상주라는 가르침은 최후의 제5시의『열반경』에 의해 나타나는 것이므로 그 전의 제4시에서 설하는『법화경』에는 상주의 가르침이 설해지지 않는다는 생각에 의거한 것이다. 이는 상위 이론인 교판이 일단 성립한 후에 개개의 교리나 어구의 해석에 영향을 미쳤던 초기의 예로서, 길장이나 지엄에 의해 오시교판이 비판되어『법화경』의 붓다는 상주한다고 여겨짐으로써 때 법운의 이 이해는 비판받게 되었다.

지론·삼론의 교판(소승과 대승)

　　남조 南朝에서는 한인 귀족에 의해 운영되었던 정권하에서 주로『성실론』『열반경』에 기반하여 교리연구가 진행되고, 그것에 더하여 毘曇(아비다르마)에 대한 연구가 행해졌다. 북조는 호인 胡人에 의한 통치하에 〈황제즉여래〉라는 정치에 대한 불교의 종속성이 강해졌지만 남조와의 교류를 통해 남조의 지식을 거의 동시대적으로 도입하고 있었다. 그때 보리유지와 늑나마제에 의한 세친의『십지경론』주석이 이뤄졌다. 정비된 계위설을 설한『십지경론』은 단번에 중국 학승의 관심을 모았다. 『십지경론』의 연구를 주로 행했던 사람들의 모임을 지론종/지론학파라고 부른다. 지론학파는 남조 교학의 성과에 입각하면서,『십지경론』에서 보이는 교설을 적극적으로 흡수해갔다. 지론학파의 교설은 자료적인 제약 때문에 오랫동안 불분명한 점이 많았지만, 돈황 문헌의 발견에 의해 그 일단이 밝혀졌으며, 지론학파의 교판으로서 삼승별교·삼승통교·통종의 교판을 들 수 있다. 이 교판은 후에 천태·화엄 교판의 성립에 큰 영향을 미쳤음을 알 수 있다.

또한 지론학파의 우두머리였던 혜광은 붓다의 설법 형식으로서 돈頓·점漸·원圓의 3교판을 세웠다고 한다. 돈점 2교판에 따르면『화엄경』이외의 경전도 돈교에 포함되기 때문에『화엄경』에 원교로서의 성격을 부여함으로써 독자성을 확보하려 했다고 생각된다.[10] 화엄의 지엄은 이 혜광의 교판을 계승하고 있다.

남북조 말기부터 활약한 정영사 혜원과 길장은 자신들이 의거하는 교리는 각각 다르지만, 대승과 소승 각각의 개념 확립에 기여했다. 혜원은 지론교학에 기반을 두어 대소승의 구분을 세우는 당시의 불교교학을 종합화하고,『대승의장』을 지었는데, 여기서 교설이 비담,『성실론』, 대승의 구분에 의거하여 논해지고 있다. 남조 지론학파의 교리연구에 기초하여 ① 인연종(비담)·② 가명종(『성실론』)·③ 광상종誑相宗(『대품반야경』·삼론)·④ 상종常宗(『열반경』『화엄경』)이라는 4종판四宗判(『법화현의』권10상)이 혜광에 의해 세워졌다고(4종의 명칭이나 대승에 대한 해당 경론은 기록마다 다르다) 생각되며, 이는 정영사 혜원에게 계승되었다. 정영사 혜원에게는 그 외에『보살지지경』에 기반을 둔 성문장·보살장의 2장판二藏判이 있는데, 이는 길장도 사용한 것이다. 대소승을 구분하는 경설로서는 유송劉宋 역『능가경』에 보이는 〈설통說通·종통宗通〉이나『열반경』의 〈반자半字·만자滿字〉 등이 쓰였다. 대소승의 구분 문제는 시대를 거슬러 구마라집이 중국에 왔을 때 도안의 제자였던 여산 혜원(334-416)이 교리적 문제를 구마라집에게 묻고 서로 문답을 주고받은 데에서 보인다. 혜원은 승가제바僧伽提婆 역에 기반을 둔 아비다르마의 계위설을 받아들이고 있었던 데 반해, 구마라집이『대지도론』등에 기반을 두어 대승은 소승보다 뛰어나다고 역설한 것이나, 남북조 시대에는『성실론』이 대승문헌으로 연구되었던 것을 길장이 비판한 데서 보이듯이, 중국에서 소승·대승 각각의 교의 내용은 그때까지 오래도록 확정되지 못했지만 지론학파에 의해 대소승의 구분이 왕성하게 논해지게 되면서, 정영사 혜원·길장의 시기에 겨우 대소승의 교의내용이 확정되게 되었다.[11] 다만 4종판이나 2장판에서는 일승은 삼승(성문승·연각승·보살승) 중에서 최고인 것인지, 삼승을 뛰어넘는 것인지 하는 삼승과 일승의 구분이 불명확하여, 4종판이나 2장판은 다음 시대의 교판이 전개될 수 있는 여지를 남겨두었다.

길장의 3종 법륜설[12]은 흥황사 법랑法朗(507-581)의 근본교·방편교·귀종교歸宗教를 받아들인 것인데, 『화엄경』을 근본根本법륜으로서 최초에, 『법화경』을 섭말귀본攝末歸本법륜으로서 최후에 두고, 그 사이에 설해진 경전을 지말支末법륜이라고 한다. 일승의 이해를 둘러싸고 『화엄경』과 『법화경』을 중시한 것은 후에 천태와 화엄의 교판이 두 경전의 일승 이해에 중점을 둔 것의 선구형태라고 말할 수 있으며 인도에 있어서 일승 이해와 크게 다르다.

여기에서 주의해야 할 것은 혜광·혜원의 교판으로서 사종판四宗判, 길장의 교판으로서 후대 이장판二藏判과 삼종법륜의 설이 이야기되지만, 혜원·길장을 포함하는 그 이전 시대까지는 각각의 불교학자들에게 경전이나 교리의 분석·정리를 행할 필요성에서 교판을 행하는 경우는 있어도 교판을 '수립한다'는 의식이 보이지 않는다는 점이다. 이것이 나타나게 된 것은 이전의 교판을 '남산북칠南三北七'이라고 하면서, 처음으로 비판적으로 교판을 확립하려했던 지엄에 이르러서부터이다. 이 시기에 비로소 교판이 불교의 종합적 해석으로서 명확하게 "자각"되면서 교판의 성격이 경전의 분석·정리를 중심으로 하는 것에서 종합적 이해로 이동한다. 중국 불교사상사의 모든 점에서 남북조시대에서 수당시대로 이행하는 과도기적 단계에 위치한 혜원·길장의 교판은 이후 시대에 교판의 한 가지 설로 거론되고는 있지만,

양자에게 자각적인 교판형성이라는 의식은 결여되어 있다. 남북조 시대의 돈점이교·오시교판은 계속해서 유입해오는 불전과 그 교리에 대해 종합적으로 이해할 필요에서 비롯된 자연발생적인 것이었지만 그 사고방식들을 자각적으로 의식하고 반성·비판했던 지엄 이후 교판의 성격은 학문적 이해에서 종파적 이해라고 할 수 있는 것으로 변하게 된다.[13]

3.
수당의 교판으로 – 입교개종 立敎開宗의 교판

계위설과의 관계

상술했듯이 구마라집의 제자 시대부터 교판의 맹아가 보이고, 남북조시대에 불교교리 연구가 무르익음과 동시에 주요한 대승경전을 배열하는 돈점이교·오시교판으로서 전개해갔지만 경전의 연구가 한층 진행되자 돈점이교라는 범주의 미흡함과 얕은 교리에서 깊은 교설로 간다는 설시론이 가진 원칙의 모순이 지적되어 다음의 수당시대의 교판이 요구되게 되었다. 그 전개의 토대가 되는 것으로서 발전되어 온 것이 계위설의 연구이다.

'유有'와 '공空'과 '불공 不空', '무상 無常'과 '상常' 등처럼 인도의 불교교리는 후자가 전자를 지양하는 형태로 연속적으로 발전했다. 그에 비해 연속적 전개와는 단절된 형태로 다양한 불교교리가 전해진 중국에 있어서 불교의 종합적 해석으로서의 교판이 필요해졌지만, 중국에서도 진리로서의 교리의 내용과 함께, 혹은 그 이상으

로 불교도에게 최대관심은 '어떻게 하면 붓다가 될 수 있을까(깨달음을 얻을 수 있을까)'
라는 문제였다. 이 문제의 해결을 성전 속에서 구체적으로 찾아보면, 단계를 거쳐
점차 붓다의 경지에 가까이 간다는 계위설에 자연스럽게 주목하게 된다. 여기서 중
국불교에서 다양한 계위설을 종합적으로 이해하는 관점이 요구되게 되었다.

인도에서는 개개의 교단마다 독자적인 수행체계·계위설이 있었다고 생각된
다. 각 교판에 속하는 한, 수도체계에 대해 큰 의문은 생기지 않았을 것으로 생각되
는 데 비해, 다수의 수도체계가 역사적 맥락이 끊긴 형태로 전해진 중국에서는 이를
어떻게 통일적으로 이해할 것인가라는 의문이 생긴 것이다. 소박한 단계지만 중국
불교 초기에 만들어진 위경·의경인 『무량의경』에 이미 계위가 나타나 있음은 중국
의 불교인들이 이른 시기부터 계위에 주목했다는 증거이다.[14] 계위설에 대한 연구
는 남북조 시대에 발전하였고, 『성실론』과 『열반경』 연구에 의거하여 일정한 방향
이 나타난다. 후나야마 토오루(船山徹 2000)에 의하면 남제 南齊시기에 대소승 行位
(계위)가 어떻게 대응되는지 명확한 형태를 띠게 된다. 남북조 시대에는 번역경전을
소재로 하여 인도불교와는 다른 계위설을 설하는 『인왕경』과 『범망경』, 『영락본업
경』 등의 위경·의경이 제작되는데 이것도 중국에 있어서 계위설의 한 가지 적극적
인 수용형태였다.

천태지의의 장藏·통通·별別·원圓이라는 화법 化法의 4교판과 원래 장대하게
관련되어 있는 교리는 계위설로, 지의는 소승의 계위를 대승의 계위에 대응시킬
때 그 이전의 많은 설을 참조, 비판하면서 그것들을 종합하였다. 구체적으로 지의는
대승경론 가운데 『십지경론』, 『섭대승론』, 『보살지지경』, 『십주비바사론』, 『대지도
론』을 들어 이들이 설하는 보살의 계위가 다름을 지적하고, 비담·성실 및 지론·섭론

학파가 설하는 계위설이 종합성을 결여하고 있음을 지적한다. 이로부터 남조·지론 학파에 의한 계위설의 정리에 근거하여, 범주를 형성하고 분류하는 작업에 뛰어난 지의에 의해 계위설과 결합된 교판이 정비되었다고 생각된다.[15] 그 후 화엄의 교판 에서는 유식·여래장설이 교리를 구분하는 기준으로서 적용되지만, 남북조 시대의 교판에서 수당 교판으로 크게 그 성격을 달리하여 전개되는 계기가 된 것은 계위설 의 통일적 이해에 대한 요구라고 생각한다.[16]

또한 천태·화엄의 최고위인 원교의 계위는 이념으로서 각각 『법화경』에 의거 한 육즉六卽(이즉·명자즉·관행즉·상사즉·분진즉·구경즉의)이나 오품제자위, 『화엄경』 의 3위(견문위·해행위·증과해위)에 의한 것이지만, 단계적 계위설의 실질적인 최고위 로서 설해지는 천태의 별교와 화엄의 종교終敎의 계위설은 『영락본업경』에 의한 것으로서, 중국에서 성립한 위경·의경이 중국 교판의 성립에서 중요한 매개가 되 었음을 알 수 있다.

후에 교판이 종식되는 부분에서 다시 보겠지만 십지의 수행도를 부정하는 기술 은, 경전의 교설로서는 『능가경』과 『사익경』에 보인다. 지의는 이들 교설을 사용하 는 사람들을 비판하였지만 법장은 이 교설들에 돈교라는 높은 지위를 부여하였다. 중당기에서 교판이 종식됨과 동시에 선종이 발흥하게 되는데 당시 선종 문헌인 『전심 법요』(857년 성립)에서 계위설의 부정이 종종 기술되고 있듯이[17] 수당기의 교판 성립 과 밀접하게 관련되어 있던 계위설에 대한 이해·태도의 변화가 교판 전개의 종식과 관련되어 있다고 말할 수 있다.

일승과 삼승

일승과 삼승의 문제는 『법화경』의 전반부에서 설해지는데 반야경에서는 붓다가 될 수 있다고 인정될 수 없었던 성문이 붓다가 될 수 있다는 성문작불설이나 (보살승·연각승·성문승의) 삼승이 결국에는 일승으로 돌아간다는 회삼귀일 會三歸一설, 화성유품 化城諭品의 설시론 등을 소재로 하여 삼승이 별도로 설해지는 얕은 가르침에서 일승이라는 깊은 가르침이 설해진다고 하는, 남북조시대의 오시교판이 만들어졌다. 그 후에 이 일승과 삼승의 문제는 대소승의 교리내용의 차이에 주목하는 지론학파·혜원·길장의 4종판·2장판에서는 일단 배경으로 후퇴했다. 그러나 중국불교의 교판에서 가치고하를 정해야 할 문제로서 최후에 다시 나타난 것은 일승과 삼승을 둘러싼 이해였다.

『법화경』「비유품」에는 불에 휩싸인 집안에서 놀고 있는 세 명의 자식을 밖으로 데리고 나오기 위해 아버지가 각각 말·양·사슴의 수레를 준다고 약속하고서 밖으로 유인하여 구출하여 집 밖에서 자식들에게 커다란 백우의 수레를 준다는 삼거화택 三車火宅의 비유가 설해져 있다. 이 비유에서는 양·사슴의 수레가 각각 성문승·연각승에 비유됨은 명확한데 보살승에 비유된 소의 수레에 대해서 최초에 약속한 소의 수레와 집밖에서 주어진 커다란 백우의 수레가 동일한지 아닌지에 대해 경전에서 명확하게 말하지 않아서 해석 방식이 나뉘었다. 커다란 백우의 수레를 최초에 준다고 약속한 소의 수레와 같다고 해석하는 것이 삼거가 三車家로서 보살승은 성문승·연각승에 대해 상대적으로 상위에 있다고 이해한다. 한편으로 약속한 소의 수레와 집밖의 커다란 백우의 수레가 다르다고 해석하는 것은 사거가 四車家로서 보살승·성문승·연각승은 임시로 설해진 구분에 지나지 않으며 지향해야 할 것은 이들을 초월한 불승佛乘일 뿐이라고 이해한다. 이는 일승이란 삼승 중에서 가장 상위인 상대적인 일승一乘인가 성문승·연각승·보살승을 포함한 절대적 일승인가라는 상대와 절대의 문제로 귀착된다.

게다가 절대 중에서도 '궁극의 절대'와 상대의 관계는 일의적이지 않다. 절대 속에 상대를 포함시키는 것이 궁극의 절대인가(『법화경』에 기반을 둔 일승), 또는 궁극의 절대는 어디까지나 상대와 달리 성립하는 것인가(『화엄경』에 기반을 둔 일승)라는 궁극의 절대를 둘러싼 논의가 길게 이어져서 후세의 화엄교학에서는 동교同敎·별교別敎라는 교판 개념의 해석을 둘러싸고 오랫동안 논구되었다.

또한 『법화경』 방편품의 '무이역무삼無二亦無三'이라는 대목의 해석에 대해 『법화경』 주석사상 초기에 위치한 축도생은 산스크리트 원전의 이해에 가까운 '제2의 성문승이 없고, 제3의 연각승도 없다'는 소박한 해석을 제시했지만 시대가 지남에 따라 법운은 '무이無二'를 '성문승·연각승 이승이 없다', '무삼無三'은 '삼승이 없다'고 해석했다. 이는 법운이 삼승을 초월한 것으로서 일승을 이해하는 사거가적인 입장(법운의 교판은 사승교라고 말해진다)에 선 해석이었다. 마찬가지로 정영사 혜원도 사거가의 이해를 보이고 있다. 길장은 중관적인 이해에 기반을 두어 삼거가적인 이해와 사거가적인 이해 양자를 인정한다. 그 후에 중생의 성질은 본래적으로 각각 다른 것이라는 오성각별설에 근거하여 삼승은 각각의 성불의 존재방식을 취한다는 사고방식이 현장에 의해 인도에서 직수입되고, 현장의 직제자인 기(基 632-682)는 『법화경』의 이해에서 '범본'에 기반을 둔 삼거가의 이해를 제시하였지만 중국에서는 삼승을 포섭하여 그 상위에 일승이 있다는 사거가의 입장에 선 천태와 화엄의 교판이 최종적으로 남게 된다.

이를 교판의 전개상에서 보면 현장에 의한 삼승 혹은 사승(삼승에 인천승을 더하는 것으로 사거가는 아니다) 각각의 입장을 인정한다는 사고방식은 인도 전래의 권위를 가지지만, 삼승을 삼승 그대로 각각 인정한다는 점은 여러 교설들을 통일적으로 해석함으로써 최고진리를 구하려는 중국에서 교판 그 자체가 내포하는 요구에는 합치하지 않는다. 삼승을 일승에 포함시키는 『법화경』의 일승에 기반을 둔 교리의 종합화인 천태 교판, 일승을 초월적인 절대로 설하는 『화엄경』의 일승에 기반을 둔 교리의 종합화인 화엄 교판이 각 교판 전개의 최종 형태이고 이후에는 이것이 계승된 것으로 보인다.

또한 천태·화엄에 있어서는 하위의 대립을 포섭하는 것으로서 원교를 최고위에 둔다. 이는 불교내부의 교리로서는 상즉·상용을 설하는 여래장사상이나 '일즉일체, 일체즉일'을 설하는 『화엄경』의 영향이라고 생각되는데, 최초에 중국에 불교가 유입되고 중국사상과 충돌할 때 지적된 형 形(육체)과 영혼의 화합, 음양의 혼합이라는 중국사상의 사유를 도입하고 거기에 극단을 취하지 않는 중관적 사유도 도입하여 적극적으로 지양한 형태로도 이해된다. 일승을 선양하면서 전체를 원교로 포섭하는 천태·화엄의 교판은 다양한 교리를 비교하여 최고진리를 구한다는 교판자체가 지닌 성격을 최후까지 밀고 나간 것이다. 당대 이후에 천태·화엄은 구심력을 가진 조통 祖統을 형성하였는데, 천태·화엄의 교판은 중국에 있어서 전통적 세계관에 부합하는 것으로서, 중국의 교판전개상 최후에 나타난 것이라고 생각한다.

천태·화엄의 교판

천태·화엄의 교판은 각각 '오시팔교' '오교십종'이라 하여 근대에 이르기까지 큰 영향을 미쳤지만 여기에서는 지면 사정상 내용에 대한 해설은 기존 개설서에 맡기고, 천태·화엄의 교판이 현재 우리들이 이해하는 형태의 교판으로 정착되기까지 거쳐 온 다음 세 단계의 형성과정 가운데 사상사적으로 중요한 점만을 살펴보기로 하자.

① 형성단계

앞서 설명했듯이, 돈황 문헌의 발견에 의해 천태·화엄 모두 최초기의 지의 (538-597)·지엄 단계에서는 지론학파의 교설을 대폭적으로 참조하였음이 밝혀졌다. 교판설에서도 지의나 지엄은 기본적으로 지론학파의 구분(삼승별교·삼승통교·통종교)을 답습하고 있으며, 최고위의 원교로서는 각각 『법화경』『화엄경』 중의 계위를 사용하여 일승을 선양하는 자세를 보였다. 또 하나의 경전은 하나의 교리를 설한다고 하는 남북조 시대까지의 고정적인 이해를 반성하고 경전의 위치부여에 유연한 해석을 도입하기 위해 원리적으로는 그 후에 새롭게 번역된 경전이라도 천태·화엄의 교판 속에 편입할 수 있게 되었다.[18]

② 정리단계

지의 저술의 많은 부분은 제자인 관정 灌頂에 의해 정리되었기 때문에 그곳에 지의 자신의 사상적 원형이 어느 정도까지 반영되어 있는지 명확하지 않지만 복잡다단한 지의의 교설을 다음 대에도 일단 정리 가능한 형태로 정리하고 제시한 것은 관정의 공덕이다. 또한 지엄의 교설을 지엄자신의 이해와는 일치하지 않지만 화엄일승을 선양하고 구심력 있는 교판으로서 제시한 것은 법장이다. 이렇게 지의·지엄의 교판을 이어받아 정리한 제자가 나옴으로써 천태·화엄의 교판은 그 이후의 불교도들에게도 알기 쉬운 형태로 제시되어 이어져가게 된 것이다.

③ 조통祖統 형성단계

불법이 스승에서 제자로 전승되어간다는 설이 중국불교에서 수용된 형태는 일찍이 길장에게서 보이지만, 지의의 제자 관정에 의해 더욱 체계적인 형태를 갖게 되었다. 중당기에는 선종·밀교를 포함한 불교계 전체가 조통을 형성해가는 시대가 되었는데, 천태·화엄에서도 조통이 정비되었으며 조통의 계보에 기반을 둔 교리가 전승되게 된다.

'화엄종'이라는 명칭을 처음으로 쓴 것은 징관(738-839)이고, 종밀(780-841)은 스스로를 제5조로 하는 조통을 창시했다. 한편으로 징관을 시작으로 하는 당시의 불교계에 대해 '천태종'의 독자성을 주장했던 담연(711-782)은 〈초팔제호 超八醍醐〉로 알려진 『법화경』 지상주의를 내세우고 관정의 상승설을 재구성하여 천태의 조통설을 확립했다. 그 이후 중국에서는 천태·화엄의 교판이 조통설에 기반을 두어 계승되게 된다. 우리들이 현재 천태·화엄의 교판으로 이해하고 있는 것은 이상의 세 가지 단계를 거친 뒤의 일로서, 종파적 교판으로서의 색채를 점차 강화해가는 가운데 형성된 것이다.

법상의 교판

현장(600/602-664)은 17년에 걸친 인도유학을 거쳐서 대소승에 걸친 75부1335권이라는 방대한 경론을 가져와서 황제의 보호 하에 대규모로 조직적인 번역을 행했다. 이 계통에서는 삼승의 가르침은 일승에 귀입하는 것이 아니라 일체승 속에 소승을 포함하면서 각각 종교적 기질에 응해서 병행하여 존재한다고 생각했다. 현장의 직제자인 기는 『해심밀경』에 의거하여 소승·중관·유식 순서대로 고도의 가르침이 설해졌다고 하는 삼시교판을 세웠다. 또한 인도의 소승 여러 학파를 부파의 명칭에 의해서가 아니라 그 교리에 의해 가치고하를 제시하고, 소승 6종 위에 중관·유식을 둔 8종을 세우고 있다.[19] 이는 남북조 시대의 교판이 경전의 설시를 기준으로 하여 얕고 깊음을 배열한 것에 대해 지론학파의 4종판이나 2장판에서 보이듯이 점차 이론을 판단의 기준에 두는 것이 주류가 된 연장선상에 있으며 후에 법장의 오교판의 이론을 기준으로 하여 얕고 깊음을 판정하는 교판과 연결되어 간다.

또한 현장의 제자인 원측의 교학은 후에 기의 계통으로부터 배척당하지만 기와 마찬가지로 삼시교판을 주장하고 진제계통의 일승설을 비판했다. 그의 저서인 『해심밀경소』에는 구마라집의 일음교 一音教[20]를 시작으로 하여 많은 교판이 법수 法數 순으로 배열되어 있다. 또한 원측이 말하는 일승은 포괄적인 일승으로, 화엄의 의상 등에도 보이듯이 일반적으로 한반도 출신 승려의 교판에는 대립을 조정하는 융회적인 성격이 강한 점이 공통점으로 지적되고 있다.

법상종의 삼시교판은 꼭 시기의 전후 순서를 따라 배열하였다고 할 수 없으며, 내용에 의한 배열이므로(義類설) 제3시 時에 『화엄경』을 두지만, 『해심밀경』의 교설 자체로서는 설시 說時에 따르고 있어서, 중국 교판에서 중요한 역할을 하는 『법화경』과 『화엄경』의 위치설정에 무리가 있다. 또한 삼시교판은 사람마다 종교적 기질이 다르다고 하는 삼승 각각의 입장을 인정하는 인도 유식학파의 직접적인 영향하에 있지만, 따라서 최고 원리 하에 모든 교설을 포섭하려고 하는 중국교판의 전개에 따른 것이 아니었다는 점으로부터, 소승학파나 신역 유식설 등 그 후의 화엄 교판에 섭취된 재료를 제공하기는 하였지만, 그 교판은 지식으로서 전승되는 데 그쳤다.

교판전개의 종언과 접속

안사의 난(755-763) 이후에도 교판은 세력을 급속히 확대해간 선을 의식하면서 징관·종밀에 의해 전개되었지만, 회창의 폐불(845년) 이후는 산발적으로 교판적인 사고가 새롭게 주창되었다고 해도 지속적으로 영향을 미치는 교판은 보이지 않고 있어, 교판의 전개는 실질적으로는 중당기로 끝났다고 할 수 있다. 그 후의 중국불 교에서 실천을 중시하여 널리 지지를 받은 것으로 선과 정토교를 들 수 있다. 정토교 는 실제로는 다른 수행과 병행하는 가르침이었으며, 단독 교단으로 독립한 경우는 중국에서 보이지 않는다. 그러나 선은 교리뿐 아니라 종파적으로도 하나의 교단으 로 성립하였다.

선은 '불립문자·교외별전'이라는 표어에서 보이듯이 문자로 쓰인 것에 맹종하 기를 부정하는, 교판과도 얼핏 보면 관계없어 보이지만 시대적으로 교판의 종언과 교차하는 듯이 나타난 점에서 중국불교의 이론의 최고봉으로서의 교판의 종언과 선의 발흥의 사상사적 접속을 생각할 수 있다.

중국불교에 있어서 교판의 최종국면인 화엄 교판에서『유마경』『사익경』『능 가경』의 교설이 돈교로서 높은 지위를 얻어 온 것과 선이 이들 경전에 의거했다는 점은 무관계한 일은 아니라고 생각한다. 선의 표어인 '직지인심·견성성불'을 설하 는 황벽희운(?-850)의『전심법요』는 종종 계위설의 무효를 주장하고, 선의 어록에는 이들 경전의 계위설을 부정하는 교설이 인용되어 있다. 임제의현(?-867)의 『임제록』에 '무위진인 無位眞人'이라는 말이 보이는데 선의 중요한 표어가 되지만 이것도 이 말의 성립이 계위설의 부정과 무관하다고는 생각되지 않는다.

또한 정토교도 남북조 말기의 말법사상의 고조와 함께 염불은 수행을 견디어 낼 수 없는 열등한 근기에 대응하는 가르침으로서, 고도의 이론보다도 시대에 상응한 인간의 종교적 감수성(근기)에 대응하는 가르침을 가치의 중심에 둔다.[21] 그 때문에 정토교도 장대한 수행을 필요로 하는 계위설에 부정적 입장을 취한다. 북위의 담란 曇鸞(476-542)은 이 세계에서 계위설의 무효성을 『사익경』의 교설을 근거로 하여 제시하고 있다. 당대의 정토교 문헌 『염불경』도 염불은 계위설을 초월한다고 설하고 있다. 정토교에서 성불은 어디까지나 내세에 설정된 것이지만 현세에 있어서 계위설의 무효와 염불의 실효성이 주장되었다.

앞에서 계위설이 수당기의 교판 형성에 큰 역할을 했음을 보았는데, 선이나 정토교에서는 계위설의 무효가 주장되게 되었다. 이는 단지 부정 자체를 목적으로 한 것은 아니라고 생각된다. 상상을 초월할 정도의 오랜 기간 윤회하여 최종적인 해탈을 지향한다는 인도의 세계관은 중국에서 불교가 유입되었던 최초기부터 중국인에게 받아들이기 힘든 것으로서 문제가 되고 있었다. 그 후에 윤회관은 중국불교에서 혼은 사후에도 사라지지 않는 것(神不滅)으로서, 일단은 받아들여진 형태가 되었지만 현세적 성격이 강한 중국에서 수행을 위해 장대한 시간을 필요로 하는 계위설과 그것에 기초한 교판을 관념적으로 받아들이는 것에 대한 비판이 생기고, 현세에서 실효성이 요구되게 된 것은 필연이었다.

중국불교사의 통설로서 수당기까지는 교학이 융성하고, 그 이후는 실천을 설하는 선·정토교가 대두했다는 구조가 설해지고 있어, 양자가 단절되어 있는 인상을 주지만 그 양자에는 '어떻게 하면 붓다가 될 수 있을까'라는 근본적으로 상통하는 문제의식이 있었다. 그것에 대한 대답·태도의 차이가 양자의 성격을 나눈 것으로서, 교판의 성립과 전개와 종언도 그 속에서 이해될 필요가 있을 것이다. 중당기 이후에 교판의 전개가 끝남과 동시에 교판을 형성했던 의식의 저류는 실천적인 사상운동으로 계승된다.

보 설

본 장에서는 주로 중국 교판의 형성과 전개, 종식을 사상사적으로 개설했다. 지면 사정상 천태·화엄에 관해서는 조금밖에 논하지 못했으며 또한 일본 교판에 대해서는 생략했다. 교판의 연구사에 대해서도 생략하지 않을 수 없었다. 오래된 것이지만 하야시야 토모지로(林屋友次郎 1939) 및 사카모토 유키오(坂本幸男 1956)의 문헌을 기본적으로 참조해야 할 문헌으로 제시해 두고자 한다. 본 장은 담당자의 능력의 한계 때문에 애초부터 관련 문제를 충분히 다룰 수 없었으며, 그중에서도 근기(종교적 감수성)나 종파宗의 문제에 대해서는 충분히 관련지을 수 없었다. 마노 쇼준(眞野正順 1964)의 수당기 불교와 그 이후의 선을 관련짓는 서술, 오쵸 에니치(橫超慧日 1971)의 중국불교에서 근기機의 문제가 이론→철학→종교→실천으로 전개되었다는 기술은 최근 중국불교사상사의 통설에서 보이는 수당기와 그 이후의 실천불교의 단절을 연결해준다는 의미에서 시사하는 바가 있다. 교판은 그 전개가 중당기로 끝난다고 하지만, 그 종식은 후대와 연결되는 것으로 설명될 필요가 있다는 내용으로 본 장을 구성하였다. 또한 인도·티벳불교와의 흥미 깊은 대조로서 요의·불요의의 문제가 있지만 이에 대해서도 논하지 않았다. 불충분한 점이 많다고 생각한다. 제현의 비정 批正을 바란다.

부록: 문헌목록

여기에서는 필자가 참조한 것 중에서 지면사정상 주요한 것에 한하여 소개한다.

1. 교판이란 무엇인가
• **원칙론**
세키구치 신다이(関口真大)
    1972   「教相と教判」『佐藤博士古稀記念 仏教思想論叢』.
하야시야 토모지로(林屋友次郎)
    1939   「教判論序說」『仏教研究』.
• **한자문화권의 불교**
나가오 가진(長尾雅人)
    1949   「教判の精神」『密教文化』5.
야마구치 스스무(山口益)
    1944   「印度大乘仏教学史に於ける教相判釈の展開」『大谷学報』25.

2. 남북조까지의 교판 – 학적 탐구로서의 교판
• **교판전사**
아라마키 노리토시(荒牧典俊)
    1982   「南朝前半期における教相判釈の成立について」『中国中世の宗教と文化』京都大学人文科学研究所.
오쵸 에니치(橫超慧日)
    1971   「教相判釈の原始形態」『中国仏教の研究・第二』法藏館 (『塚本博士頌寿記念 仏教史学論集』(1961년) 초출).
코가치 류이치(古勝隆一)
    2006   『中国中古の學術』研文出版.
코바야시 마사미(小林正美)
    1997   「格義仏教」考」『シリーズ・東アジア仏教3』春秋社.

• 교판의 시작

타무라 요시로(田村芳朗)

　　1972　　「法雲の『法華義記』の研究」『法華經の中国的全開』平樂社書店.

후세 코가쿠(布施浩岳)

　　1942　　『涅槃宗之研究·後篇』叢文閣.

• 지론·삼론의 교판

스에미츠 야스마사(末光愛正)

　　1983　　「吉藏の二藏三輪說」『仏教学』15.

아오키 타카시(青木隆)

　　2010　　「燉煌写本にみる地論教学の形成」『地論思想の形成と変容』国書刊行会.

오쵸 에니치(橫超慧日)

　　1958　　「中国仏教に於ける大乗思想の興起」『中国仏教の研究·第一』法藏館(『東方 学報·東京』14-2

　　　　　　(1943년) 초출).

요시즈 요시히데(吉津宜英)

　　1977　　「淨影寺慧遠の教判論」『駒沢大学仏教大学部研究紀要』35.

이시이 코세이(石井公成)

　　1996　　『華厳思想の研究』春秋社.

히라이 슌에이(平井俊榮)

　　1976　　「第三章 吉藏の経典観と引用論拠 第二節 二藏三輪說」『中国般若思想史研究』春秋社.

3. 수당의 교판으로—입교개종의 교판

• 계위설과의 관계

미즈노 고겐(水野弘元)

　　1984　　「五十二位等の菩薩階位說 [四 中国仏教における菩薩階位說」『仏教学』18.

후나야마 토오루(船山徹)

　　2000　　「地論宗と南朝教学」『北朝·隨·唐 中国仏教思想史』法藏館.

• 일승과 삼승

후지타 코우타츠(藤田宏達)

　　1969　　「一乗と三乗」『法華思想』平樂社書店所収.

• 천대·화엄의 교판

세키구치 신다이(関口真大) 編

　　1978　　『天台教学の研究』大東出版社

안도 토시오(安藤俊雄)

　　1968　　「第四章 天台の教判」『天台学 根本思想とその展開』平樂寺書店.

요시즈 요시히데(吉津宜英)

    1985   『華嚴禪の思想史的研究』大東出版社.

    1991   『華厳一乘思想の研究』大東出版社.

치 리메이(池麗梅)

    2008   「第三章·『止觀輔行伝弘決』と天台止觀伝承の正統化」『唐代天台仏教復興運動研究序說』大藏出版.

• 법상의 교판

요시무라 마코토(吉村誠)

    1999   「玄奘の大乘觀と三転法輪說」『東洋の思想と宗教』16.

후카우라 쇼분(深浦正文)

    1954   『唯識学研究·上卷』永田文昌堂.

• 교판의 종언과 접속

나카지마 류죠(中嶋隆藏)

    1997   「序章·仏教の受容と変容」『シリーズ·東アジア仏教2』春秋社.

야기 노부요시(八木信佳)

    1971   「楞伽宗考」『仏教学セミナー』14.

• 보 설

마노 쇼쥰(真野正順)

    1964   『仏教における宗觀念の成立』理想社.

사카모토 유키오(坂本幸男)

    1956   『華厳敎学の研究』平樂社書店.

오우쵸 에리치(橫超慧日)

    1971   「仏教における宗教的自覚」『中国仏教の研究·第二』法藏館(『日本仏学論叢 1 (초판 1944)).

---

1   인도·티벳불교에서는 교리의 높낮이를 판단할 때 了義·不了義라는 구분을 많이 사용한다. 중국불교의 교판에도 요의·불요의라는 사고가 있지만 인도·티벳불교와 비교할 때 가치기준의 주요개념으로서 취급되는 경우는 드물다.

2   교판을 설명하는 중에 종종 '중국에 불교경전이 잡다하게 전해졌다'는 표현이 쓰이는데 중국에 불교가 전래된 것은 죽음을 건 종교적 열정을 갖고 행해진 것으로서 '잡다하게'라는 표현은 어울리지 않는다. 역경승이나 구법승은 그 사상적 배경이 다양하고 인도에서 중국으로의 지리적·역사적 연속성이 단절되어 있을 정도였다는 의미에서 본고는 '우발적'으로 전해졌다고 말하고 싶다.

3   関口真大(1972). 林屋友次郎(1939) pp. 1-3에서 '교판'의 어의나 용법을 다루고 있다.

4   물론 (대승·소승·일승·삼승 등) 구별되는 개념은 인도에서 이미 나타나지만, 그 수용방식은 지리적·역사적 문맥이 단절된 점에서 분명하게 다르다.

5 『출삼장기집』권5「三藏祇其染滯, 般若除其虛妄, 法華開一究竟, 泥洹闡其實化」(대정55, 41 중·하)

6 수에서 당 초기까지의 길장(549-623)의 시대에 혜관은 「열반경서」(逸失) 중에서 돈점이교·오시교판을 설하고 이후 이 교판의 창시자로 여겨지게 되었지만 현대 연구자들 중에서는 오시교판의 창시자로서 혜관은 시대적으로 너무 빠르며, 이를 전승으로서 생각하는 것이다. 『열반경』의 오미상생 五味相生 비유를 들어 오시교판으로 보이는 설을 제시했던 자료로서 전해지는 가장 오래된 것은 승종(僧宗 438-496)의 설(『대반열반경집해』)이다. 般山徹(2000) p.150 각주 14 참조.

7 설시론에 기반을 둔 교판으로서 오시교판 이외에 삼시교판(후술할 법상종의 것과는 다르다)이나 사시교판도 존재하지만 남북조 후기에는 오시교판이 널리 유행했다.

8 講經會의 실체에 대해서는 현존자료로 밝히기 어렵지만 荒牧典俊(1982) pp.404-413에 관련된 기술이 있고 교판과의 관련에 대해서도 p.406에 기술되어 있다. 古勝隆(2006) 참조.

9 일찍이 양무제(464-549)의 『注解大品序』에 『반야경』에 대한 오시교판에서 보이는 모순을 지적한 형태가 보이며, 정영사 혜원·길장·지의의 저작에 모순점의 지적이 나타난다. 설시로서는 점교의 단계에서 설해진 것이지만 직접 보살에게 가르침을 설했다는 점에서 돈교에 해당하는 (『승만경』『금광명경』 등) 경전이 번역되고 연구됨에 의해 이들을 위치짓기 위해 '不定'이라는 새로운 카테고리가 만들어졌다. 또한 설시라고해도 개개의 경전과 교설과의 관계가 얕은 것에서 깊은 것으로 간다는 단순한 규정에 무시할 수 없을 정도의 모순이 발견되고, 그 배열도 오시를 비유하는 오미 五味의 비유를 설하는 『열반경』 자체 설에 부합하지 않음이 지적되게 되었다.

10 이 시대에는 원교를 독자적인 것으로 위치지으려는 움직임이 있다. 『대승열반경집해』에서도 僧宗(438-496)은 『열반경』과 그 이외를 빈번하게 '圓教' '偏教'로 대조적으로 이해한다(般山徹 (2000) p.150 각주18 참조). 지론문헌 『승만경소』(Stein 6388)에는 『열반경』은 '漸'의 圓, 『화엄경』은 '頓의 圓', 『승만경』을 포함하는 『대집경』은 '圓의 圓'으로 규정되고 있다. 이 시대에는 『대집경』을 최고 교리를 설하는 경전으로 이해하는 입장이 있었고, 그것은 사종판의 파생 형태인 육종판에서 나타난다.

11 이후 시대가 되어도 『隋志』(656년에 완성)의 저작에 있어서는 대소승의 이론적 차이를 나타낼 필요성을 느끼지 못했던 것에서 보이듯이 대소승 교의내용의 차이는 중국에 불교가 전래된 이래 오랫동안 불명확했다.

12 붓다가 가르침을 설하기 시작하는 초전법륜은 佛傳 및 이에 영향을 받은 대승경전에서 중요한 역할을 담당했다. 『반야경』, 『대지도론』에서도 불전 속의 초전법륜에 대한 제2법륜이 설해지면서 그것이 대승의 가르침이라고 하였고, 『법화경』에서도 초전법륜을 방편으로 하면서 『법화경』에 이르러 처음으로 일승이 설해졌다고 하였다. 시대가 흘러 유식학파가 나타나면 『해심밀경』에서 중관의 가르침을 넘는 제3법륜이 설해지게 된다. 이렇게 전법륜은 대승의 새로운 교설이 설해지는 계기로서 중요한 역할을 하고, 교판에서도 주목받는 교설이었다.

13 林屋友次郎(1939)은 남북조 시대의 교판과 수당 이후의 교판 성격을 나누고, 후자에 처음으로

종파적 성격이 나타난다고 한다. 그의 관점은 근년의 교판관계 논문에 결여된 것으로서, 교판이라고 말하면 바로 '입교개종'과 연결시키는 시점은 林屋논문보다 퇴보한 것이다.

14 「설법품」(대정9, 386상). 설시론 중에 계위설에 주목하고 있었던 초기의 예로서『대반열반경집해』권18의 승종의 설「自鹿苑至乎法華. 所說階級 大有不同. 唯此教圓備」(대정37, 445하)이 있다. 구마라집은『대승대의장』제8장에서 단혹설과 십지와의 관계를 제시하고 있다(대정45, 131상). 빠르게는 석도안의 시기라고 생각되는 「漸備經十住胡名并書叙」에서 반야계와 화엄계 십지의 차이를 주목하고 있다(대정55, 62상).

15 『사교의』권8 「問曰, 何意三藏敎, 明位多同, 摩訶衍敎, 開爲三敎, 判位不同耶」(대정46, 747중-하).

16 화엄계에서도 교와 계위의 대응관계는 밀접하다. 징관은『화엄경소』권3에서 「又夫立敎, 必須斷証, 階位等殊」(대정35, 521하).

17 『전심법요』「縱使三祇精進修行歷諸地位. 及一念證時. 祇證元來自佛. 向上更不添得一物. 却觀歷劫功用. 總是夢中妄爲」(대정48, 380중).

18 지의가 죽은 후 약 250년 후에 중국에 건너온 원진円珍에 의하면 중국천태에서는『대일경』(지의 사망 후에 번역)은 방등부에 위치하게 되었다고 한다.

19 인도의 소승 여러 학파들의 교리에 대한 지식은 이미 진제의『部執異論』,『部執異論疏』에 의해 전해졌다.

20 '일음교'에 대해서 혜원은 菩提留支, 법장은 菩提留支·鳩摩羅什, 지의는 北地禪師의 설로 본다.

21 이 이해는 가재迦才『정토론』권하에 명확한 형태로 보인다. 「答曰. 佛教綸披, 端緒匪一. 衆生不等. 根性萬差. 何但法遂人分. 則教有淺深之異. 亦乃人隨時別. 則根有利鈍之殊. 是以教開八萬四千. 時分五種差別. 若作此說. 行者修道. 要須觀時. 若時教符契. 則佛道易証. 若時教乖錯. 則菩薩叵証」(대정47, 100하).

제8장

인도불교사상사에서의 대승불교
유와 무의 대론

카츠라 쇼류(桂紹隆)

1.
시작하며

종래 한역불전 중심으로 이뤄져왔던 일본의 인도불교연구에서 범어불전을 티벳어역·한역과 세밀하게 비교 대조함으로써 정확하게 교정하고 독해하는 새로운 방법론을 도입하여 일본의 근대불교학 확립에 크게 공헌한 야마구치 스스무山口益 (1895-1976)는 최초의 저서『불교에서의 유와 무의 대론 仏教における無と有との対論』 (1941년 초판)¹ '서언'에서 다음과 같이 말했다.

석가모니 정각의 근본 의취 意趣는 용수의 반야중관설 위에 보편적으로 모두 개현되었다고 말할 수 있다. 만약 그렇다면 용수에서 시작되는 대승불교의 사상적 성격은 이미 용수의『근본중론』에서도 보이듯이 '유와 무의 대론'이라는 모습에서 전개되어 갔다고 말해도 무방하다. 그것은 8종 宗의 조사로서 용수의 논궤 論軌가 널리 이후 인사 人師의 사상교학의 규범으로서 상승 相承되었기 때문에, 대승교학사의 전 체계는 넓은 의미에서 이러한 '무와 유의 대론'의 유전이라고 말할 수 있을 것이다. 그러나 '무와 유'라는 것이 특히 학파적인 형태로써 '대론'하는 데에 이른 것은 인도불교가 다른 여러 철학체계와 같은 학파 체계를 가지기 때문이다. 즉, 이 시대에 중관파의 청변이 지은『중관심론』은 이러한 대론의 효시라고 해야 할 것이다. 그곳에는 안팎의 제 종학에 대한 다수의 '무와 유의 대론'이 전개되어 있다. 그러나 이들 다수의 대론 중에서도 대승교학사상 가장 주목할 만한 대론이 되는 것은 인도대승불교의 2대 조류 중 하나를 계승하는 중관파가 다른 하나를 계승하는 유가행 유식파와의 대론을 설한『중관심론』의 제5장일 것이다.

야마구치는 '8宗의 조사'라는 용수(龍樹 Nāgārjuna 2세기)『근본중론송』의 영향 하에 인도대승불교는 '일체법공'을 설하는 중관파와 '유식무경'을 주장하는 유가행유식파라는 2대 조류간의 '무와 유의 대론'으로서 사상사적으로 전개되었다고 언명하고 있다. 그리고 그러한 대론의 최초 기록이 중관파 청변(淸辨 Bhāvaviveka 6세기)의『중관심론』 Madhyamakahṛdaya 제5장 〈입유가행진실결택장 入瑜伽行眞實決擇章〉임을 지적하고 있다.

본 장의 목적은 인도불교사상사에 있어서 '무와 유의 대론'이 대승불교에 한정되는 것이 아니라 부파불교 시대의 최초 논쟁인 '푸드갈라 논쟁'에서 이미 그 선행형태가 나타나며 부파불교에서 대승불교까지 '무와 유의 대론'이 지속되었다는 것, 즉 인도불교사상사에서는 일관되게 '무'와 '유' 두 조류가 있었음을 밝히고자 하는데 있다.

2.
유식파와 중관파의 공성이해 차이

청변은 〈입유가행진실결택장〉의 처음에 유식파의 교의를 소개하는 부분에서 '두 가지 것의 무는 실유이므로, 그리고 동시에 두 가지 것은 무이므로'라고 하는데[1] 이는 분명히 미륵 Maitreya에게 귀속되고 세친世親(Vasubandhu 5세기)이 주석한『중변분별론』 Madhyāntavibhāga 제1장 제1송을 상정한 것이다.

"허망한 분별은 있다. 그곳에 양자는 존재하지 않는다.

그러나 그곳에 공성이 존재하고, 그 (공성의) 가운데에 또한 그것(즉, 허망한 분별)이

존재한다." (나가오 가진 長尾雅人 역『중변분별론』제1장 제1송[2])

'양자'란 '알려진 것과 아는 것'(능취·소취)이고, '허망한 분별'이란 허망한 능취·소취로 현현하는 식識이다. 우리들의 일상적인 인식은 무시이래로 오염되어 온 습관성 때문에 항상 '무언가의 대상을 파악하는' 형태로 나타나므로 허망한 것에 지나지 않지만, 그 존재 자체는 부정될 수 없다. 가령 외부대상으로 식이 현현한다면 그것은 허망하지만, 식 그 자체는 실재한다. 현상세계는 모두 이 식의 현현에 지나지 않는다는 것이 유식파의 기본 주장이다.

허망한 분별은 소취·능취라는 양자가 그곳에 존재하지 않고 양자를 결여하고 있다는 의미에서 '공'이며, '공성'이란 허망한 분별이 소취·능취 양자를 결여하고 있는 것(二取空)이다. '허망한 분별에 공성이 존재한다'는 것은 허망한 분별이 소취·능취라는 점에서 공이라는 것이다. '그 공성 속에 허망한 분별이 존재한다'란 소취·능취라는 점에서 공이라 해도 허망한 분별 그 자체는 실재한다는 것이다.

이러한 유식파의 공성 이해는 '일체법공'을 설하는 중관파에게는 받아들이기 어려운 것이다. 그러나『중변분별론』세친석의 범어원전 교정자이자 일역자인 나가오 가진 長雄雅人이 이미 밝혔듯이[3] 유식파의 공성이해는『중변분별론』제1장 제1송의 세친석이 언급하는『중아함』190경(MN 121경)의 '소공경 小空經'으로 소급되고, 다음으로 인용하는 이 경의 한 문장은 유식파의 문헌에서는 선행하는『유가사지론 보살지』에, 또한 여래장사상의 논서『구경일승보성론』에서도 인용되어 있어

서 반야경이나 중관파의 '일체법공'과는 다른 공성이해의 계보가 인도 불교에 있었음을 상상하게 한다.

> "이렇게 하여 '어떤 것이 어떤 곳에 없을 때 후자(즉, 어떤 곳)는 전자(즉, 어떤 것)에 대해서 공인 것처럼 여실하게 관찰한다. 한편 또한 (위와 같이 공이라고 부정된 후에도) 이제 (부정되지 않고) 무엇인가가 남겨져 있는 것이 이곳에 있다면, 그것은 이제 실재하는 것이라고 여실하게 안다'라는(이와 같이 설해져 있는) 공성의 바른 상 相이 (이 게송에 의해) 분명히 나타난다."(나가오 가진 長尾雅人 역 『중변분별론』 제1장 제1송 세친석[4])

공성에 의해 부정된 후에도 '무언가 남겨진 것'이 실재하는 것이 '공성'의 바른 이해라고 유식파는 주장하고 있는 것이다. '남겨진 것'이란 이 경우 '허망한 분별'에 다름 아니다. 『보성론』의 경우는 본래 청정한 '여래장' '불성'이 공성에 의해 부정된 후에도 '남겨진 것'으로서 실재한다고 주장한다. 『보살지』가 「소공경 小空經」을 인용한 것은 어떤 것 甲이 어떤 것 乙에 대해서 공일 때 을만이 아니라 갑도 공이라고 생각하는, 이른바 '일체는 공이고 무이다'라고 주장하는 사람들의 '잘못 이해된 공성'(악취공)을 비판하여 무언가 '남겨진 것'(갑)은 공·무가 아니라는 것이 '바르게 이해된 공성'(선취공)이라 주장하기 위한 것이다.[5]

청변은 『중관심론』 제5장에서 「소공경」적인 공성이해를 정면으로 거론하여 비판하지는 않지만, 『중변론』의 모두 부분을 상정하여 유식비판을 행하기 때문에 당연히 세친석에서 인용된 「소공경」을 알고 있었을 것이다. 따라서 이 책에 있어서 중관파와 유식파의 '무와 유의 대론' 배경에 '일체법공'을 주장하는 중관파와 공성

에 의한 부정 이후에 '남겨진 것'을 인정하는 유식파 간의 공성이해의 차이가 있음을
알 수 있다.

유식파는 예를 들어 『유식삼십송』의 안혜(Sthiramati 6세기) 주석 앞부분에서 보이
듯이[6] 중관파의 '일체법공'의 입장을 손감론 損減論(무의 극단)으로 보고 설일체유부
의 '일체법유' 입장을 증익론 增益論(유의 극단)으로 보고서 공과 비공(유와 무) 양 쪽을
인정하는 유식파의 입장을 '중도'적이자 불교의 정통설이라고 위치 지었음에 틀림
없다.

물론 중관파의 입장에서 말하자면 '일체법의 공 空'은 '일체법의 무 無'를 의미하는
것이 아니다. 궁극적으로는 어떠한 존재론적 언급도 없는 그들에게 있어서 '유·무'의
판단이 성립하는 것은 세간적인 상식(세속제)의 세계에서만이다. 따라서 유부의 '일
체법'이든, 유식파의 '식'이든 그들이 생각하는 궁극적으로 실재하는 것은 중관파
에서는 인정되지 않는다. 한편으로 '일체법은 고유한 본질을 갖지 않고(무자성), 공
이다'라는 중관파의 사고가 불교 안팎의 대론자들로부터 어떤 실재도 인정하지 않
는 일종의 '허무사상'으로 오해된 것도 사실이다. 따라서 청변이든 그 학파 내부의
비판자였던 월칭(月稱 Candrakīrti 7세기)이든 중관파는 허무론자가 아니라는 논의를
전개해야만 했던 것이다.[7]

중관파의 '공'에 대해서는 적당한 곳(본 시리즈의 제6권 참조)에서 상세하게 논할
것이므로 이 이상 고찰하지는 않겠지만, 『중관심론』에 있어서 '유와 무의 대론' 배
경에 '일체법공'을 설하는 중관파와 '남겨진 것'을 인정하는 유식파간의 공성 이해
에 관해 차이가 있었음을 지적해두고 싶다.

3.
인도 육파철학과의 논쟁

　　『중관심론』구성을 보면 청변은 제6장 이하에서 상키야학파·바이세시카학파·베단타학파·미망사학파라는 인도 육파철학의 주요 학파 학설을 비판하고 있다. 불교의 논쟁이 다른 학파의 형이상학을 거론하면서 이렇게 본격적인 비판을 공표한 것은 아마도 청변이 최초일 것이다. 니야야학파가 거론되지 않았던 것은 그들의 주요한 관심이 '인식론·논리학'이고 형이상학은 바이세시카와 거의 공통되기 때문일 것이다. 요가학파도 상키야학파와 형이상학을 공유하기 때문에 특별히 비판 대상이 되지는 않았을 것이다.

　　이러한 타학파 비판의 모델은 디그나가(Dignāga, 5-6세기)의 논리학서『집량론』 *Pramāṇasamuccaya*에 있다. 디그나가는 이 책의 각장 후반부에서 세친의『논궤 論軌』와 함께 니야야학파·바이세시카학파·상키야학파·미망사학파의 인식론과 논리학설을 들어서 순차적으로 비판하고 있다. 디그나가의 경우 그가 확립한 '새로운 논리학' 체계를 기준으로 하여 선행하는 '오래된 논리학'의 제 학설과 실제의 논증예를 들고, 특히 그 형식적 미비함을 바로잡아 어떠한 형이상학적 입장에서도 채용될 수 있는 논증형식의 보급을 목적으로 했다.

　　청변 자신이 디그나가의 '새로운 논리학' 영향 하에 중관학파의 '자립적 논증' 전통을 확립했음은 잘 알려져 있다.『중관심론』제5장에서도 디그나가의 자기인식론이나 아포하apoha론을 청변이 비판적으로 언급한 것은 그가 디그나가의 인식론·논리학 체계를 강하게 의식하고 있었음을 보여준다. 따라서 디그나가가 비판의 대상으로 삼지 않았던 타 학파의 형이상학을 대상으로 청변이 순차대로 비판한 것은 그의 영향이었다고 볼 수 있다.

청변의 타 학파 비판이 육파철학체계들에 크게 임팩트를 주었던 흔적은 보이지 않지만 디그나가의 타학파의 인식론·논리학·언어철학에 대한 비판은 굽타왕조의 인도사상계에 큰 영향을 끼쳤음에 틀림없다. 디그나가 논리학의 핵심에 있는 논증의 타당성을 보증하는 근거로 인정되는 '변충遍充관계' 이론은 여러 인도철학체계의 논리학자들이 빠짐없이 채용하는 것이 되었다. 디그나가 논리학의 비판적 후계자였던 법칭(法稱 Dharmakīrti 6-7세기)은 당시 인도 여러 학파의 학설들, 예를 들어 유신론·유아론·베다의 계시설 등에 대한 논리적 비판을 전개하는 동시에 적극적으로 찰나멸론·타세계론·타상속론·일체지자론 등 자설의 논증을 제시함으로써 호교적인 입장에서 〈불교논리학〉을 확립했다고 말할 수 있다.

4.
세친의 「파아품」에 나타나는 푸드갈라설 비판

그런데 디그나가 이전에 타 학파 비판을 의도적으로 전개한 것은 세친의『구사론』제9장 「파아품」이다. [8] 유식학자로 알려진 세친이지만 그의 가장 중요한 저작은, 설일체유부 중에서도 카쉬미르의 비바사사(毘婆沙師 Vaibhāṣika)의 아비달마 이론을 경량부의 관점에서 비판적으로 정리한『구사론』이다. 그 이후의 불교도들에게는 이 책이 불교의 주요 개념의 해설서로서 백과사전적 역할을 하였는데, 그 전통은 중국·일본에까지 전해졌다. 『구사론』은 유부 최대의 아비달마 논서인 『대비바사론』의 내용을 체계적으로 정리한 3종의 '아빌달마심론 阿毗達磨心論'의 계보를 이은 강요서이지만, 세친이 처음으로 지었다고 알려진 게송으로 이루어진 본론은 8장으로 완결되어 있다. 제9장 「파아품」은 세친이 본론에 대해 주석을 달 때 더해진 부론 附論이다.

세친은 스승을 교의 논쟁에서 패배시킨 상키야 학파의 논사에게 복수했다는 전설이 있듯이 상키야 학파의 교리를 잘 알고 있었다고 보이며, 『구사론』에도 여러 번 학파명이 언급된다. 그러나 「파아품」에서 세친이 비판·논쟁의 대상으로 삼은 것은 육파철학 중에서 바이세시카 학파이다. 그 외에 아마도 문법학파로 생각되는 대론자도 거론되고 있다. 다만 이 장에서 세친의 직접적인 논적은 불교내부에서 바라문사상의 핵심을 이루는 '아트만론 有我論'에 매우 가까운 '푸드갈라론'을 설한 독자부(犢子部 Vātsīputrīya)였다. '푸드갈라(범어 pudgala, 팔리어 puggala)라는 말의 어원은 분명하지 않다. 초기 자이나교에서는 물질의 최소 단위로 보았고, 상키야 철학의 '원자'에 해당하는 것이며, 초기불교에서는 '인간'을 의미하는 것으로 쓰였다. 예를 들어 『상윳따 니까야』(3.3.1 '푸드갈라 숫타')에서는 방문한 파세나디 왕에게 붓다가 다음과 같이 말한다.

"대왕이여. 세상에는 네 종류의 인간들이 발견됩니다. 네 종류란 무엇인가? 어둠에서 어둠으로 향해가는 자, 어둠에서 빛으로 향해가는 자, 빛에서 어둠으로 향해가는 자, 빛에서 빛으로 향해가는 자입니다."[9]

　그런데 세친은 「파아품」에서 독자부가 설하는 푸드갈라를 아트만과 같은 것으로 보고 있다. 그의 비판에서 상상되는 푸드갈라는 유아 때부터 성장하여 지식이나 기술을 몸에 익히고 무언가 직업에 종사하며 결국 늙어서 죽어가는 자로서 '이 인간이 이렇게 되었다'고 인정할 수 있는 근거이다. 이렇게 변화하는 점에서 아트만과는 다르기는 하지만 아트만과 같이 '인간'(푸드갈라)이 윤회하고 전생하는 것이다. '인간'이 아트만과 같은 인식주체라는 점은 분명히 말해지지 않지만, 기억의 담지자임은 분명하다. 불교도인 독자부는 인간존재가 색·수·상·행·식 5온으로 이루어졌다고 당연히 인정하지만 '인간'이란 이 5온에 '의지하여' 존재하고, 5온과 같은 것이라고도 다른 것이라고도 말할 수 없는 '불가설 不可說'한 존재라고 한다.[10]

　그들은 일찍이 '인간'과 5온의 관계를 '불과 장작'으로 비유했다. 일찍이 용수는 『중론송』 제10장에서 독자부의 이름을 들면서 불과 장작의 관계를 분석하는 것으로 아트만(아마 '인간')과 그 질량인(즉, 오온)을 부정하고 있다. 그 전통은 하리바르만(Harivarman, 3-4세기)의 『성실론』(대정 1646)의 「무아품」 「유아무아품」에 이어진다. 후자의 독자부 비판은 「파아품」에서의 세친의 논의에 강하게 영향을 끼쳤다.

　장작이 없다면 불이 생기지 않고 존속하지 않는다. 그것과 마찬가지로 오온이 없다면 '인간'은 존재하지 않고 존속하지 않는다. 오온에 의해 '인간'이 생기고 오온이라는 장작이 있음으로써 '인간'이라는 불은 계속 불타는 것이다. 오온이 없을 때 '인간'이라는 불은 다 타버리고 열반(무위)에 이를 것이다. 불이 장작과 같다고도 다르다고도 할 수 없듯이 인간도 오온과 같다고도 다르다고도 할 수 없다. 실로 교묘한 비유이다. 그러므로 용수도 하리바르만도 세친도 이 비유를 거론하며 부정함으로써 독자부의 푸드갈라설을 비판한 것이다.

5.
푸드갈라의 유무를 둘러싼 논쟁

독자부는 과거·현재·미래라는 3종 유위법과 무위법 및 불가설법(즉, '인간')을 '인식대상 所知'의 5종 범주로 보는 '오법장설 五法藏說'을 설했다고 한다. 바꿔 말하면 '인간'은 유위법도 무위법도 아닌 제3의 범주이다.

불멸후에 불교도들은 마치 현대 과학자들이 일상 언어와 구별되는 과학용어를 쓰듯이 붓다가 남긴 다양한 가르침 중에서 불교교의를 구성하는 키워드를 골라내어 '다르마(법)'이라는 이름하에 정리하고 그것들 간의 관계를 분석함으로써 몇 가지 범주로 분류했다. 이를 통해 초기불교 각 부파의 '아비다르마' 체계로 결집되고, 경장·율장에 더하여 논장이라 불리는 문헌군이 형성되게 된 것이다.

『구사론』은 설일체유부의 아비다르마 논서의 최종적 도달점이다. 유부는 색·심·심소·심불상응행이라는 네 가지 유위법과 무위법을 더한 다섯 가지 범주 五位 하에 75가지 법을 열거하고 분류한다. 아비다르마에서는 심신으로 이뤄진 인간존재에서 환경세계까지 모든 경험세계는 인과관계(연기)의 지배하에 있는 유위법(예를 들어 인간존재는 오온)으로 환원하여 설명한다. 한편으로 인과관계를 초월한 존재로서 불교도는 무위법을 세우게 된다. 유부에서는 (지혜에 의해 달성된 열반인) '택멸 擇滅'과 (인연이 없다면 영원히 생겨나는 것이 없는 미래법인) '비택멸 非擇滅'과 '허공' 세 가지를 무위법으로 하는데, 다른 부파의 아비달마나 유식파에서는 '진여'나 '법성' '법계' 등도 무위법에 포함된다.

유위법은 인과관계의 지배하에 있고 인연에 의해 만들어지는 것이지만 무위법은 인연에 의해 만들어지는 것이 아니다. 전자는 무상한 존재지만 후자는 영원불멸하다. 최초기의 불교도들에게 있어 모든 존재는 연기하는 것이고, 무상한 것이었지만 부파불교 시대가 되면 붓다가 도달한 열반이나 붓다가 설한 진리는 영원불멸하며 인위적으로 만들어진 것일 수 없는 '무위'라는 사고방식이 발생했을 것이다. 그리하여 모든 존재를 유위법과 무위법이라는 두 가지 범주로 분류하게 된 것이다. 그리고 이 전통은 대승불교의 유식파에게 전승되어 갔다.

이에 반해 독자부는 유위법도 무위법도 아닌 제3의 범주로서 아트만과 매우 유사한 일종의 인격주체(인간, 푸드갈라)를 세웠기 때문에 유부나 상좌부 등의 부파들과 대승불교도들로부터도 강하게 비판받게 된 것이다. 세친은 「파아품」에서 '인간'이라는 것은 오온이라는 실재하는 여러 법 위에 구축된 개념적 존재(가명/ 가유)에 지나지 않는다고 주장하고, 독자부는 「파아품」에서 '인간'이 실유라고 적극적으로 주장하지는 않지만 아마 본래 그들은 '인간'에게 유위법이나 무위법과 같은 리얼리티를 인정하고 있었음에 틀림없다.

대승불교의 지표로서 인법이무아 人法二無我 혹은 인법이공 人法二空라는 표현이 있다. 언제 어떤 환경에서 이 표현이 등장했는지는 확인할 수는 없지만 적어도 『대승장엄경론』이나 『섭대승론』 등 초기 유식논서[11]나 『입능가경』에서는 인무아 人無我·법무아 法無我가 대승을 특징짓는 키워드로서 쓰이고 있다. 그리고 용수는 이들 표현을 쓰지 않지만 이후에 쫑까파가 과문에 의해 명시한 것처럼 『중론송』의 구조는 인법이무아 人法二無我라는 관점에서 정리될 수 있다.[12] 인 人이란 지금 논의하고 있는 '인간(푸드갈라)'이고 아트만 등을 포함한 인격주체의 총칭이라고 간주할 수 있다. 한편으로 '법'은 오온·12처·18계 등의 제법으로 불교적 관점에서 본 현상세계를 구성하는 모든 요소이다. '인무아/인공'이란 우리들이 상식적으로 인정하는 인격주체이든 바라문철학파가 주장하는 아트만이든 혹은 독자부등의 푸드갈라 논자가 주장하는 '푸드갈라'든 실체적인 존재가 아니라는 의미이다. 그리고 '법무아/법공'은 아비달마 학자들이 붓다가 설한 이 경험세계의 궁극적 구성요소라고 하는 여러 법들도 실체적인 존재가 아니라는 의미이다. 어떤 것이든 '인법이무아'의 교설이 출현한 배경에 독자부를 시작으로 하는 푸드갈라 논자들의 '푸드갈라 실유설'이 있었음은 틀림없다.

대승불교 중관파는 '인간'뿐 아니라 무위 열반을 포함하는 '일체법'도 공이라고 주장한다. 그러나 마찬가지로 '인법이무아'를 제창하면서도 유식파가 무위법도 공이라고 주장했다고는 생각하기 어렵다. 그들은 이미 말했듯이 적어도 '식'법의 실재성은 인정하고 있었다. 이런 의미에서 그들의 '법무아'의 내용은 중관파와는 선을 긋는 것이었다고 말할 수 있다. 한편 초기불교 여러 부파 대부분은 '인무아'를 인정했지만 '법무아'를 인정한 것은 아니다. 즉, '인간'의 실체성은 거부하지만, 제법의 실재를 주장한 것이다. 그런데 독자부 등의 푸드갈라 논자들만이 인간과 제법의 실재성을 주장함으로 인해 인무아·법무아 양쪽을 부정한 것이 된 것이다.

여기서 대승불교도의 '인법이무아/이공'에 의한 아비달마 비판에 대한 부파불교로부터의 드문 반응으로서, 시대적으로는 용수와 세친 사이에 등장하고 다문부혹은 경량부에 속한 하리바르만Harivarman의 수도론修道論을 소개하고자 한다. 그의 『성실론』에 의하면 우선 항아리 등의 개념적 존재(가명유)를 대상으로 하는 가명심假名心(우리들의 일상적 인식)이 〈중생공 衆生空/가명공 假名空〉에 의거한 〈공관(연기의 知)〉의 수습에 의해 사라진다. 그 후에 생기는 실재하는 법(실유)를 대상으로 하는

〈법심 法心〉(아비달마 불교적 인식)은 〈법공 法空/제일의공 第一義空〉에 기반을 둔 〈무아관 無我觀(공성의 지)〉의 수습에 의해 사라진다. 다시 그 후에, 궁극적 실재(제1의유 第一義有)인 열반을 대상으로 하는 〈공심 空心〉이 생기는데 수습이 진행되어 멸진정(제8해탈)에 들어 아라한과(유여열반)에 도달하거나 또는 반열반(무여열반)에 들 때, 그 공심조차도 사라지는 것이다. 따라서 열반이란 공심의 소멸에 다름 아니다. 여기에서 '중생공'이란 '인공'으로, 여기에는 분명히 대승불교의 '이공설 二空說'에 기초하여 아비다르마적 수도론을 재구축하려는 시도가 눈에 띈다.[13]

그런데 독자부가 '유위법·무위법과 별개로, 오온과 다르다고도 같다고 말할 수 없는 [인간]이 업의 담지자, 윤회전생의 주체로서 존재한다'는 주장을 내세우며 등장했을 때 인식 주체, 업보윤회의 주체로서 바라문교도가 세운 '아트만'(자기)을 거부하고 '무아설'을 받드는 불교들로부터 신랄하게 비판받았다. 푸드갈라의 존재를 둘러싼 논쟁은 인도불교사상사에서 최초의 본격적인 교의 논쟁으로서 기록되게 되었다.

남방 상좌부가 '푸드갈라 실유설'을 불교내의 최대 이단설로 중시한 것은 타학파와의 논쟁을 기록한 그들의 논서 『카타바투 論事』(남전대장경 57권) 앞부분이 푸드갈라 비판으로 시작하는 데서도 추측된다. 한편으로 설일체유부는 그들의 아비다르마 기본 문헌인 6족론 중의 하나인 『식신족론』(대정1539) 제2장을 『카타바투』와 매우 유사한 푸드갈라 비판에 두고 있다. 이미 말했듯이 용수는 그의 주저인 『중론송』에서 '인간(푸드갈라)'과 제법이 무자성·공이라고 논했는데, 구체적으로는 제3장에서 제8장까지 '법무아론', 제9장에서 12장까지 '인무아설'을 전개하고 있다. 그의 푸드갈라 비판의 논법이 하리바르만의 『성실론』을 통해 세친의 「파아품」에 영향을 끼쳤음도 이미 언급했다. 용수의 후계자인 중관파 학자들 간에는 청변의 『중관심론』과 그 주석 『사택염』 제3장, 월칭의 『입중론』 제6장, 적천(寂天 Śāntideva 8세기)의 『입보리행론』 제9장, 그리고 적호(寂護 Śāntarakṣita)의 『섭진실론 Tattvasaṃgraha』과 그의 제자 연화계(蓮華戒 Kamalaśīla 8세기)의 상세한 주석을 통해 그 전통은 계승되어 갔다.[14] 한편으로 유식파의 전통에서는 본격적인 푸드갈라 비판이 별로 보이지 않는다. 『대승장엄경론』과 그 세친석 제18장 말미에서 「파아품」과 유사한 푸드갈라 비판이 제시되는 점이 주목되는 정도이다.[15] 중관파와 유식파간에는 푸드갈라 비판에 관한 열의에 차이를 보이는데, 이 점은 본 장 최초에 언급했던 공성에 의한 부정 이후에 '남겨진 것'을 인정하는가 아닌가라는 양 학파의 공관空觀의 차이에서 유래한다고 필자는 생각한다. 유식파는 비록 표면적으로는 '인무아'라는 이름하에 푸드갈라 실재론을 부정한다고 해도 본질적으로는 푸드갈라론과 그 근저에서 공통된 사상을 갖고 있다고 생각한다. 뒤에서 논하겠지만 푸드갈라의 유무를 둘러싼 논쟁은 형태를 바꾸어서 중관파와 유식파 간에 '유와 무의 논쟁'으로서 지속되어 갔다는 것이 본고의 주장이다.

그렇다고 해도 어째서 이렇게 푸드갈라 비판이 끝없이 반복된 것일까? 그것은 특히 인도불교사에서 푸드갈라 논자가 무시할 수 없는 존재였기 때문이다. 이 점은 7세기에 인도를 방문한 현장의 『대당서역기』 기록에서도 분명해진다. 독자부의 분파인 정량부(三彌底部 Sammitīya)의 이름이 18회나 언급되고, 총 1351곳 이상의 정사에 6만 6천150인 이상의 출가자가 거주했다고 한다. 그 수는 상좌부·대중부·설일체유부 등 다른 부파에 소속된 출가자의 총합계에 필적하는 것이었다.[16] 대승불교에 버금가는 대 세력이고 당시 인도에서 출가자의 약 1/4을 점하고 있었다고 하기도 한다. 덧붙여 말하면 불교논리학자인 디그나가는 티벳의 전승에서는 독자부에서 출가했다고도 한다. 사실의 진위는 차치해도 5-6세기 인도의 젊은이가 푸드갈라 논자가 될 가능성은 충분하였다. 푸드갈라 논자가 인도불교의 말기까지 존속했던 것은 후대 티벳 불교학자인 타라나타(16-17세기)의 『인도불교사』가 전하는 바이다. 그들 속에서는 용수나 세친과 같은 거장이 배출되지 않았고, 『중론송』이나 『구사론』 같이 후대에 큰 영향을 끼친 전적도 쓰이지 않았지만 무언가 인격주체('인간')의 존재를 인정하는 푸드갈라 논자는 아트만이든 '인간'이든 어떤 의미에서도 인격주체의 존재를 인정하지 않는 용수나 세친 등 '무아론자'들의 격렬한 비판을 받더라도 역시 인도불교사상에서 엄연하게 그 족적을 남기고 있는 것이다. 그들을 불교사상사위에서 단순히 이단설로 잘라버릴 수는 없는 것이다.

그렇다면 푸드갈라 논자는 어째서 그 정도의 세력을 가질 수 있었을까? 그것은 엄격한 '무아론'을 신봉하는 상좌부나 설일체유부, 중관파에 대해서 비판적인 그룹이 인도 불교도들 간에 있었기 때문이 아닐까. 바꿔 말하면 이 세상에서 생을 받아 성장하고 늙어서 죽어가는 생애를 통해 고정된 '나'라는 아이덴티티를 전혀 인정하지 않는 것은 일종의 '허무론'이고 승복할 수 없다고 생각하는 불교도들이 항상 있었을 것이다. 그 발단은 유위법·무위법과는 별도로 '인간(푸드갈라)'의 존재를 주장한 독자부로 대표되는 푸드갈라 논자들이다. 그것은 어떠한 인격주체도 인정하지 않는 엄격한 '무아론'에 대한 최초의 이설 주장이었다. 불교 제 부파 간에서 그들의 견해는 정통설로는 인정되지 않았지만 인도불교 최후기까지 큰 세력을 가지고 있었던 것이다.

6.
여래장·불성사상은 불설인가 아닌가

　한편으로 기원전 1세기경부터 부파불교의 전통적인 교의에 대해 비판적인 불교도들이 후에 '대승경전'이라 칭하는 새로운 경전들을 대량으로 창출하게 되자 '무아론'에 철저하여 '인간(푸드갈라)'만이 아니라 '일체법이 공이다'라고 설하며 용수에게서 시작되는 중관파를 낳은 반야경에 대해서, 마찬가지로 '인법이무아 人法 二無我'의 입장에 서면서도 때로는 '아트만 我'이라는 말을 사용하여 무언가 궁극적인 존재를 적극적으로 주장하는 대승경전이 출현하게 되었다. 대표적인 것이 '대승열반경'이다. 시모다 마사히로 下田正弘의 연구에 의하면 〈원시대승열반경〉에서는 독자적인 〈상락아정 常樂我淨〉의 해석에 있어서 '아', 즉 '아트만'은 '붓다'로 등치된다. 그리고 '일체법무아'의 가르침은 세간 사람들의 잘못된 '아트만론 我見'을 부정하기 위해 설한 것이지 '일체법무아'라는 것도 실제로는 바르지 않다. '아트만'이란 '진실'이고, '상주'한다고 한다. 열반경의 기본적 교의는 〈불상주사상 佛常住思想〉이다. 이에 대해서 더 발전된 열반경에서는 '아트만'은 '여래장'으로 등치된다. 그리고 '불성'(즉, 여래장)은 일체중생 속에 있지만 번뇌에 덮여 있기 때문에 중생에게는 알려지지 않는다. 세간 사람들의 잘못된 아트만 이해를 바로잡기 위해 '일체법무아, 공'이라고 설하지만 그 결과 아견교만 我見驕慢이 없어진 자에게는 '여래장이 존재한다'고 설한다고 한다. 여기에서 열반경의 또 하나의 기본교의인 '여래장·불성사상'이 등장하는 것이다.[17] 게다가 시모다의 분석에 따르면 붓다와 등치되는 아트만은 무위이고, 중생의 윤회와 관계없는 출세간적인 것이지만, 일체중생에게 존재한다

고 하는 여래장과 등치되는 아트만은 유위이며, '윤회의 주체'로 생각하는 것도 가능하다.[18]

따라서 마츠모토 시로 松本史朗는 「여래장사상은 불교가 아니다」[19]라는 논문에서 '연기설'에서 필연적으로 도출된 '무아설'이 불교라는 입장에서, 여래장사상은 불교가 아니라고 단죄하여 세계의 불교학계에 충격을 주었다. 그는 그 후에도 일관되게 '불설=무아설'이라는 입장에서 여래장사상만이 아니라 유식사상이나 밀교사상 등도 불교가 아니라는 주장을 전개해갔다. 게다가 「임제의 기본사상에 대하여 臨濟の基本思想について −hṛdayaとātman」[20]에서 『임제록』의 '赤肉團上有一無位眞人, 常從女等諸人面門出入'의 '일무위진인'은 바로 우파니샤드에서 설하는 아트만이고 이 문장은 인도의 전형적인 '아트만론'이라고 방대한 문헌을 구사하여 훌륭하게 입증하고 있다.

아트만과 등치되는 여래장이 불설, 즉 '무아설'에 위배되는 것은 아닐까라는 의문은 이 사상이 등장했던 때부터 있었음에 틀림없다. 그것을 의식하기 때문인지 열반경은 앞에서 보았듯이 불교의 무아설은 세간의, 즉 바라문교도들의 잘못된 아트만론을 부정하기 위한 것이고, 그들이 설하는 '아트만=여래장/불성'이야말로 진실이라고 말한다. 게다가 『입능가경』의 단계에서 대고자 對告者인 대마하마티 Mahāmati는 '본성이 청정하고 32상을 갖추며 일체중생에 내재한다고 설해지는 여래장은 비불교들이 설하는 아트만과 같습니까 다릅니까'라고 붓다에게 명확히 질문한다. 이에 대해 세존은 '여래장은 아트만과 같지 않다'고 답하며, 전자는 '공성, 실제, 열반, 불생, 무상, 무원 無願 등과 같은 것이고, '무아'의 가르침에 대한 공포심을 제거하기 위해 설해진 것이라고 대답한다.[21]

여래장=불성사상이 이교도들의 아트만사상과 흡사하지 않은가라는 의문은
그것이 등장했던 때부터 이미 제시되고 있었다고 보아야 한다. 또한 이들 두 대승경
전은 마츠모토의 '여래장 비불교설'이 '불설=무아설'의 입장에서 정당화됨을 시사
한다고 말할 수 있다. 다만 '불설'이 '무아설'에 한정되는지 아닌지의 여부는 뒤에서
논하기로 하겠다. 한편으로 마츠모토의 '여래장 비불교설'을 당연히 알고 있었을
시모다는 열반경의 '아트만' 논의에 '바라문· 힌두 철학의 영향을 완전히 무시하는
것은 지나친 것이다'라고 말하면서 '그러나 또한 동시에 여기에 설해진 아트만설을
바라문 철학에서 설하는 아트만론과 완전히 등치시키는 것도 지나친 것이다'라고
한다. 그리고 열반경은 불교의 전통적인 경전 해석법에 의해서 무아설은 미요의
未了義이고, '아트만(=불)설'은 요의로 해석한다고 이해하고 있다.[22] 따라서 시모다
는 어디까지나 여래장· 불성사상은 불설이라고 주장하고 있는 것으로 보인다. 이
경우 전통적인 무아설은 불설이 아닌 것은 아니지만, 해석이 필요한 불완전한 교리
이다.

열반경이 설하는, 진실하고 상주하며 윤회의 주체가 되는 '아트만=여래장· 불
성'은 푸드갈라논자의 '인간(푸드갈라)'과 비교해도 우파니샤드에서 설하는 '아트만'
에 매우 가까운 존재이다. 따라서 '불설=무아설'이라는 관점에서는 여래장· 불성
사상은 불설=불교가 아닌 것이 될 것이다. 그러나 '모든 중생은 부처가 될 가능성을
잠재적으로 가지고 있다'는 사상은 인도불교의 직접적 후계자인 티벳불교에서도
중국이나 일본 등 동아시아 불교에서도 불설로 간주되어 왔다는 전통의 무게를 무
시할 수는 없다.

필자 자신은 지금까지 시사해왔듯이 상좌부· 설일체유부· 중관파와 같이 엄격

한 '무아설'을 받드는 전통과는 별도로 푸드갈라 논자나 여래장·불성사상처럼 '인간(푸드갈라)'이나 '여래장' '불성'이라 불리는 일종의 인격주체/윤회의 주체를 적극적으로 승인하여 엄격한 '무아설'을 채용하지 않는 전통이 인도불교사상사에서 엄연히 존재했다고 이해하고 싶다. 이 두 가지 전통은 부파불교도 사이에서도 대승불교도 사이에서도 인도불교 말기까지 한 쪽이 다른 쪽을 완전히 압도하지 않고 '무와 유의 대론'을 이어갔던 것이다. 여래장·불성사상이 병행하여 존재했기 때문에 푸드갈라 논자가 큰 세력을 유지해갔던 것은 아닐까.[23]

7.
윤회의 주체를 둘러싼 대론

그리고 중관파와 대치했던 유식파가 제2의 전통에 속한다고 하는 것은 예컨대 청변이 『중관심론』 제5장 42송 후반부에서 '식'을 아트만의 동의어로 간주하면서 비판하는 대목을 통해서도 추정해볼 수 있다.[24] 여기에서 말하는 '식'은 주석에서 '모든 잠재적 능력이 축적되고, 모든 대상을 낳는 단일한 아트만'과 대비되는 데에서도 알 수 있듯이 '알라야식'일 것이다. 알라야식에 관해서는 『입능가경』「찰나품」의 기술이 주목된다. 다카사키 지키도高崎直道의 요약을 인용한다.

"첫 단락은 무아인데 어째서 유전하고 환멸하는가라는 질문에서 시작한다. 답하기를 여래장이 선과 불선의 원인으로서 일체의 생四生과 취(五趣, 六趣)의 작자作者라고 말하며 그것을 설명하고, 이 여래장에 희론의 습기가 있을 때 알라야식이라 이름하고 무명습기지 無明習氣地에서 생겨난 7식과 함께 대해의 파도처럼 끝없이 생기하지만 궁극적으로는 본래 청정하다. 이외의 7식은 모두 찰나성이므로 고락 苦樂의 감수도 없고 해탈의 원인도 되지 않는다. 이 7전식은 '여래장'이라고 이름 하는 알라야식'의 전의에 의해 지멸한다. 이 '알라야식이라 이름 하는 여래장' 없이는 유전도 환멸도 없다. 이는 본성이 청정하지만 외부에서 온 번뇌에 의해 더럽게 나타난다. 수행자는 이 '알라야식이라 이름 하는 여래장'을 청정하게 해야 할 것이다.[25]라고 한다."

윤회의 주체로서 아트만을 인정하지 않는 '무아설'에 설 때 일체가 어째서 윤회하는가, 애초부터 윤회가 성립하는가라는 질문은 불교도에 대해 항상 던져진 물음에 다름 아니다.[26] 이에 대해 엄격한 무아설에 선 유부는 일체의 윤회 주체를 인정하지 않고 '오온의 상속'으로 윤회를 설명하려고 하고, 중관파라면 '윤회도 공'이라고 답할 것이다. 그러나 분명하게 유식파(그리고, 여래장사상)의 영향으로 성립되었다고 생각되는 『입능가경』은 윤회하는 주체는 '알라야식이라고 이름하는 여래장'이라고 답한다. 외부 번뇌에 의해 오염된 여래장은 습기에 의해 오염된 알라야식이고 전7식과 함께 유전 윤회한다. 그러나 여래장은 본래 청정한 것이고, 오염된 알라야식이 근거를 바꿀 때(轉依) 윤회는 종결되고 청정한 여래장이 본래의 모습으로 다시 나타나게 되는 것이다. 여래장이 무한히 아트만에 가까운 것이라면 여래장과 등치되는 알라야식도 역시 그럴 것이라고 말하지 않으면 안 된다. 그리고 이 점은 『입능가경』의 알라야식에만 머물지 않고 유식파가 설하는 알라야식에도 적용된다고 생각했음에 틀림없다. 그 결과 청변과 같이 '(알라야)식'은 아트만과 같지 않은가라는 비판이 등장게 된 것이다. 아마 유식의 정통파에게 있어서 여래장과 알라야식을 등치시키는 것에는 저항이 있었음에 틀림없다. 그러나 유식파 이외의 불교도나 바라문교도로부터는 양자는 모두 엄격한 무아설을 채용하지 않는 제2의 불교전통에 속하고 있다고 간주된 것이다.

'무아설'을 표방하는 유식파의 사람들이 알라야식은 아트만과 같다고 인정하는 일은 물론 없다. 그러나 그 한편으로 그들은 찰나에 생멸하는 알라야식의 상속이 하나의 생을 구성하고, 그곳에 축적된 업의 습기가 소취·능취라는 분별습기의 도움을 받아 새로운 알라야식의 상속이라는 다른 생을 낳는다는 형태로 '윤회전생'을 설명한다.[27] 알라야식이 윤회에 깊게 관련되어 있음은 부정할 수 없다. 부파불교에 있어서 알라야식의 선구형태로서 대중부의 '근본식', 화지부의 '궁생사온窮生死蘊', 상좌부의 '유분식有分識' 등이 유식파의 아상가(無着, 4세기)에 의해 나열된다.[28] 유부의 '결생식結生識'을 포함하여 육체가 소멸한 후의 '윤회'를 식이나 심에 의해 설명하려는 경향은 적어도 부파불교까지 소급될 수 있다. 더욱이 불교도는 인간존재를 '명색名色'이나 '오온'으로 분석하는데, 육체를 구성하는 '색'이 사멸할 때 의지처를 잃은 '명名', 즉 '심''식'이 전생(혹은 결생[29])하기 때문에 다음의 의지처(육체)를 찾아서 방황한다는 생각이 인도불교 초기부터 존재했다.

붓다 혹은 불교가 자살을 용인한 근거로 종종 언급되는 『상윳따 니까야』(상응부 22·87 '바칼리 숫따) 말미에서 바칼리가 면도칼로 자살했음을 안 붓다는 제자들에게 다음과 같이 말했다.

"비구들이여. 너희들은 저 자욱한 검은 구름이 동쪽으로 가고, 서쪽으로 오르며 ……
네 방향으로 달리는 것을 봤는가. 네 봤습니다. 비구들이여. 이것은 악마(마파순)

가 선남자 박칼리의 혼은 어디로 갔는지 그 혼을 찾고 있는 모습이다. 그러나 비구들이여 선남자 박칼리는 그 혼이 어딘가에 머무른 것이 아니라 완전한 열반에 든 것이다.'[30]

여기에서 '혼'이라고 번역된 것의 원어는 '식(識 viññāṇa)'이다. 마치 우파니샤드에 등장하는 아트만이 그것이 의지한 육체가 없어질 때 새로운 육체로 이동하는 것처럼 박칼리의 '식'도 그가 아라한이 되지 않는다면 의지처를 구하며 방황한다고, 적어도 이 경전은 생각하고 있는 것 같다. '동일성을 잃지 않은(不異 anañña) 식이 윤회한다'고 주장하는 사티 Sati 비구의 생각은 사견으로 붓다에 의해 비판되었다.[31] '십이지연기'를 설하는 『디가니카야』(長部, 제15경) 「대인연경」에서 '식이 모태에 들어간다/떨어진다'는 표현이 보이듯이[32], 상주·불변하는 윤회의 주체인 '아트만'과는 다른 '식' 또는 '마음'은 초기불교 시대부터 윤회설과 깊은 관련을 가지고 있으며 그 전통은 훨씬 후대의 알라야식에 이를 때까지 지속된 것이다.

유식파의 흐름을 이어받은 불교논리학자인 다르마키르티는 '무아'란 '단순히 아트만의 부정 ātmanivṛttimātra'이 아니라 일종의 존재성 vasturūpa이라는 견해를 보인다. 다르마키르티는 불교의 무아론에 대해 바라문교 실아론자가 다음과 같은 비판을 한다고 지적한다. 즉, 아트만은 비존재인데 그것을 다시 무아라는 표현으로 부정하는 것은 이중부정, 다시 말해 '부정의 부정은 긍정'이라는 법칙에 따라 아트만의 존재를 인정하는 것이다. 실아론자에 의하면 아트만은 "행위와 (행위에 대한 과보를) 향수하는 기체에서 독립된 존재' kriyābhogādhiṣṭhānavatantra이므로 '무아적인 것 nirātman'은 그것과 반대로 '행위와 (행위에 대한 과보를) 향수하는 기체로부터 독립되지 않은" 존재(ātman=bhāva)라고 규정함으로써 이중 부정의 문제를 회피하고 있다.[33] 그가 '무아적인 존재'를 '아트만'(주석가는 '자성'과 등치하는데)이라는 말로 언급한 것은 일종의 아이러니일 것이다. 다르마키르티는 그것을 '식'과 등치시킨 것은 아니지만 '일체는 공'이라고 설하는 중관파와는 달리 '무아적인 존재'를 적극적으로 인정함으로써 그가 엄격한 무아설을 채용하지 않는 전통에 속한다고 말할 수 있을 것이다.

그렇다면 여래장과 등치되는 알라야식이 윤회한다는 『입능가경』의 사유는 인도불교에 갑자기 등장한 것이라고 말할 수 없을 것이다. '무아'라는 이름하에 아트만의 존재를 부정해도 아트만 대신에 윤회하는 무언가의 긍정적인 존재, 예를 들어 심이나 식(혹은 아트만)을 인정하는 전통이 인도 불교에서 일찍이 존재했던 것이다. 한편으로 엄격한 무아설에 서서 불교 내부의 '사이비 疑似 아트만론'을 부정하는 전통도 존재했다. 그 양자의 대론이 대승불교도 간에는 유식파와 중관파의 '유와 무의 대론'이 된 것이다. 그것은 다시 티벳불교에서는 여래장을 설하는 '타공설 他空說'과 중관사상에 기반을 둔 '자공설 自空說'의 대론으로 발전해간 것이었다.

8.
아트만에 관한 4가지 해석

최후로 애초에 푸드갈라 논자들이 왜 '아트만'과 매우 유사한 '푸드갈라'의 존재를 주장하는 데 이르렀을까. 이를 해명하기 위해서는 붓다 자신의 가르침을 어느 정도 정확히 전달하고 있는가는 의문이지만 아함, 니까야 등의 초기경전에서 어떠한 '무아설'이 설해져 있는지를 확인할 필요가 있다. 이미 동경대학의 인도철학 연구실의 교수들에 의해 편집된 『인도사상사』에 다음과 같은 기술이 있다.

> 붓다의 근본교설 중 하나인 '무아'의 가르침에 대해 말하자면 그것은 무주체이거나 무영혼이라는 것은 아니었다. 무아의 '我'란 우파니샤드 철학에서 설하는 절대원리인 아트만이다. 붓다는 아트만의 절대성을 자기 자신의 것이라고 오인해서는 안 된다고 하고 집착된 우리 자아를 버리고 아집 없는 본래의 자기를 실현해야 한다고 설했다.[34]

'무아'의 원어 아나탄/안아트만(팔리어 anattan/범어 anātman)은 '아트만을 가지지 않는다' 無我라고도 '아트만이 아니다' 非我로도 해석할 수 있다. 후자의 해석을 채용하면 붓다는 'X는 아트만이 아니다'라고 말해도 아트만 그 자체는 부정하지 않았다는 것이 되고, 붓다는 우파니샤드에서 설하는 아트만을 인정하고 있었다는 이해나 그것을 인정하지 않더라도 '본래의 자기/진실한 자기'를 추구하는 것을 붓다가 설했다는 이해가 된다. 이에 반해 전자의 해석을 채용하면 지금까지 종종 언급했던 어떠한 의미에서도 아트만의 존재를 인정하지 않는 '엄격한 무아설'로 가게 된다. 일본을 대표하는 인도 철학자였던 나카무라 하지메는 '비아설'을 취하여 붓다는 우파니샤드의 아트만을 부정했지만 '진실한 자기'로서 아트만의 존재는 인정했다고 주장했다.

이에 대해서 착실한 연구 성과로 신뢰받는 사쿠라베 하지메 櫻部健는 '무아의 문제 – 니까야의 범위에서[35]'라는 논문에서 나카무라를 재검토하고 있다. 이하 그 내용을 요약한다.

가장 오래된 불전으로 여겨지는『숫타니파타』등의 운문경전에는 대부분 '무아/비아'라는 말은 등장하지 않는다. 아트만이 있는가 없는가는 문제가 되지 않는다. 그곳에서 설해지는 것은 '자기제어 · 자기억제'에 의해 자기의 주체성을 확립하는 것이다. 그 '자기'란 '자기의 마음'이고, 우파니샤드적인 아트만은 상정되지 않는다. 한편으로 상응부를 비롯한 산문경전에서는 오온 각각에 대해서 '아트만이 아니다' (비아) 등의 정형구가 종종 나타나는데 그로부터 도출되는 '일체법비아一切法非我'라는 결론은 '무아설無我說'이다. 여기에서 상정되고 있는 아트만我은 '상주하고, 고에 빠지지 않는 것(즉, 樂)'이며 '잘못된 아의 관념'이다. 우파니샤드적인 아트만의 관념은 보이지 않는다. '산문경전에서 설하는 무아에 이르는 것 자체가 운문경전에서 말하는 '아'의 확립이라면서 사쿠라베櫻部는 양자를 회통하지만, 이는 전통적인 무아설 속에 고층古層경전이 설하는 '자기의 확립'을 위치 지으려는 시도로서 '진실한 자기'(아트만)의 존재를 적극적으로 인정하는 나카무라 하지메의 주장과는 양립할 수 없다.

초기불교가 우파니샤드적인 아트만을 인정했는가 아닌가는 일찍이 유럽 학계를 양분시킨 문제인데, 사쿠라베 하지메櫻部建가 언급한 카마레슈바라 밧다차리야뿐만 아니라 현대 일본 학계에서도 미야모토 케이치宮本啓一나 아라마키 노리토시荒牧典俊와 같이[36] 붓다는 우파니샤드적인 아트만을 부정하지 않았다는 사람들도 있다. 이는 나카무라의 설과도 사쿠라베의 설과도 다른 제3의 해석이다.

여기에서 원래 우파니샤드가 설하는 아트만이란 어떠한 것이었는가를 아카마츠 아키히코赤松明彦의 마지막 논문을 통해 확인해보자.[37] 베다에서 '아트만'이라는 말은 재귀대명사적으로 쓰이지만 우파니샤드에서 '자아의식 ahaṃkāra'의 탄생을 거쳐서, 그 대상이 되는 '자아/자기(아트만)'의 추구로 전개되었다고 분석된다. 게다가 그 과정에서 '아트만 등은 존재하지 않는다' 혹은 '이것은 진정한 아트만이 아니다'라는 불교의 비판을 받아들여 '진정한 아트만'을 자기의 내면 깊이서 추구하는 '무니' 혹은 '슈라마나(사문)'이라 불리는 고행자들이 바라문교 내부에서도 등장했다고 한다. 우파니샤드의 아트만에는 자아의식의 직접적인 대상으로서의 '경험적 자기個我'와 그 부정 뒤에 있는 '초월적 존재(진정한 자기)'라는 두 가지의 '정반대임에도 상호보완적인 두 개의 방향'이 보인다고 한다. 아카마츠赤松는 『찬도갸 우파니샤드』 제8장에서, '진정한 자기'에 도달한 상태로 간주되는 숙면상태의 아트만에 관해서 인드라가 이 사람은 '이것은 나다'라고 알고 있지 않으며 그러한 것에 자신은 가치를 인정할 수 없다는 의심의 말을 한 것에 대해 다음과 같은 주석을 붙인다.

> "경험적 자기는 욕망의 대상에 끌려가기 때문에 주체적·자립적일 수 없다. 주체적이지 않다면 진정한 자기로 있을 수 없다. 그러므로 더 독립적·주체적인 자기라는 것을 추구한다. 그것은 스스로 초월적 존재로 향해가는 것이다. 그러나 초월적이라는 것은 개체적, 개성, '자아'性을 결여한 것이다. 즉, 긍정적인 의미에서 '무아'이다. 그러나 그것이 진정한 '자기'='아트만'이라고 한다면 과연 그것이 바람직한 것이라고 할 수 있을까. 위의 우파니샤드의 말에서 보이는 것은 이러한 고뇌인 것처럼 생각된다."[38]

경험적 자기를 부정하는 방향은 그것을 직접적인 대상으로 하는 '자아의식'이 아집이나 아소집을 낳고, 고의 근원이라는 불교설과 모순되지 않는다. 이러한 경험적 자기를 부정하는 것(무아)에 의해 고에서 해방되는(해탈하는) 것이 전통적인 불교설이다. 아마도 최초기의 불교도가 '무아'라고 말할 때 이 경험적 자아, '집착하는 자아'가 부정된 것이지 우파니샤드에서 추구하는 '초월적 존재'로서의 '진정한 자기'가 부정된 것은 아니다.³⁹ 그러나 그들이 우파니샤드 철인들과 마찬가지로 '진정한 자기'를 추구하고 있었다는 것을 논증하기는 쉽지 않다.⁴⁰ 적어도 확실하게 말할 수 있는 것은 양자가 모두 아집의 원인이 되는 자아의식을 부정했던 것이다. 우파니샤드의 전통을 계승하는 바라문교학에서는 '진정한 자기'가 탐구되고, 베단타 철학의 '범아일여' 사상으로 결실 맺지만 불교 전통에서는 아마 이미 소개했던 '푸드갈라론'이나 '불성' '여래장' 그리고 임제의 '견성' 등이 불교적 의미에서의 '진정한 자기' 탐구를 체현한 것이다.

최후로, 붓다가 '아트만설'에 대해서 어떠한 태도를 취했는가, 그 존재를 인정했는가 부정했는가에 대해서는 제4의 해석이 있음을 지적하고 싶다. 그것은 아트만의 유무에 대해 질문받은 붓다가 침묵을 지키고 답하지 않았다('無記' 혹은 '捨置')라는 설명이다. 이는 『상윳따 니까야』(상응부 44·10 '아닷타')의 기술이다.⁴¹ 출가자 밧차뿟따서에게서 '아트만은 존재하는가'라고 질문받은 붓다는 두 번에 걸쳐 침묵하고 답하지 않았다. 그가 간 후에 아난다에게 '어째서 설명하지 않았는지' 질문받은 붓다는 '아트만이 존재한다'고 답하면 밧차뿟따는 상주론 sassatavāda에 빠질 것이고 '아트만이 존재하지 않는다'고 답하면 '단멸론 ucchedavāda'에 빠질 것이므로 설명하지 않았다 無記고 답하고 있다.

사쿠라베도 앞의 논문 「무아의 문제」 마지막[42]에서 이 경전을 언급하면서 유무의 두 극단에서 벗어난 '중도'라는 사고방식과 연결된다고 지적한다. 나아가 '모든 것은 있다'와 '모든 것은 없다'는 두 극단을 떠나서 '중도에 의해' 법을 설하는 경전으로서 『상윳따 니까야』(상응부 12·15 '깟차야나곳따')도 언급하고 있다.

사쿠라베는 이러한 결론을 도출하고 있지 않지만 필자는 아트만의 유무 문제에 관해서 '침묵'을 지켰던 '무기'의 입장, 따라서 유와 무 두 극단을 떠난 '중도'라는 이해야말로 초기경전에 기록된 붓다의 이 문제에 대한 최종적인 대답이 아니었을까 라고 생각한다. 따라서 경험적 자기이든 초월적 자기이든 어떠한 의미에서도 '아트만은 존재하지 않는다'는 '무아설'은 한쪽으로 치우친 극단이고, 어떤 의미에서든지 '아트만은 존재한다'는 '유아설' 또한 한쪽으로 치우친 극단이다. 이 양 극단에 떨어지지 않는 '중도'가 곧 붓다의 진의라고 결론 내리고자 한다.

필자가 엄격한 무아설론자로 분류한 용수도 실은 같은 이해를 보여주고 있다. 『중론송』 제18장 제6송에서 다음과 같이 말한다.

> "제불에 의해 '아트만이 있다'고 잠정적으로 설해졌다. '아트만은 없다(무아)'라고도 설해졌다. '무언가 아트만이라는 것이 있는 것도 아니고 아트만이 없는(무아)것도 아니다'라고도 설해졌다."

주석을 참조하면 아마 교화의 대상에 따라 붓다는 '아트만은 있다'고도, '아트만은 없다'고도 설했지만 그 진의는 '아트만은 있는 것도 아니고 없는 것도 아니다'라는 것이라고 용수는 이해했던 것 같다. 여기에서는 직접 '무기'나 '중도'를 시사하는 표현은 없지만 이 책의 제15장 7송에서 앞에서 언급한 『상윳따 니까야』의 '캇차야 곳따경'이 언급한 것은 아트만의 문제에 관해서도 용수가 두 극단을 떠난 중도中道의 입장에 있었음을 시사하는 것이다.

'까짜야나에 대한 가르침'에서 존재와 비존재에 통했던 세존에 의해 '있다'는 것과 '없다'는 것 양자가 함께 부정되었다. (제15장 7송)

필자가 엄격한 무아론자로 본 세친은 「파아품」속에서 푸드갈라 논자들로부터 '어째서 세존은 명자命者(jīva, 즉 아트만)는 절대 존재하지 않는다고 설하지 않는가'라고 질문받자 앞에서 말한 『상윳따 니까야』(상응부 44·10 '앗따')의 범어판을 인용하여 대답을 대신하고 있다.[43] 그 역시 아트만의 유무 문제에 관해서 붓다는 '무기'의 입장을 취했다고 이해하고 있다. 용수와 세친이라는 인도불교를 대표하는 2인의 거장이 제4의 해석인 '무기'를 채용하는 의미는 깊다고 하지 않을 수 없다.

9.
결론

최초기의 불교도들은 베다문헌에서 확인되는 '자아의식'이 아집·아소집의 원인이고, 고의 원천이라고 생각하여 '무아'라고 설하지만 그것을 받아들인 우파니샤드의 철인들은 자아의식으로 판단되는 '경험적 자기'에서 '초월적 자기'로 사색을 심화시켜갔다. 초기불교도들도 마찬가지로 이러한 초월적 자기를 추구했는지 아닌지는 확실치 않다. 그러나 붓다의 가르침의 진수라고 할 수 있는 '중도'의 시점에 선다면, '초월적 자기'의 유무에 관해서는 침묵을 지켰다는 '무기'의 입장을 취한 것이 아닐까라고 상상된다. 그러나 불멸후 1세기를 경과하자 불교도들 간에도 인간의 생애를 잇는 아이덴티티로서 무언가 초월적 자기를 인정하는 푸드갈라 논자가 등장한다. 그들은 '무아설'에 반하는 주장을 함으로써 상좌부나 설일체유부의 거센 비난을 받는다. 그리하여 '인무아'의 교리가 정착된다.

나아가 반야경을 시작으로 하는 대승경전이 등장하면서 초기불교 각파의 기계론적·환원주의적 '아비달마 이론'을 비판하여 '일체법은 공하다'고 설한다. 그리하여 '법무아'의 교리가 대승불교의 지표로 정착했다. 여기에서 어떤 의미에서도 아트만이나 푸드갈라를 인정하지 않는 엄격한 '무아설'에 선 중관파가 확립되었다. 한편으로 초월적 자기를 추구하는 전통은 우파니샤드의 아트만과 흡사한 대승열반경의 '불성'이나 '여래장'의 사상을 낳는다. '식'이라는 '남겨진 것'의 존재를 인정하는 유식파가 중관파와 '유와 무의 대론'을 반복한 것은 그들도 불성·여래장을 세우는 대승불교도와 함께 엄격한 무아설을 채용하지 않는 다른 그룹에 속해 있었음을 시사하는 것이다. '알라야식'을 여래장과 등치하는 대승경전이 등장한 것은 그 방증傍證이 될 것이다. 한편으로 푸드갈라 논자도 인도불교의 최후기까지 유력한 불교 부파로서 존속하고, 엄격한 무아설을 채용하지 않는 그룹의 일원을 담당했다고 생각된다.

일찍이 스에키 후미히코末木文美士는 오늘날의 일본불교를 이해하는 관점으로서 '무아의 입장을 취하는 사고방식'과 '영혼을 인정해가는 입장'이 있다고 논하고 있는데[44] 이 두 입장의 기원은 푸드갈라 논자가 등장하여 아마도 인도불교사상 최초로 본격적인 교의 논쟁이 일어날 때로 소급되지 않을까. 최초기의 불교에 관한 한 붓다는 아트만이 있는 것도 아니고 없는 것도 아니라는 '무기'의 입장을 취했다고 생각된다. 그 전통은 용수나 세친이라는 대표적인 불교학자들에 의해서도 계승되어 갔다. 그러나 부파불교 시대에 들어서 인격주체의 유무가 논쟁되게 되자 불교 내부에서 엄격한 무아설을 취하는 전통과 모종의 인격주체의 존재를 인정하는 전통이 서로 논쟁하면서 공존하고 있었을 것이다. 이 대립관계가 인도불교사상사의 큰 틀을 형성했다고 필자는 생각한다. 따라서 단지 무아설만이 '불설'이라는 주장을 승인하는 것은 아니다.

마지막으로 한마디 더하자면 대승불교는 전통이나 환경과 무관하게 인도에서 갑자기 돌연변이로 등장한 것이 아니다. 대승불교도의 사상적 작업은 초기불교의 경전이나 부파불교의 논서 그리고 바라문교의 종교의례 및 종교·철학사상과 대비하여 이들의 역사적 맥락 속에서 이해되어야 한다.

1 山口益 당시에는 티벳어역밖에 알 수 없었던『중관심론』의 범어원전이 발견되어 새로운 연구
　 가 진행 중이다. 제5장에 관해서는 齊藤明『大乘仏教の起源と実態に関する総合的研究』(平成15-18년
　 도 과학연구비보조금·연구성과보고서)에 텍스트의 교정·일역과 주석『사택념』의 티벳역에서 번
　 역한 일역이 제시되어 있다. Malcom David Eckel도『중관심론』및 주석의 제4장·제5장 텍스
　 트와 영역을 공표하고 있다. *Bhāviveka and His Buddhist Opponents*, Harvaed Oriental Series, vol.
　 70, 2008. 게다가 제5장의 선행연구로 Paul Hoornaert의 일련의 영역이 있다. "An Annotated
　 Translation of Madhyamakahṛdayakārikā Tarkajvālā", V.1-7, 8-26, 27-54, 55-68, 69-84, 85-114
　 『金沢大学文学部論集』19-23, (1999-2003).

2 「中正と両極端との弁別」『大乘仏典』p.399, 中央公論社 (1967).

3 長雄雅人「余れるもの」『印度学仏教学研究』16-2, (1968).

4 「中正と両極端との弁別」『大乘仏典』p.400, 中央公論社 (1967).

5 Akira Satio, "Nāgarjuna's on the Formation of the Early Yogācara Thoughts: From the
　 Mūlamadhyamakakārikā to the *Bodhisattvabhūmi*,"『印度学仏教学研究』58-3, (2010) 참조.

6 荒牧典俊 일역『唯識三十論』『大乘仏典15 世親論集』中央公論社 (1981).

7 용수『中論頌』제18장에 대한 청변과 월칭의 주석 참조. 梶山雄一「知恵のともしび」『大乘仏
　 典』pp.320-321, 中央公論社 (1967), 奥住毅『中論注釈書の研究 チャンドラキールティ『プラサ
　 ンナパダー』和訳』, 大藏出版 (1988), pp.561-563 참조.

8 본 장의 선행연구는 몇 개 있지만『구사론』의 범어원전 출판 전에 티벳어역에서 국역한 櫻部
　 建의 상세한 주석이 있다. James Duerlinger, *Indian Buddhist Theories of Persons, Vasubandhu's
　 "Refutation of the Theory of a Self"*, Routledge Curzon London & New York (2003).

9 『バラモン教典·原始仏典』, 中央公論社 (1969), p.444.

10 독자부를 비롯한 푸드갈라 논자에 대한 최초의 본격적인 연구로서 Leonard C.D.C. Priestley,
　 Pudgalavāda Buddhism, The Reality of the Indeterminate Self, Toronto (1999)가 있다. 또한 한역 대
　 장경속에 남겨진 푸드갈라론자의 문헌자료 4가지『三法度論』(대정 1506),『四阿鋡暮抄』(대정장
　 1505),『三彌底部論』(대정장 1649)『律二十二明了論』(대정장 1461)을 통해 그들의 교리를 정리한
　 연구로 베트남 승려 Thích Thiện Châu가 1977년에 소르본느 대학에 제출한 박사논문 "Les sects
　 personnalistes (Pudgalavādin) du buddhismencient"가 있고 이 영역이 출판되어 있다. *The Literature
　 of the Personalists of Early Buddhism*, tr. by Sara Boin-Webb, Delhi (1999).

11 早島理, 「人法二無我論」『南都仏教』54, (1985) 참조.

12 長尾雅人, 「中論の構造 宗略巴『中論釈』を中心として」『仏教学研究』8·9, (1953) 참조.

13 Shoryu Katsura, "Harivarman on Satyadvaya"『印度学仏教学研究』27-2, pp.961-957 참조.

14 Priestley 전게서, p.49 이하, 및 Duerlinger 전게서, p.11 이하 참조.

15 이 부분의 영역이 최근 공표되어 있다. Vincent Eltshinger, "On a Hitherto Neglected Text against

Budhdist Personalism: Mahāyānasūtrālaṃkāra 18.92-103 and its Bhāṣya", *Asiatische Studien/ Études Asiatiques* LXIV. 2. (2010).

16 Thích Thiện Châu 비구의 전게서, p.14의 표 참조.

17 『涅槃経の研究－大乗経典の研究方法試論』春秋社 (1997), pp.214-219, 참조.

18 같은 책, p.275 참조.

19 『印度学仏教学研究』25-2.

20 『禅思想の批判的研究』大藏出版 (1994).

21 Laṅkāvatārasūtra, ed., Vaidya, Buddhist Sanskrit Texts No.3, Darbhaṅga (1963), p.33. 高崎直道 『楞伽経』 pp.313-320, 大藏出版 (1980) 참조.

22 下田. 전게서 pp.246-7 참조.

23 푸드갈라론과 여래장사상은 단지 병행하여 존재했던 것만이 아니라, 양자 간에 더욱 밀접한 관련성을 인정하는 학자도 있다. 예를 들어 坂本幸男「犢子部の有我説とその論難」『東洋大学紀要』5, (1948).

24 주1에서 언급한 齊藤의 책, p.231 참조.

25 「如來藏とアーラや識」『如來藏思想』(講座大乗仏教6) 春秋社 (1982), pp.172-173, 高崎直道 저작집 제6권『如來藏思想・仏性論 I』春秋社 (2010), pp.113-114, 전게 범어 텍스트, p.90 이하 참조.

26 和辻哲郎을 시작으로 하여 무아설에 서면 '윤회'를 설명할 수 없다는 근대 연구자들에 대한 반론으로서 森章司「死後・輪廻はあるか－'無記'・'十二縁起'・'無我'の再考」『東洋学論叢』30, (2005)이나, 松尾宣昭의 「「輪廻転生」考(1): 和辻哲郎の輪廻批判」『龍谷大学論集』469, (2007)을 비롯한 일련의 논고 참조.

27 『유식삼십송』제19송 참조.

28 長尾雅人『攝大乗論 和訳と注解 上』, 講談社 (1982), pp.120-125, 참조.

29 '결생(結生)'에 대해서는 羽塚高照「仏典における「結生 pratisaṃdhi」の導入と展開」『仏教学セミナー』91, (2010) 참조.

30 『バラモン教典・原始仏典』「病あつきヴァッカリ」p.456. 이 경에 관한 최신 연구성과로서 다음의 것이 있다. Martin Delhey, "Vakkali: A New Interpretation of His Suicide", 『国際仏教学大学院研究紀要』13, (2009).

31 『맛지마니까야』(중부) 제38경 참조.

32 PTS vol.2, p.63. 이상의 두 전거에 대해서는 榎本文雄의 교시를 얻었다. 역시 불전의 수태의 문맥에서 '하강'이라는 표현이 쓰인 것은 우파니샤드의 '아트만의 하강재생'에 유래할 것이라는 後藤敏文의 논고는 베다와 초기불교의 연속성을 문헌학적으로 명시한 것으로, 반 바라문교의 시점으로만 이해되어왔던 전통적인 불교이해의 재검토를 요구하고 있다. 「'業'と'輪廻'－ヴェダから仏教へ」『印度哲学仏教学』24, (2009).

33 *Pramāṇavārttika-svavṛtti*, ed. Gnoli, Roma (1960), p.154 참조. 이 점에 관해서는 狩野恭씨로부터 교시를 받았다.

34 早島鏡正·高崎直道·原実·前田專学저, 동경대학출판회 (1982), p.36.

35 櫻部建, 「無我の問題－ニカーヤの 範圍で」, 『阿含の仏教』 文榮堂 (2002) 게재.

36 宮元啓一『ブッダが考えたこと－これが最初の仏教だ』(春秋社 2004) pp.177-192 참조. 荒牧 선생에 관해서는 주로 사적인 회화에 의한 것이다.

37 「インド哲学における自我の探究と仏教の無我論」, 『仏教とは何か』 (上田閑照·氣多雅子編) 昭和堂 (2010), 「インド哲学における自我の探究と仏教の無我論」 日仏東洋学会『通信』 28-33, (2029).

38 「インド哲学における自我の探究と仏教の無我論」, pp.192-193.

39 최초기의 무아설에 대해서는 並川孝儀『スッダニパーター仏教最古の世界』岩波書店 (2008), 제4장 참조.

40 윤회의 주체로서 아트만을 인정하지 않는다는 논의는 『밀린다왕의 물음』(밀린다팡하)에 최초로 등장한다고 하지만, 그 이전에 아트만의 부정이 보이지 않는 것이 반드시 그것을 적극적으로 승인했다는 증거가 되지 않는다.

41 PTS vol. 4, pp.400-401. 역시 榎本文雄으로부터 이 경전에 기반을 두어 유아와 무아의 문제에 관해서는 '무기설'이 붓다의 진의가 아니었을까 라는 가르침 받았다.

42 櫻部建, 「無我の問題－ニカーヤの 範圍で」, 『阿含の仏教』, 文榮堂 (2002), p.94 이하.

43 櫻部, 「破我品の研究」 p.80 참조.

44 末木文美士, 『日本仏教の可能性』春秋社 (2006), p.90 참조.

색인

• 저자 소개

사이토 아키라(斎藤 明)

1950년 일본 東京에서 출생. 東京大學 대학원 박사과정 수료. 오스트리아 국립대학 박사. 현재 東京大學 대학원 인문사회계 연구과 교수.

시모다 마사히로(下田正弘)

1957년 일본 福岡縣 출생. 東京大學 대학원 박사과정 수료 및 1993년 문학박사. 현재 東京大學 대학원 인문사회계 연구과 교수.

사사키 시즈카(佐々木閑)

1956년 일본 福井縣 출생. 京都대학 대학원 문학연구과 박사과정 수료 및 문학박사. 현재 花園대학 문학부교수.

후지타 요시미치(藤田祥道)

1959년 일본 岐阜縣 출생. 龍谷대학박사과정 수료 및 문학박사. 현재 淨土眞宗 本願寺派 善德寺 주지, 龍谷대학 불교문화연구소 객원연구원.

마츠다 카츠노부(松田和信)

1954년 일본 兵庫縣 출생. 大谷대학 대학원 수료. 현재 佛敎大學 불교학부 교수.

잔 나티에(Jan Nattier)

1949년생. Harvard University 박사. 미국 Indiana 대학교수를 거쳐 현재 創價大學 국제 불교학 고등연구소 교수.

마야자키 텐쇼(宮崎展昌 번역)

1978년 일본 兵庫縣 출생. 東京大學 대학원 박사과정 수료 및 1993년 문학박사. 현재 東洋大學, 일본학술진흥회 특별연구원 PD.

후지이 쥰(藤井 淳)

1976년 일본 山形縣 출생. 東京大學 대학원 박사과정 수료 및 문학박사. 현재 駒澤大學 불교학부 전임강사.

카츠라 쇼류(桂 紹隆)

1944년 일본 滋賀縣 출생. 京都대학 대학원 문학연구과 석사과정 수료. 캐나다 Toronto 대학 박사. 현재 龍谷大學 대학원 교수.

• 역자 소개

안성두

한국외국어대학 독어교육과를 졸업하고 한국학대학원에서 한국불교철학을 전공했다. 1989년 독일 함부르크대학 인도학연구소에서 Lambert Schmithausen 교수를 지도교수로 하여 인도 유식불교를 전공으로 석사와 박사학위를 취득했다. 2002년 귀국 후에 금강대학교 연구원과 교수를 거쳐 현재 서울대학교 철학과 교수로 재직 중이다.

주요 번역서로『티벳의 문화』(무우수),『보성론』(소명출판사),『보살지』(세창출판사) 등이 있고, 논문으로는 <瑜伽行派에 있어 見道(darśana-mārga)說 (1)＋(2)>, <眞諦의『三無性論』에 나타난 삼성설 해석의 특색─인도유식문헌과 관련하여 (I)＋(II)>, <眞諦(Paramārtha)의 삼성설 해석과 阿摩羅識(amala-vijñāna)> 등이 있다.

현재 인도유식문헌과 티벳문헌, 한문불전에 나타난 유식학파의 3성설에 대해 연구하고 있으며, 주요한 인도 대승불전을 번역할 계획을 갖고 있다.

시리즈 대승불교 1
대승불교란 무엇인가

초판인쇄 2015년 08월 21일
초판발행 2015년 08월 27일

저　　　자 사이토 아키라 외
역　　　자 안성두
펴　낸　이 김성배
펴　낸　곳 도서출판 씨아이알

책임편집 박영지
디　자　인 구수연, 윤미경
제작책임 이헌상

등록번호 제2-3285호
등　록　일 2001년 3월 19일
주　　　소 (04626) 서울특별시 중구 필동로8길 43(예장동 1-151)
전화번호 02-2275-8603(대표)
팩스번호 02-2275-8604
홈페이지 www.circom.co.kr

I S B N 979-11-5610-079-9 94220
　　　　　979-11-5610-078-2　(세트)
정　　　가 20,000원

여러분의 원고를 기다립니다.

도서출판 씨아이알은 좋은 책을 만들기 위해 언제나 최선을 다하고 있습니다. 토목·해양·환경·건축·전기·전자·기계·불교·철학 분야의 좋은 원고를 집필하고 계시거나 기획하고 계신 분들, 그리고 소중한 외서를 소개해주고 싶으신 분들은 언제든 도서출판 씨아이알로 연락 주시기 바랍니다. 도서출판 씨아이알의 문은 날마다 활짝 열려 있습니다.

출판문의처 : cool3011@circom.co.kr 02)2275-8603(내선 605)

≪도서출판 씨아이알의 도서소개 ≫

※ 한국출판문화산업진흥원의 세종도서로 선정된 도서입니다.
† 대한민국학술원의 우수학술도서로 선정된 도서입니다.
§ 한국과학창의재단의 우수과학도서로 선정된 도서입니다.

불교

천태불교의 철학적 토대
Paul L. Swanson 저 / 김정희 역 / 2015년 9월 / 400쪽
(152*224) / 22,000원

산스크리트 입문 II 금강 고전어 총서 ②
토마스 이진스(Thomas Egenes) 저 / 김성철 역 / 2015년 8월 /
380쪽(182*257) / 24,000원

산스크리트 입문 I 금강 고전어 총서 ①
토마스 이진스(Thomas Egenes) 저 / 김성철 역 / 2015년 8월 /
380쪽(182*257) / 24,000원

불교의 원자설 불교연구총서 ⑩
윤영호 저 / 2015년 8월 / 328쪽(152*224) / 20,000원

현대사회와 불교 금강학술총서 ㉓
다이쇼대학교, 금강대학교 불교문화연구소 공편 / 2015년 6월 /
344쪽(152*224) / 26,000원

보리수 가지치기-비판불교를 둘러싼 폭풍
Jamie Hubbard, Paul L. Swanson 편저 / 류제동 역 / 2015년
6월 / 776쪽(152*224) / 38,000원

여래장과 불성(시리즈 대승불교 8)
시모다 마사히로 외 저 / 김성철 역 / 2015년 5월 / 372쪽
(152*224) / 22,000원

무시선(無時禪)
길도훈 저 / 2015년 4월 / 340쪽(140*195) / 15,000원

유식과 유가행(시리즈 대승불교 7)
가츠라 쇼류 외 저 / 김성철 역 / 2014년 9월 / 292쪽
(152*220) / 20,000원

산스끄리뜨 시형론 금강인문총서 ⑦
찰스 필립 브라운(Charles Philip Brown) 저 / 박영길 역 /

2014년 3월 / 268쪽(신국판) / 20,000원

단전주선(丹田住禪)
길도훈 저 / 2014년 3월 / 320쪽(140*195) / 15,000원

藏外地論宗文獻集成 續集 금강학술총서 ⑱
青木 隆, 荒牧 典俊, 池田 將則, 金 天鶴, 李 相旻, 山口 弘江 저 /
2013년 10월 / 604쪽(신국판) / 46,000원

인도 불교와 자이나교
김미숙 저 / 2013년 10월 / 372쪽(신국판) / 25,000원

인간 석가모니와 신의 불교
최한수 저 / 2013년 9월 / 312쪽(신국판) / 20,000원

인도 사본학 개론 금강학술총서 ⑬
심재관 지음 / 2013년 8월 / 224쪽(신국판) / 27,000원

의미의 시대와 불교윤리 ※
박병기 저 / 2013년 7월 / 400쪽(신국판) / 22,000원

화엄경의 세계 금강인문총서 ④
권탄준 저 / 2013년 7월 / 288쪽(신국판) / 25,000원

보살의 뇌
오웬 플래나간(Owen Flanagan) 저 / 박병기, 이슬비 역 / 2013년
7월 / 432쪽(신국판) / 25,000원

니체와 불교
박찬국 저 / 2013년 6월 / 344쪽(신국판) / 25,000원

옥 로댄쎄랍의 보성론요의 여래장품 금강학술총서 ⑰
차상엽 역주 / 2013년 5월 / 472쪽(신국판) / 35,000원

불성론 금강학술총서 ⑯
김성철 역주 / 2013년 5월 / 272쪽(신국판) / 27,000원

원측『해심밀경소』「무자성상품」종성론 부분 역주 금강학술총서 ⑮
장규언 역주 / 2013년 5월 / 264쪽(신국판) / 27,000원

대반열반경집해 여래성품 역주 금강학술총서 ⑭
하유진 역주 / 2013년 5월 / 320쪽(신국판) / 30,000원

교감번역 화엄경문답 금강학술총서 ⑫
김상현 옮김 / 2013년 5월 / 288쪽(신국판) / 27,000원

동아시아에 있어서 불성·여래장 사상의 수용과 변용 금강학술
총서 ⑪ ※
런민(人民)대학 불교와종교학이론연구소·도요(東洋)대학 동
양학연구소·금강대학교 불교문화연구소 공편 / 2013년 5월 /
328쪽(신국판) / 30,000원

석가와 미륵의 경쟁담 금강인문총서 ⑤
김선자, 김헌선, 박종성, 심재관, 이평래, 정진희, 조현설 저 /
2013년 5월 / 288쪽(신국판) / 20,000원

티벳밀교
출팀 깰상(白館 戒雲), 마사키 아키라(正木 晃) 저 / 차상엽 역 /
2013년 5월 / 320쪽(B6 변형판) / 18,000원

삼교지귀 불교연구총서 ⑨
쿠우카이 저 / 정천구 역 / 2012년 12월 / 268쪽(신국판) /
20,000원

上座 슈리라타와 經量部 †
권오민 저 / 2012년 11월 / 1056쪽(신국판) / 60,000원

한자로 읽는 반야심경
황윤식, 윤희조, 전형준 저 / 2012년 10월 / 296쪽(신국판) /
18,000원

불교의 언어관 불교연구총서 ⑧
윤희조 저 / 2012년 10월 / 352쪽(신국판) / 20,000원

화엄경문답을 둘러싼 제문제 금강학술총서 ⑨
금강대학교 불교문화연구소 편 / 2012년 8월 / 224쪽(신국판) /
27,000원

藏外地論宗文獻集成 금강학술총서 ⑧
靑木 隆, 方廣錩, 池田 將則, 石井 公成, 山口 弘江 저 /
2012년 6월 / 632쪽(신국판) / 46,000원

꾼달리니
아지드 무케르지 저 / 박영길 역 / 2012년 4월 / 192쪽(사륙배
판) / 20,000원

중국인의 삶과 불교의 변용
K.S. 케네스 첸 저 / 장은화 역 / 2012년 2월 / 368쪽(사륙배
판) / 24,000원

일본영이기
쿄오 카이 저 / 정천구 역 / 2011년 2월 / 384쪽(신국판) /
20,000원

새롭게 다시 쓰는 중국 선의 역사
이부키 아츠시 저 / 최연식 역 / 2011년 10월 / 340쪽(신국판) /
18,000원

티벳문화입문
출팀깔상 구술 / 차상엽 역 / 2011년 3월 / 132쪽(신국판) /
13,000원

인도불교사상
폴 윌리엄스·앤서니 트라이브 저 / 안성두 역 / 2011년 3월 / 410
쪽(신국판) / 20,000원

원형석서(하) 불교연구총서 ⑦ †
코칸 시렌 저 / 정천구 역 / 2010년 12월 / 648쪽(신국판) /
32,000원

불교윤리학 입문 ※
피터 하비 저 / 허남결 역 / 2010년 10월 / 840쪽(신국판) /
42,000원

불교의 중국 정복 불교연구총서 ⑥ †
에릭 쥐르허 저 / 최연식 역 / 2010년 9월 / 736쪽(신국판) /
38,000원

무성석 섭대승론 소지의분 역주 금강학술총서 ⑥
김성철, 박창환, 차상엽, 최은영 역 / 2010년 8월 / 454쪽(신국
판) / 35,000원

지론사상의 형성과 변용 금강학술총서 ⑤
금강대학교 불교문화연구소 편 / 2010년 8월 / 544쪽(신국판) /
45,000원

고대 동아시아 불교 문헌의 새로운 발견 금강학술총서 ④
금강대학교 불교문화연구 편 / 2010년 8월 / 332쪽(신국판) /
30,000원

원형석서(상) 불교연구총서 ⑤ †
코칸 시렌 저 / 정천구 역 / 2010년 4월 / 760쪽(신국판) /
38,000원

초기불교의 이념과 명상
틸만 페터 저 / 김성철 역 / 2009년 11월 / 230쪽(신국판) /
18,000원

북종선법문 불교연구총서 ④
양증문 편 / 박건주 역 / 2009년 9월 / 218쪽(신국판) / 18,000원

선종과 송대 사대부의 예술정신 불교연구총서 ③ ※
명법 저 / 2009년 4월 / 328쪽(신국판) / 20,000원

하택신회선사 어록 불교연구총서 ②
양증문 편 / 박건주 역 / 2009년 2월 / 354쪽(신국판) / 20,000원

대승불교의 보살
금강선원 간 / 안성두 편 / 2008년 4월 / 296쪽(신국판) /
18,000원

섭대승론 증상혜학분 연구 불교연구총서 ①
김성철 저 / 2008년 4월 / 368쪽(신국판) / 20,000원

열반 그리고 표현불가능성
Asanga Tilakaratne 저 / 공만식, 장유진 역 / 2007년 11월 /
344쪽(신국판) / 20,000원